北大经院论丛
[第十辑]

统筹兼顾聚合力
奋楫笃行启新程

张辉 等◎著

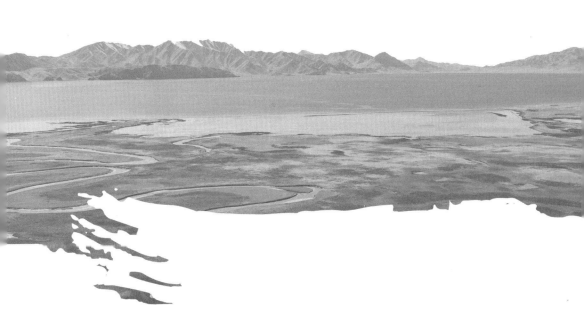

北京大学出版社
PEKING UNIVERSITY PRESS

图书在版编目(CIP)数据

统筹兼顾聚合力，奋楫笃行启新程 / 张辉等著.
北京：北京大学出版社，2024.10. -- （北大经院论丛）. -- ISBN 978-7-301-35786-6
Ⅰ. D609.9-53
中国国家版本馆 CIP 数据核字第 2024GZ0134 号

书　　　名	统筹兼顾聚合力，奋楫笃行启新程 TONGCHOU JIANGU JUHELI, FENJI DUXING QIXINCHENG
著作责任者	张　辉　等著
责 任 编 辑	闫格格
标 准 书 号	ISBN 978-7-301-35786-6
出 版 发 行	北京大学出版社
地　　　址	北京市海淀区成府路 205 号　100871
网　　　址	http://www.pup.cn
微信公众号	北京大学经管书苑（pupembook）
电 子 邮 箱	编辑部 em@pup.cn　总编室 zpup@pup.cn
电　　　话	邮购部 010-62752015　发行部 010-62750672　编辑部 010-62752926
印 刷 者	天津中印联印务有限公司
经 销 者	新华书店
	720 毫米×1020 毫米　16 开本　17.5 印张　268 千字 2024 年 10 月第 1 版　2024 年 10 月第 1 次印刷
定　　　价	72.00 元

未经许可，不得以任何方式复制或抄袭本书之部分或全部内容。
版权所有，侵权必究
举报电话：010-62752024　电子邮箱：fd@pup.cn
图书如有印装质量问题，请与出版部联系，电话：010-62756370

序　言[①]

张　辉

如今我们已经站在新的、更高的历史起点,奔赴充满光荣和梦想的征途。回首百年奋斗路,为实现中华民族孜孜以求的历史宏愿,中国共产党怀着"为中国人民谋幸福、为中华民族谋复兴"的初心和使命,不断推进马克思主义中国化时代化,带领中国人民在实践中探索出了一条符合中国国情、具有中国特色的现代化之路,使得中华民族伟大复兴呈现出前所未有的光明前景。2020年、2021年、2022年我国经济总量接连突破100万亿元、110万亿元、120万亿元大关,我国人均国内生产总值(GDP)已连续四年超过10000美元,截至建党百年2021年,我国GDP占世界的比重上升至18.5%,我国人均GDP恢复至世界平均水平的102.4%。我国已历史性地解决了困扰中华民族几千年的绝对贫困问题,成为世界上减贫人口最多的国家。党的二十大庄严宣告,从现在起,中国共产党的中心任务就是团结带领全国各族人民全面建成社会主义现代化强国、实现第二个百年奋斗目标,以中国式现代化全面推进中华民族伟大复兴。

2023年是全面贯彻落实党的二十大精神的开局之年,是实施"十四五"规划承上启下的重要一年,是全面建设社会主义现代化国家开局起步的关键时期。我们要继续推动经济高质量发展,为全面建设社会主义现代化国家奠定更为坚实的

[①] 本书为专家学者2023年"两会"之后围绕当年"两会"的《政府工作报告》所著,因此部分观点(如对2023年全年宏观经济数据的预测以及对新冠疫情发展趋势的判断)与后来的事实略有出入。——编者注

物质技术基础。我们应看到近年来,特别是过去一年,面对国际环境风高浪急和国内改革发展稳定任务艰巨繁重的形势,党和国家果断应对、及时调控,出台实施稳经济一揽子政策和接续措施,使得中国经济迎难而上,顶住压力稳中有进,展现出坚强韧性。与此同时,我们也应清醒地认识到,我国经济发展成果的取得实属不易,面临着国内外多重因素的冲击,发展的机遇与挑战交织并存:国内层面,我国经济增长企稳向上的基础尚需巩固,需求不足仍是突出矛盾,稳企业、保就业、惠民生的任务依然艰巨;国际层面,我国亟须应对全球通货膨胀高企、外贸压力增加等严峻挑战。但总体而言,我国经济韧性强、潜力大、活力足,平稳运行并持续向好发展的基本面依旧稳固。推进中国式现代化是一个系统工程,需要统筹兼顾、系统谋划、整体推进,正确处理好一系列重大关系。特别是面对更趋复杂多变的国际环境与充满挑战的国内形势,我们更应保持政策连续性、稳定性和针对性,加强各类政策协调配合,紧抓经济发展机遇,释放经济发展潜力,形成共促高质量发展合力,为全面建设社会主义现代化国家开好局、起好步。

启航新征程,我们应更好地统筹疫情防控和经济社会发展,为经济平稳可持续发展奠定基础。我国坚持以人民至上、生命至上为前提,统筹开展疫情防控和经济社会发展工作。随着病毒的变异、疫苗的普及、防控经验的积累,新冠疫情防控工作已经进入新阶段,主要矛盾有所变化。面对新形势、新任务,实现阶段平稳转换,需要全面贯彻执行党中央关于新阶段疫情防控的决策部署,优化疫情防控政策,完善医疗保健体系,提高疫情防控的精准水平,保障人民群众的安全健康;也要充分激发各类市场主体的活力和创造力,统筹发展和安全,稳增长、稳就业、稳物价,保持经济运行在合理区间。

启航新征程,我们应更好地统筹国内循环和国际循环,培育发展新优势。要加快构建以国内大循环为主体、国内国际双循环相互促进的新发展格局,应对世界经济形势变化,带动中国与全球经济的良好运行发展。以技术创新、制度创新突破和畅通经济循环现存的卡点、堵点,提升产业链供应链韧性,深挖内需市场潜力,优化经济布局结构。积极推进高水平对外开放,推动形成宽领域、深层次的开放格局,为经济发展营造更好的外部环境。引进全球优质要素资源,提升国际循环质量和水平,以国际循环推进国内循环高效高质运行,以国内循环带动国际循环,形成国内国际双循环相互促进的良性互动关系。

启航新征程,我们应更好地统筹供给侧结构性改革和扩大内需,畅通经济循环。发展完整内需体系,创新多元业态模式,着力扩大消费、投资、金融需求。重点提升内需对经济增长的拉动作用,把恢复和扩大消费摆在优先位置,完善分配制度,增加居民收入。推动实现高质量供给,满足多层次消费需求,以推动供给侧结构性改革为主线,加快建设现代化产业体系。以高质量供给引领需求增长,以高水平需求牵引供给提质,形成有效需求和有效供给的高水平动态平衡,释放发展潜能,实现良性循环。

启航新征程,我们应更好地统筹经济质的有效提升和量的合理增长,加速高质量发展。推进传统实体经济升级转型,抓住全球产业结构布局调整的机遇,着力发展战略性新兴产业和数字经济,创造经济增长新动能,开辟经济发展新赛道。重视人才培养,完善人才保障体系和管理机制。以量的合理增长为质的提升提供支撑和保障,以质的有效提升为量的增长提供方向动力,推动发展模式转型升级,实现经济高质量增长。

启航新征程,我们应更好地统筹经济政策和其他政策。积极发挥有为政府作用,需要发展宏观调控体系,完善政策实施方式,以市场主体需求为主要内容,加大宏观调控力度,在保障政策时效性的基础上,货币政策精准有力,财政政策加力提效,防范化解潜在风险隐患,促进经济平稳回升,维系社会稳定发展。要以系统观念引领,增强全局观,协调经济政策与其他政策取向,实现不同政策有机配合、共同发力,以政府有为推动市场有效、社会有序,更好地实现经济社会发展目标。

启航新征程,我们应更好地统筹当前和长远。衔接好当前工作与未来发展,需要坚持中长期目标和短期目标相贯通,坚持把发展目标和现实条件相结合。从长远看,我国正在向实现第二个百年奋斗目标,以中国式现代化全面推进中华民族伟大复兴的目标迈进,前途光明,任重道远。从当前看,面对经济发展的困难与挑战,短期纾困不能进行头痛医头、脚痛医脚的盲目之举,而应把着力点放在提振信心、深化改革、培育经济新动能上来。要立足客观实际,前瞻未来发展,统筹长期目标与当前机遇,抓住当前经济结构优化、科技创新发展、改革开放深化、绿色发展加速、全球经济治理体系变革等发展机遇,充分释放有利因素,有效应对外部冲击,推动中国经济稳中向好发展,向着远大目标迈进。

习近平总书记在2016年5月17日哲学社会科学工作座谈会上指出,"当代中国的伟大社会变革,不是简单延续我国历史文化的母版,不是简单套用马克思主义经典作家设想的模板,不是其他国家社会主义实践的再版,也不是国外现代化发展的翻版",我们所要建设的中国式现代化是人类历史上前所未有的伟大创举,我们所开启的新征程是独树一帜的实践创新,不可避免地将面临许多新问题、新挑战,更加迫切地需要适合中国国情的新理论、新方略的指导。

"经世济民"是北京大学经济学院一贯秉承的核心理念,"两会笔谈"正是由此理念发展而来的重要平台。2014年至今,北京大学经济学院密切关注每年"两会",组织本学院专家学者聚焦会议热点,发挥经济专业优势,对我国经济改革和发展前沿问题进行解读评述,形成兼具前瞻性、专业性和影响力的系列品牌活动,搭建了讨论"两会"热点、研究经济问题、发表政策建议的有力平台。作为新时代中国经济发展的参与者和中国经济学理论体系工程的构建者,北京大学经济学院的专家学者们紧握中国经济学发展与中国经济发展同频共振的时代机遇,以笔为铧,深耕祖国大地,心系家国人民,厚植爱党爱国情怀,践行经世济民初心,做好中国特色经济学研究。

在今年的"两会笔谈"中,北京大学经济学院的专家学者紧扣2023年全国"两会"热点,结合党的二十大、二十届中央历次全会,以及中央经济工作会议精神和"十四五"规划要求,以习近平新时代中国特色社会主义思想为指导,从中国式现代化出发,对高质量发展、新发展格局、产业升级、动能培育、政府施策、民生增进等重大理论和现实问题展开讨论,从经济学专业角度出发,提出客观独到的政策建议,为中国经济学创新理论体系化和学理化贡献力量,为中国经济高质量发展稳步推进提供智力支撑。

(作者系北京大学经济学院副院长、教授)

编者按　北京大学经济学院专家学者热议2023年"两会"热点

自2014年以来,北京大学经济学院依托专业优势,发扬经世济民精神,每年"两会"期间,组织本院学者围绕"两会"热点,紧扣《政府工作报告》,畅谈国家经济改革与发展。学院官微和官网分别开设"北大经院两会笔谈"专栏,北大新闻网进行连载,北大校报发布专版,国内重要报刊和新媒体也提供了广泛报道支持。以"两会笔谈"为基础,学院已推出"北大经院论丛(两会笔谈)"9部,共收录550篇时评文章,分别是:《中国改革再出发》(2014)、《全面深改关键年》(2015)、《时代节点的眺望》(2016)、《身向雄关那畔行》(2017)、《雄关漫道从头越》(2018)、《变革中看格局,浪潮处听思潮》(2019)、《直面冲击,面向未来》(2020)、《直面新挑战,聚力新征程》(2021)、《构建新发展格局,推动高质量发展》(2022)。

"两会笔谈"已经成为研究"两会"经济热点、分析国民经济现状、提供相关政策意见的重要思想阵地,产生了良好的政策影响和社会影响。2023年3月5日下午,北大经济学院举行"迎接两会,畅谈改革,权威声音,高端分享——北京大学经济学院学习两会精神专家座谈会",专家学者们紧扣"两会"脉搏,以"两会"精神为指引,围绕《政府工作报告》要点,结合自身研究领域,针对中国经济增长目标、地方政府债务体系、国际贸易、民生保障、民营经济、数字经济、教育等展开讨论,为国家经济发展与制度创新提供智力支持。

董志勇:北京大学党委常委、副校长,经济学院院长,《经济科学》主编,教授

李克强总理在《政府工作报告》中提出,2023年GDP增长的预期目标为5%

左右,这一经济增长目标充分反映了党中央实事求是的思想路线,既是科学务实之举,也是严谨客观之态。要想实现这一目标,需要抓住当前宏观经济最主要的矛盾,以稳经济作为各项政策发力的关键点,在保增长、保就业、保市场主体三方面下足功夫,多措并举解决当前有效需求不足这一现实问题。

具体而言,应从五个方面做好2023年工作。

第一,要尽快为市场主体"松绑",激发市场活力。包括民营企业在内的广大市场主体,是经济增长的主力军。疫情期间,为了在特殊时期保障人民群众生命安全和身体健康所采取的特殊管制政策,要尽快加以放开,持续加强建设全国统一大市场和高水平对外开放格局。

第二,要进一步结合内需外需,解决我国经济发展中高质量有效需求不足的问题。要坚持内需外需互补的系统发展观念,在持续坚持高水平对外开放、扩大高水平外需的同时,发展好内需。另外,要推动需求侧改革与供给侧改革协同开展。

第三,要处理好外部压力与波动的国内应对与传导。可以预见的是,当前某些发达国家对我国的针对性施压是长期性的,给我国经济自主发展带来了巨大的外部压力。我们要沉着应对,做到不被外部压力牵着鼻子走,以系统而完整的策略展开应对。

第四,要慎重使用短期刺激手段,并处理好地方政府债务问题。2023年影响我国经济增长的一个重要因素是地方政府债务问题与地方政府推动经济增长的政策之间的平衡与协调。目前地方政府债务问题较为突出,短期内,中央适时的统筹调度必不可少,而从长期看,还要继续推动财税体制改革,促进政府与市场之间的关系长期健康有效发展。

第五,要进一步推动有利于经济高质量发展的深度改革。从长期来看,更为重要的是树立起更强、更为长远的发展信心,理解并权衡好实现各个增速所需的成本与收益。人口问题、央地关系、创新经济等诸多深层次问题是需要长期应对的,需要充分认识到其重要性与艰巨性,久久为功,不断推动改革加以化解。

编者按 北京大学经济学院专家学者热议2023年"两会"热点

崔建华：北京大学经济学院党委书记

2023年是全面贯彻党的二十大精神的开局之年，坚信中国经济定会在高质量发展的征程中迈出新的步伐。

2023年的经济增长速度将与过去五年的年均增长速度大体相当，从世界范围尤其是主要经济体的情况来看，已经是比较高的了，这也是稳中求进的总基调的具体体现；宁要高质量的中低速增长，不要低质量的高速增长。消费、投资、出口是拉动经济增长的"三驾马车"，2023年将有所侧重，消费的作用将更加突出。这里又主要包括两个方面：一是恢复消费，克服此前近三年新冠疫情的影响，使受影响比较大的行业和产业（如餐饮、娱乐、文化等）的消费尽快恢复到疫情前同期的水平；二是扩大消费，进一步释放消费的潜力。大宗消费、生活服务消费、农村消费等都是扩大消费的领域所在。

要实现恢复和扩大消费，又要进一步关注以下两点：一是要增加居民收入，让百姓更加有钱。收入是消费的基础，有稳定的收入才能有稳定的消费预期。居民收入的增加要在"多渠道"上做文章，综合施策。二是要清理消费政策，破除消费障碍，营造更好的消费环境。消费政策尤其是商品房、汽车等重要商品的消费政策的制定要有高度，不能只考虑某一个或某几个具体的因素，而必须定位于有助于解决新时代社会的主要矛盾，不断满足人民美好生活需要。商品房、汽车不仅仅是住所、交通工具，更是美好生活的一部分。现有的很多消费政策必须清理。

平新乔：北京大学经济学院梓材讲席教授

李克强总理在2023年《政府工作报告》中强调，要"完善地方政府债务管理体系"。这不仅关系到地方经济发展过程中的公共品供给是否稳定，也直接影响到国家金融体系的稳定。

中国地方债分为"显性债"与"隐性债"。我们研究发现，截至2020年年底，中国地方融资平台的城投债余额为19.14万亿元，所欠的商业银行贷款余额为21.35万亿元，两者相加为40.49万亿元。假定2020年年底至今这部分隐性债的余额没有增加，再考虑到显性债，则到2022年年底，中国地方政府的显性债与隐性债的余额之和会达到75.59万亿元。

中国地方债规模之所以越来越大,有深刻的制度原因:第一,地方融资平台以地方政府专项债为资本金,在承担地方政府所委托的地方基建项目的过程中,衍生出许多商业性投资项目,往往是一元的专项债资本金会生出几元的投资生意。一旦发生投资风险,又可以以承担政府委托的基建项目为理由要求政府担保和救助,这里存在十分巨大的道德风险,这种道德风险又会进一步让地方融资平台的债务规模具有扩张倾向。第二,在各种"政府和社会资本合作"(PPP)项目中,从项目回收偿还的角度看,也存在"搭便车"现象。据我们研究发现,截至2021年10月底,中国在库的PPP项目有9 081个,投资总规模达到14.16万亿元。但在全部的PPP项目里,需要政府付费或者由政府对可行性缺口进行补助的项目投资就占PPP投资总额的90%。这可能成为地方政府债务规模扩张的又一个根源。第三,地方政府以地方债支持基建投资项目作为其拉动GDP增长的手段,这也是地方债规模居高不降的一个原因。

因此,为了完善地方债的管理体系,我们应该把接受地方政府委托从事公共基建项目的城投公司与从事商业性投资的企业切实地切割开来;地方政府对于公共品属性不明显的投资项目,可以考虑卖掉一部分,回收的资金用来偿还地方债。中央政府和金融监管机构应该切实加强对地方政府利用地方债为基础资金、以基建投资拉动GDP的项目可行性与效益的科学评估,管控地方政府的投资冲动。

张辉:北京大学经济学院副院长,经济学院学术委员会主席,经济学系主任,教授

2023年是全面贯彻党的二十大精神的开局之年,今年的全国"两会"凝心引航,众所瞩目。回首2022年,我国经济在国内外多重超预期因素的冲击下依然保持了3%的增速,经济实力与社会发展水平再上新台阶,部署的诸多指标任务基本完成,这充分展现了在长期积累的完备生产体系、逐步凸显的超大规模市场优势、持续释放的社会主义制度优势,以及快速成长的数字经济新引擎等的基础之上,我国经济韧性强、潜力大、活力足且长期向好。展望2023年,高质量发展是我国经济社会发展的主题,要为全面建设社会主义现代化国家奠定坚实的物质技术基础。国家发展的基础与根本在于教育、科技、人才。作为经济学高等教育的教

编者按 北京大学经济学院专家学者热议2023年"两会"热点

师,我们肩负着研究中国特色经济学和塑造经世济民之才的双重使命。任重致远、责无旁贷,吾辈同道必将以身作则、勤学不倦、躬身力行,为构建中国自主的经济学知识体系,为培养信念坚定、技能过硬、全面发展的社会主义现代化建设者而奋斗!

王跃生:北京大学经济学院国际经济与贸易系主任,教授

李克强总理在2023年《政府工作报告》中对过去一年和过去五年的工作进行了总结,对今年的政府工作提出建议,提出今年经济增长5%左右,物价上涨3%左右,居民收入增长与经济增长基本同步;进出口促稳提质,国际收支基本平衡;粮食产量保持在1.3万亿斤以上等目标。以上经济目标凸显了《政府工作报告》和党的二十大后经济政策的理性务实,同时让人充满希望。

2023年以来,随着疫情防控进入常态化,国民经济和社会生活迅速恢复,人们有一种大干快上,要迅速把过去几年损失的夺回来的情绪。比如,对于2023年的经济增长,多数人认为会定在5%以上,有些人甚至认为应当定在6%以上,但《政府工作报告》中并没有提5%以上甚至6%的目标,而是提5%左右;关于对外贸易,提法是促稳提质,也没有提出过高要求。我认为这样的提法是客观理性的,长期来看是有利于中国经济持续稳定发展的。如果提出更高的目标,经过努力和刺激,也是有可能实现的,但有可能带来经济的大起大落,不利于转型升级和结构调整的目标。就外贸外资而言,2022年由于各种因素,外贸和利用外资都取得突出成就,但2023年的情况很不同,如果外贸能实现总规模的基本稳定,争取与国民经济同步增长,不成为经济增长的拖累因素,就是很大的成功。外资则重在稳定大盘、提质增效,不以低质量外资数量增长为主要目标,而以高水平、新业态外资为主要方向,使外资成为中国经济结构调整和转型升级的积极因素。这是新的全球经济形势下的难点,也是重点。

刘怡:国务院参事,北京大学经济学院财政学系主任,教授

2023年是全面贯彻落实党的二十大精神的开局之年。党的二十大后首次全国"两会"在全国人民的热切期盼中拉开帷幕。2023年3月5日上午,我在人民

统筹兼顾聚合力，奋楫笃行启新程

大会堂同两千多名全国人大代表一起听了李克强总理所作的《政府工作报告》。《政府工作报告》全面系统地回顾了过去一年和五年的工作，并对2023年的政府工作提出建议。过去一年，我国经济发展遇到疫情等国内外多重超预期因素冲击，在党中央坚强领导下，我国实现了经济平稳运行、发展质量稳步提升、社会大局保持稳定，各项成绩的取得极为不易。过去五年极不寻常、极不平凡。我国在世界局势加快演变、新冠疫情冲击、国内经济下行等多重考验之下，如期打赢脱贫攻坚战，如期全面建成小康社会，在经济发展和结构优化、脱贫攻坚、科技创新、基础设施建设、持续深化改革开放、改善生态环境、提高人民生活水平等方面取得了举世瞩目的重大成就。在看到发展成就的同时，《政府工作报告》指出，"我们也清醒认识到，我国是一个发展中大国，仍处于社会主义初级阶段，发展不平衡不充分问题仍然突出"。针对外部环境的不确定性，国内经济发展过程中存在的问题、困难、风险，民生领域尚存的短板等，《政府工作报告》直面问题，显示了政府的责任担当。展望2023年，《政府工作报告》聚焦发展进程中的重点问题，提出保持政策连续性和针对性，加强各类政策协调配合，形成共促高质量发展合力。总体来说，《政府工作报告》总结成绩实事求是，直面问题，展现了我国政府的务实担当，也为全面建设社会主义现代化国家开好局、起好步凝聚了奋进力量！

王一鸣：北京大学经济学院金融学系主任，教授

在《政府工作报告》里，总理对过去极不寻常的五年中我国所取得的成就做了准确的概括，经济发展再上新台阶，科技创新成果丰硕，经济结构进一步优化，改革开放持续深化，基础设施更加完善，生态环境明显改善，脱贫攻坚任务胜利完成，人民生活水平不断提高；对2023年的主要目标也给出了预期，这些目标数据大多与去年接近，除了GDP增长从3%提高至5%左右。我认为《政府工作报告》给出的预期是非常切合实际的，是合理的预期。

作为经济理论研究工作者，我认为要基于中国的国情，对中国经济增长内在规律和社会现象，深入探讨出全新的经济学理论，这里不可忽略的是地方政府这一重要的角色，它是西方经济学理论中未涉及的。党中央对宏观经济形势研判后制定宏观经济政策，各地的地方政府组织资源执行，而各地政府在认识和执行层

编者按　北京大学经济学院专家学者热议2023年"两会"热点

面存在很大差别。此外,国有企业是中国经济发展的重要参与,国家在不断深化其改革,提高其核心竞争力,其也是中国经济发展理论中不可忽视的研究对象。

一方面,我们要创新研究中国经济发展的新理论,以更好地指导中国经济沿着健康的道路发展。另一方面,我们要从中国当前存在的很多问题入手,组队与实际部门合作,深入现场,探讨可行的解决方案,这才更显经济学者的价值。比如,各地都有各级的经济开发区和产业园,并且几乎都大同小异,其主要看重GDP和税收,因为只有生产端才有计入。再比如,当下鼓励加快中小企业数字化转型,大力发展数字经济,但要真正实现数字化转型,必须解决以下两个技术性问题:(1)政府机关单位、企业里各个职能部门使用不同软件公司开发的软件,导致数据难以联通;(2)现有软件开发模式成本高、时间长,导致用户单位不愿意做太多的前期投入。

锁凌燕:北京大学经济学院副院长,风险管理与保险学系教授

2023年是全面贯彻党的二十大精神的开局之年。李克强总理在《政府工作报告》中对2023年政府工作提出了富有建设性的意见,其中包括要保障基本民生和发展社会事业,加强养老服务保障。这可谓敏锐地关注到了巨量人口快速进入老龄社会过程中养老工作的"重点"和"痛点"。《中华人民共和国2022年国民经济和社会发展统计公报》显示,我国65岁及以上人口占总人口的比重高达14.9%,这标志着我国已经进入老龄社会。这时候,如果养老服务体系准备不足、供给相对短缺,养老的综合成本就会持续上涨,严重侵蚀养老钱的购买力;如果居民手中空有养老钱,却买不到价格和质量都恰当、数量也充足的养老服务,所谓的老年经济安全就是空谈。

过去五年间,国家积极应对人口老龄化,通过税费、用房、水电气价格等方面的政策支持,发展社区和居家养老服务。根据民政部数据,截至2021年年底,全国共有社区养老服务机构和设施31.8万个,五年间平均年复合增长率高达20%。但即便如此快速的调整,也很难适应我国人口结构转换的速度,养老服务设施数量少且远未实现社区全覆盖,护理人员队伍年龄偏大、职业技术水平偏低等问题也十分突出。未来我们还需广泛动员社会多元力量,充分提供各类政策支持，以持续增加养老服务供给、积极提升服务质量、合理控制成本水平，构建和完善兜底性、普惠型、多样化的养老服务体系，不断满足老年人群体日益增长的多层次、高品质的健康养老需求。

赵留彦：北京大学经济学院院长助理，经济史学系长聘教授

李克强总理在《政府工作报告》中提出2023年GDP增长目标为5%左右。不少人认为这一目标略低于此前市场预期。但笔者理解，这一目标符合我国经济发展的实际情况。它充分考虑到了外部环境的不确定性，同时继续传递出中国经济由高速增长向高质量发展转型的决心。

当前，国际经济形势复杂多变，给中国经济带来了诸多挑战。第一，一些国家采取技术封锁、挑起贸易摩擦等一系列手段来遏制中国发展，试图阻止中国企业的技术进步，这给我国的科技产业、出口企业及相关产业发展带来了较大的负面影响。第二，当前世界上一些国家和地区存在安全与政治风险，特别是一些重要地区的地缘冲突加剧，给跨境贸易和投资都带来了巨大风险。第三，由于美国加息、全球货币政策的不确定性等因素，人民币汇率出现了较大波动，这给企业的对外融资和对外投资带来了负面影响。第四，全球能源价格上涨，环保问题凸显，这给中国能源进口和制造业的发展带来了压力。

过去几十年里，中国经济保持快速增长的同时也存在一些问题，如系统性金融风险的积累、环境污染、社会不公等。因此，中国需要向高质量发展模式转型，这意味着我们不仅仅追求经济增长速度，还要更加注重发展效率和发展可持续性。目前我国经济还面临结构调整压力，房地产下行风险仍未解除，地方政府隐性债务压力亟待化解。高质量发展需要加强技术创新、提高产业竞争力、提高市场对资源的配置效率。中国经济向高质量发展转型不仅符合中国的长期利益，也有助于全球经济的可持续发展。

张亚光：北京大学经济学院副院长，经济史学系长聘副教授

改革开放四十多年来，投资、消费、出口贸易共同构成了推动经济增长的"三驾马车"，为中国经济增长的奇迹做出了重要贡献。在经济亟待复苏的背景下，为

编者按　北京大学经济学院专家学者热议2023年"两会"热点

什么2023年尤其要强调消费的重要性呢？

第一，重视消费是现代化国家经济发展的规律和趋势。按照罗斯托的经济成长阶段理论，中国实际上已经进入了高额消费阶段和追求生活质量阶段。当前强调消费的重要性，不仅仅是对疫情三年影响的恢复之策，也是符合经济规律的必然趋势。

第二，重视消费是扎实推进共同富裕的内在要求。共同富裕的首要任务是增加低收入群体的收入，目标是扩大中等收入群体比重。扎实推动共同富裕，能够为消费提供不竭的动力。消费不断升级，才能真正达到物质生活和精神生活都富裕的本质要求。

第三，重视消费是坚持稳中求进工作总基调的现实需要。对于政府而言，刺激消费是目前恢复经济的首要选择，也是最容易的选择。可以预料，短期内经济政策目标还是会聚焦在拉动消费、扩大内需等方向。

第四，重视消费是以人民为中心发展思想的生动体现。消费的数量和质量，决定着人们的生活水平，个人获得感的高低主要也取决于消费。从某种意义上说，要实现人民对美好生活的向往，消费是最关键的一环。

蒋云赟：北京大学经济学院财政学系教授

《政府工作报告》非常平实低调地总结了政府过去一年和五年的工作，在社会保障方面，我们建立了基本养老保险基金中央调剂制度，住院和门诊费用实现跨省直接结算，对困难行业企业社保费实施缓缴，大幅提高失业保险基金稳岗返还比例。这些是我们在遭遇疫情等国内外多重超预期因素冲击下取得的来之不易的成就。《政府工作报告》指出2023年是全面贯彻党的二十大精神的开局之年。党的二十大报告和《中华人民共和国国民经济和社会发展第十四个五年规划和2035年远景目标纲要》一致，中国共产党在社会保险体系建设上方向明确，具体思路清晰且一脉相承。我们应该继续坚定不移地推行基本养老保险全国统筹。为了未雨绸缪，高屋建瓴地进行制度建设，增强养老保险的可持续性，有必要进一步梳理全国统筹中存在的问题并进行进一步完善。目前养老保险的缴费率正在逐渐统一，但足额征缴率差异较大。北京、广东、江苏等拥有大量当期结余的发达省份,其实际缴费率几乎都处于较低水平;而黑龙江、辽宁等严重收不抵支的经济相对落后省份,其实际缴费率处于较高水平,基金缺口大且缴费率高,容易陷入恶性循环。在养老保险实行全国统筹之前,地方政府对养老金负有支出责任,一些赡养率低、经济状况较好的地方没有提高足额征缴率的动力。养老保险全国统筹后,中央政府最终将承担养老保险事权。为了进一步解决养老保险基金的可持续性和区域平衡问题,可以考虑进一步规范足额征缴率。

冯科:北京大学经济学院金融学系教授

2023年《政府工作报告》指出,"稳地价、稳房价、稳预期,因城施策促进房地产市场健康发展",同时指出,"房地产市场风险隐患较多,一些中小金融机构风险暴露"。当前,受前几年疫情的影响,中国房地产市场积累了较多的风险隐患。一是很多房地产企业面临资金链问题,银行贷款的延期已经不再具有可持续性,金融机构面临坏账损失;二是一些家庭的收入大幅降低,已经无力按时偿还房地产按揭贷款;三是在房地产政策执行层面,一方面地方政府要求保交楼,而另一方面银行在发放房地产开发贷款方面行动迟缓。

为了有效防范和化解后疫情时代的房地产市场风险,笔者提出下列政策建议:第一,按照市场经济规则,果断处置坏账。前几年疫情对房地产市场所造成的影响已无法逆转,当前要做的是防范进一步的次生风险。可以允许一部分房地产企业进入破产清算程序,也允许一部分家庭处置住房,让房地产市场轻装上阵。第二,充分授权地方政府。在政策执行层面,目前地方政府在保交楼方面得到了充分授权,然而银行在发放房地产开发贷款方面没有得到充分的授权,从而行动迟缓。应充分授权地方政府,真正做到"夯实城市政府主体责任"和"因城施策",促使银行迅速行动。第三,从长远来说,应促进产业升级和科技创新,逐步降低房地产对国民经济的影响。在产业升级和科技创新过程中,应充分发挥资本市场的作用,通过私募股权投资等帮助企业进行创新创业,辅导企业进入资本市场,最终实现产业升级,使科技创新成为国民经济的主体。

编者按 北京大学经济学院专家学者热议2023年"两会"热点

李权：北京大学经济学院国际经济与贸易系教授

当前中国对外开放面临市场型开放、制度型开放和新型跨境数据流动等多层次、多维度格局，2023年《政府工作报告》多次提到"进出口"及作为其核心实践机制的21个自贸区、自贸港，152个跨境电商综试区；在对未来的工作建议中明确提到继续发挥进出口对经济的支撑作用。

经典贸易理论共同认为：无论是进口还是出口，贸易都会带来交换所得和分工所得。在近些年的外贸实践中，进口贸易成为促进中国参与国际合作、助力企业开拓国际市场和引进优质产品的重要渠道，中国已经建立了43个进口贸易促进创新示范区，成功举办中国国际进口博览会、中国国际消费品博览会、中国国际服务贸易交易会等。

2023年美国和欧盟经济增长预期黯淡加重了中国出口的预期压力，但中国经济高质量发展与产业转型升级为进口提供了新的机遇。人民币跨境支付系统（Cross-border Interbank Payment System，CIPS）已经开始运作并不断发展，依托亚洲基础设施投资银行、上海合作组织等区域性国际组织，人民币国际化有序推进，在已有的合作框架中，货币合作得到强化。进出口联动有助于在提升人民币国际地位的同时有效化解输入性金融风险，实现促稳提质的发展目标。

杜丽群：北京大学经济学院经济学系副主任，教授

作为现代化产业体系的一个重点发展方向、高质量发展的一个重要抓手，以及推动中国经济增长的主要引擎之一，数字经济已经成为改变全球竞争格局的核心力量。李克强总理在2023年的《政府工作报告》中提出发展数字经济，要"提升常态化监管水平，支持平台经济发展"，这阐明了2023年政府部门的一个工作重点，就是要通过出台支持平台经济规范健康发展的具体措施引导数字经济健康有序发展。

为什么要对数字经济进行监管？

数字经济是新生事物，它出现时所面临的是包容审慎的宽松监管环境，随着资本无序扩张、限定交易、垄断等现象层出不穷，亟须规范事中事后监管。由于数字经济的快速发展，传统产业的业态和运行规律逐渐被打破，无论是在基础设施、权益保护,还是消费模式、税收方式等方面,这种新业态新模式与传统产业活动都存在较大的不同,需要加强规范监管。

2021年10月18日,习近平总书记在中共中央政治局第三十四次集体学习时强调,要规范数字经济发展,坚持促进发展和监管规范两手抓、两手都要硬,在发展中规范、在规范中发展。由此可见,数字经济的发展离不开政府的有效监管,而政府的有效监管有助于数字经济的发展,只有将"有为政府"与"有效市场"更好地结合在一起,平台经济才能健康发展。

如何对数字经济进行有效监管?

首先,加快出台数字经济规范发展的基础性制度。建立健全市场准入制度、公平竞争审查机制、数字经济公平竞争监管制度等数字经济基础性制度。为了营造公平公正、规范有序的发展环境,应构建适宜数字经济发展的规则体系,提升我国对数字经济的监管和治理能力。同时,还要健全数据产权交易、争端仲裁等机制,推动数据资产评估、交易撮合等市场运营体系的健全发展;建立相应法规条例以规范互联网平台、数据交易平台和相关市场主体行为,避免垄断、不正当竞争、数据滥用或泄露等不良现象的发生。

其次,线上线下相结合,实现一体化监管。根据业务类别和企业功能,对照传统经济活动,新业态新模式里面的市场功能部分,仍然可以采用市场化监管,鼓励自由竞争;企业功能部分采用科层式监管,如公共研发、大数据中心、地理定位技术、云计算等,可转为公共基础设施进行公共规制。也就是说,应在已有监管规范基础上结合数字经济发展规律和趋势做出优化调整,把营商环境建设从线下延伸覆盖到线上。通过线上营商规则的规范,改善并优化营商环境,促进数字经济长期发展。此外,还要提升一体化监管的技术水平和能力,从"人力监管"向"技术监管"转变。

最后,注重监管的常态化、前瞻性和动态性。无论是在政策制定还是公共服务的提供上,政府都需要提前了解公民需求并预测社会变化,及时回应社会关切。在积极开放数据、公开信息、解决问题的同时,还要根据数字经济的特点和发展阶段,考虑相应监管内容的优先等级、先后顺序等,实时动态调整监管的目标和手段,使监管步入制度化、常态化阶段。

周建波:北京大学经济学院经济史学系主任,教授

李克强总理在2023年的《政府工作报告》中提到了坚持"两个毫不动摇"(毫不动摇巩固和发展公有制经济,毫不动摇鼓励、支持、引导非公有制经济发展),对此我坚决拥护。由于市场有外部性,为了实现产业均衡、收入均衡,以及完成民营企业做不了、做不成的重要工作等,必须发展国有经济,使之具有进行宏观调控的力量。同时,民营资本规模小,存在抵御危机能力差、随波逐流的弱点,但也具有管理成本低、效率高、灵活性强、更能满足人民群众基本生活和生产需求的优点,这就是为什么要毫不动摇地发展民营经济。但在具体工作中,国有经济与民营经济的协调发展往往存在矛盾。从理论方面看,国有经济从事的应该是民营经济做不了、做不成、做不好的事情,但在具体实践过程中难免存在两个问题:一是民营经济现在做不了、做不成、做不好,未来做得了、做得成、做得好怎么办?显然国有经济应该退,但考虑到路径依赖,国有经济的退出是不容易的,这就会引发国有经济和民营经济的冲突。二是国有经济一旦进入某个领域,初期确实做的是民营企业不容易做好、做成的,如在修路、架桥等工程领域,其主要面向省城以上的高端市场,但随着高端市场的饱和,为了国有企业资产的保值或增值,国有经济势必进入地市级乃至县城等低端市场,这样又会引发和民营经济的矛盾。可见,如何把"两个毫不动摇"在实践中落地,还有不少的工作要做,这很值得从事社会科学研究的工作者去探索。

郑伟:北京大学经济学院风险管理与保险学系主任,教授

民生保障是历年《政府工作报告》关注的重点之一,2023年也不例外,《政府工作报告》中的过去一年工作回顾、过去五年工作回顾和今年几项重点工作等部分,都用一定篇幅谈到了民生保障问题。做好民生保障工作,一方面最重要的是要兜住困难群众基本生活保障网,另一方面也要关注"缺失的中间层"。"缺失的中间层"是指既没有被社会保障体系上端的"社会保险"所覆盖,又没有被社会保障体系下端的"社会救助"所覆盖的群体。因为这部分群体在社会保障体系中或社会保障体系的某类保障项目中,上下都"够不着",处于保障缺失的状态,所以被称作"缺失的中间层"。在就业方式多样化的背景下,如何将"缺失的中间层"纳入社会保险的保障范围,成为一个世界性难题。近年来,我国社会保障扩面工作成效显著,但发展不平衡不充分问题依然存在,比如工伤保险和失业保险的覆盖面仍有相当的缺失。三年疫情凸显了社会保障对保持社会韧性的重要性,也凸显了解决社保领域"缺失的中间层"问题的紧迫性。解决"缺失的中间层"问题,既要有治标的应急举措,也要有治本的长效机制。在推出应急举措方面,扩大失业保险保障范围是社保体系快速响应的典型案例,对于在疫情期间保障失业人员基本生活、维护社会稳定发挥了重要作用。在建设长效机制方面,新就业形态就业人员职业伤害保障试点,是社保体系努力将"缺失的中间层"纳入广义工伤保险框架的重要探索。"覆盖全民"是我国社会保障体系建设的基本目标之一,解决"缺失的中间层"问题是健全覆盖全民的社会保障体系的关键一环,它呼唤社保领域与时俱进的战略设计、制度创新和管理提升。

李连发:北京大学经济学院金融学系副主任,教授

未来实现中国式现代化的外部环境具有不确定性,国内也存在经济增长和生产率提升速度放缓的挑战。实现中国式现代化目标,需要以新发展格局推进高质量发展,构建有利于物价稳定的经济体系。

在经济持续增长、生产率提升的基础上保持财政收入的稳定,这是以往宏观经济调控的一条宝贵经验。财政支出需要有财政收入的支撑,将支出债务化的合理性仅存在于一个特殊阶段——从生产率提升转换为财政收入增长的过渡阶段。

加强资源配置和动员能力,在具有全局意义的关键领域适度超前发展,这是以往宏观经济调控的又一条宝贵经验。在当下人均收入水平达到 81 000 元、人均GDP 达到世界平均水平的阶段,中国超前建成世界最大的高速铁路网、高速公路网、机场、港口、水利、能源、信息等基础设施,有利于提高城乡之间的要素流动性、实现城乡之间基础设施均等化,体现了中国宏观上动员和整合资源的能力。

我国要增加国际市场对中国商品的需求,提高获取外汇的能力,在国际经济大循环中主动进行差异化发展,为建立保持物价稳定的供给体系创造条件。

实现中国式现代化需要构建抗通货膨胀的经济循环格局。除了需要具备稳定的财政收入基础、发展生产并增强获取外汇的能力,对外投资体系应系统地为保证物价稳定和汇率稳定服务。

吴泽南:北京大学经济学院院长助理,经济学系副主任,长聘副教授

2023年3月5日,李克强总理在《政府工作报告》中指出,五年以来"新产业新业态新模式增加值占国内生产总值的比重达到17%以上""实物商品网上零售额占社会消费品零售总额的比重从15.8%提高到27.2%"。数字经济在我国经济活动中扮演着越来越重要的角色。然而,技术是把双刃剑,算法黑箱与平台垄断也为数字经济的良性和可持续发展带来了全新挑战。因此,激活科技引擎、推动平台经济健康持续发展需要在数据治理与监管方面下足功夫,其中特别需要关注算法合谋泛滥可能带来的潜在问题。

算法合谋主要包含以下四类:信使类合谋、轴辐类合谋、预测代理类合谋、自主学习类合谋。其中,前两类算法合谋与传统企业合谋无实质区别;而在后两类合谋中,企业均可能在缺乏明确沟通与协议的前提下,因使用相近算法而产生合谋行为。法律机关对后两类算法合谋行为难以直接取证并进行垄断判定。若放任上述算法合谋行为,会带来经济效率损失,损害市场公平竞争。

为解决算法合谋所带来的市场失灵的问题,一方面需要迎合时代所需,培养跨学科监管团队,及时调整出台符合数字经济发展特征的法律法规,比如延伸取证环节,从静态与动态两方面检查企业源代码是否会出现合谋行为。另一方面需要突破常规思路,创新常态化监管工具,如设计数字经济反垄断相关的"宽恕政策",鼓励平台与算法设计者在启动调查前与市场管理者合作,共同打击算法合谋行为等。

面对科技时代的新挑战,要努力夯实跨学科人才基础、完善激励机制设计,实现算法常态化监管,为数字经济的腾飞保驾护航。

韩晗:北京大学经济学院金融学系长聘副教授

党的二十大报告中提到推进高水平对外开放,其中包括有序推进人民币国际化。李克强总理在2023年的《政府工作报告》中也提出,要坚定扩大对外开放,深化互利共赢的国际经贸合作。人民币国际化是高水平对外开放的重要一环,对我国的外循环畅通和经济安全有着重要意义。过去我国政府积极与世界各国签订双边货币互换协议,推动人民币国际化。随着我国经济地位的不断上升和贸易大国地位的确立,人民币国际化也取得了可喜的成绩。人民币跨境收付额度不断上升,在国际市场上的认可度和接受度也不断上升。但不可否认的是,人民币国际化仍面临不小的困难。我国越来越处于世界经济舞台的中心,这既是机遇,也是挑战。未来我们推动人民币国际化,不仅要靠货币互换协议等金融政策本身,还要做好其他政策的配合。这些政策包括货币总量政策、金融市场开放政策等。这些政策要形成合力,正如2021年中央经济工作会议所传递的,"必须加强统筹协调,坚持系统观念",做好政策的配合,更好地推动人民币国际化,开创高水平开放的新局面,保证我国外循环的畅通,更有底气面对国内外各种风险与挑战。

季曦:北京大学经济学院资源、环境与产业经济学系长聘副教授

人与自然和谐共生的现代化是我国立足当前经济社会发展和生态环境保护之间的矛盾,反思西方现代化道路和工业文明的反生态属性,以中国数十年的艰苦实践为基础提炼出来的中国式现代化模式,是中国式现代化的一个重要内涵。由于资本主义制度和机械论世界观的反生态属性,西方现代化的进程不可避免地带来了严重的资源环境问题。后发国家在复制、移植西方现代化模式时具有诸多局限,也因此陷入了一系列社会、经济和环境等发展陷阱。我们亟须探索一条真正有利于人类永续生存和发展的现代化道路。

走人与自然和谐共生的现代化道路首先应该要尊重自然的内在价值。自然的内在价值是其工具性价值的基础和前提。自然的内在价值是一种不依赖他者之目的的客观价值。在个体层面,自然界中的有机物是自我维护、自我生长和自我再生的生命体,它在守卫某种使其成为其自身的东西,它的生长和消亡并不为了他者的目的。在整体层面,自然系统本身就是有价值的,它能创造万物,其中包括有生命的万物。过去由西方主导的现代化模式是一种盲目追求对自然的工具性价值进行榨取和转换的现代化路径,必然地造成了目前人与自然之间不断激化的矛盾。人与自然和谐共生的现代化道路应该尊重自然的内在价值和客观规律,在保障自然内在价值永续发展的基本前提下,利用现代化提质增效的方式开发自然的工具性价值。因此,《政府工作报告》中强调的全面划定生态保护红线也是实现人与自然和谐共生的现代化道路的基本出发点。走人与自然和谐共生的现代化道路必须坚持政府宏观划定生态红线和市场高效配置自然资源相结合的基本原则。

宋芳秀:北京大学经济学院党委副书记,金融学系教授

李克强总理在2023年《政府工作报告》中指出,2023年的重点工作之一是有效防范化解重大经济金融风险,这一部署体现了党和政府对我国当前金融环境和金融体系状况的精准把握和判断。

过去五年我国一直将防范化解重大风险作为三大攻坚战之一,坚持以市场化法治化原则处置风险,在防范化解重大金融风险方面取得重要阶段性成果。但是,由于国际环境的复杂性、国内改革发展稳定任务的艰巨性,以及疫情带来的冲击,当前我国的金融体系仍然面临复杂的风险和挑战。处理好"稳增长"与"防风险"之间的关系、确保金融体系服务好实体经济仍然是未来一段时间金融工作的重点。

防范化解重大金融风险并不是单纯的金融问题,首先,当前最重要的举措当属继续深化经济和金融领域的改革。我国经济和金融中存在的失衡现象,如房地产业和制造业发展的不均衡、金融和实体经济的不均衡,是资金脱实向虚和资金空转的根源,深化改革是消除不均衡现象、理顺金融和实体经济关系的根本举措。其次,应坚定不移地推进资金配置的市场化改革,减少对资金配置的干预,发挥市场在金融资源配置中的基础性作用和决定性作用,提高金融资源的配置效率,降低金融风险。最后,应加强中国人民银行和银保监会的监管协调,防止杠杆的过度使用,避免资金在金融体系内空转和套利,引导更多社会资金流向实体经济领域;同时应加强对银行资产负债管理水平、风险管理水平的引导,防止中小银行因扩张速度太快或采取激进的经营策略而带来的风险积累,提高中小银行资本补充工具的审批效率,创新资本补充工具,维护银行体系的安全和稳定。

陈凯：北京大学经济学院风险管理与保险学系副教授

李克强总理在 2023 年《政府工作报告》中提到，在过去的五年中，中国的人民生活水平不断提高，基本养老保险参保人数增加 1.4 亿、覆盖 10.5 亿人，基本医保水平稳步提高。在制度层面，建立了基本养老保险基金中央调剂制度，连续上调退休人员基本养老金，取得了优秀的成绩。

然而，我国出生人口近年来逐年下降，老龄化进程明显加快。国家统计局发布的数据显示，2022 年我国出生人口为 956 万人，近 61 年来首次出现人口负增长。人口老龄化已经成为我国社会发展的重要趋势，也是今后较长一段时期我国的基本国情，这对我国养老保险体系的建设来说，挑战与机遇并存。

我国目前的三支柱养老保险体系仍然主要依赖第一支柱的基本养老保险，这在长期来看是十分危险的。"十四五"规划和党的二十大报告中都曾经指出未来五年的重要工作之一就是发展多层次、多支柱的养老保险体系。2022 年，我国推出了个人养老金制度，在发展第三支柱的道路上迈出了关键一步。接下来务必要出台更多的政策来发展第二支柱和第三支柱养老保险。从其他国家的经验来看，未来中国的发展趋势必将是基本养老保险为居民提供基本的退休收入保障，补充性养老保险和个人养老规划提供额外的退休收入补充。个人既不能不信任政府，也不能只依赖政府。只有在政府、企业和个人三方配合下的多层次、多支柱养老保险体系才能让居民有充足的养老收入，拥有体面的退休生活。

王熙：北京大学经济学院金融学系助理教授

2023 年《政府工作报告》再提数字经济，未来一段时期均有望成为数字经济的涌现元年。我国在促进数据要素大市场建设的同时，数字技术基础设施经过三年建设已初具规模，为我国数字经济打通产业链上下游的数据通道、促进数据要素在产业生态内的流通、重塑产业的价值创造模型提供了坚实的体制和技术基础。在外部需求萎缩以及经济复苏的时期，数字经济可以成为压缩企业运营成本和提高生产效率的主要抓手，因而具备较强的市场需求。此外，我国已经是全球第二大数字经济体，并保持着明显高于大部分发达国家的增速，相关技术所对应的商业模式或应用创新爆发指日可待。

编者按 北京大学经济学院专家学者热议2023年"两会"热点

从经济发展历史来看,新兴技术的诞生往往伴随着较大的资本市场泡沫。这一点可以从资产定价理论出发予以解释:在新兴技术成为主流生产技术前,其所带来的系统性风险有限,因此市场对其超额收益率的要求也有限,这导致新兴技术价格较高。而一旦新兴技术被广泛采用,其带来的系统性风险就会显著上升,因此市场均衡超额收益率会上升,从而带来资产价格下降。资产价格的大幅变化可以被视为资本市场泡沫的破灭。但融合实体经济发展的数字经济事实上不会产生"独立的"产品和服务,因此从这一点来看,融合实体经济发展不但能保证数字经济的可持续发展,还能抑制技术性金融泡沫、防范化解系统性风险。

【目录】 CONTENTS

高质量发展：因循善策，经济繁荣

在超预期冲击中砥砺前行，坚定长期向好的信心
　　不动摇　　　　　　　　　　　　　董志勇／003
新发展理念引领高质量发展的历史性成就　张　辉／013
高质量发展是建设现代化国家新征程的必然
　　选择　　　　　　王大树　张冯智　程　哲／016
深化中国式现代化理论研究　　　　　　董志勇／019
全面深刻理解共同富裕的内涵要求　　　郑　伟／024
深化城市软实力的内涵理解和评价指标体系
　　构建　　　　　　　　　　　　　　许云霄／033
坚持"两个毫不动摇"，促进国有经济和民营
　　经济的共生　　　　　　　　　　　周建波／038
激活民营经济活力是实现稳中求进经济目标的
　　关键　　　　　　　　　　　　　　王曙光／042

双循环畅达：内通函夏，外联瀛寰

高质量共建"一带一路"助力构建新发展
　　格局　　　　　　　　　　张　辉　吴唱唱／049
下好全国统一大市场这盘棋　　　　　　张　辉／053
建设全国统一大市场，更好地发挥市场和政府的
　　作用　　　　　　王大树　张哲婧　赵　蓉／056

实现高水平供需良性循环　　　　　　　　　张　辉 / 060
恢复和扩大需求是经济回稳向好的关键　　苏　剑 / 062
为什么要着力扩大国内需求,把恢复和扩大消费
　　摆在优先位置?　　　　　　　　　　张亚光 / 067
更充分地发挥消费在拉动经济增长中的作用
　　——兼谈文化消费　　　　　崔建华　王　燕 / 071
为何强调扩大有本金和债务约束的金融需求　刘蕴霆 / 076
应对国际经贸复杂环境,充分发挥外贸和外资对
　　经济复苏的关键作用　　　　　　　　王跃生 / 078
中国进出口联动机制的理论思考与实践探索　李　权 / 082
实施高水平开放战略 坚定推进人民币国际化　韩　晗 / 087

产业升级：继往开来，万象更新

我国产业现代化发展的结构性问题与应对
　　策略　　　　　　　　　　　　　　　张　辉 / 091
建设现代化产业体系要抓好五个坚持　　　张　辉 / 103
抓住机遇促产业升级　　　　　　　　　　张　辉 / 106
"产学研协"共进,活化产业生态圈　　　刘群艺 / 109
以系统性战略举措加快建设现代化农业强国　王曙光 / 114
关于乡村产业振兴的几点建议
　　　　　　　　　　王大树　高　珂　塔　娜 / 119
《政府工作报告》中的金融视角　　　　　李少然 / 123
充分发挥保险业保障功能　　　　　　　　锁凌燕 / 130
借鉴国际经验,促进保险资管行业健康发展　朱南军 / 133
发展"新银保"要重视价值提升　　　　　锁凌燕 / 136
把握人身险市场发展机遇　　　　　　　　锁凌燕 / 139

动能培育：开拓出新，如日方升

抢占经济"新赛道"，激发经济新动能	董志勇	145
技术创新赋能产业融合发展	张　辉	148
提高科技创新能力，赋能高质量发展	刘　怡	150
保险助创新企业解"成长烦恼"	锁凌燕	154
推动数字经济发展，加快构建数字中国	曹光宇	156
加强政府有效监管，大力推动数字经济发展	杜丽群	160
数字时代下的算法合谋与监管新思路	吴泽南	166
数字化提升保险理赔服务质效	锁凌燕	171
基础教育从信息化到数字化：政府、学校、科技企业的使命与合作	袁　诚	173
大力发展职业教育，构建多层次劳动力体系，助力高质量发展	王耀璟	178

政府有为：施政有方，发展有序

做好六个统筹，确保货币政策精准有力	宋芳秀	185
完善地方政府债务管理体系	平新乔	189
财政政策加力提效，化解地方债务风险	刘　冲	193
坚持"房住不炒"，加强房地产市场分层调控	李　博	198
防范和化解后疫情时代的房地产市场风险	冯　科	202
中国式现代化需要构建有利于物价稳定的经济体系	李连发	207
深入实施区域重大战略和区域协调发展战略	张　辉	212

民生为本：增进福祉，民康物阜

深化社保改革 夯实民生之本	锁凌燕 /	219
完善社会保障体系，增进民生福祉	赵留彦 /	223
关注"缺失的中间层"	郑　伟 /	227
小险种大智慧		
——厘清关键点，有效发挥失业保险作用	蒋云赟 /	230
积极应对人口老龄化，完善三支柱养老保险		
体系	陈　凯 /	234
健全医保支付方式，服务健康中国战略	秦雪征 /	238
深化医药卫生体制改革，深入推进健康中国	袁　野 /	242
推进药品和高值医用耗材集中带量采购，促进		
医药产业升级	石　菊 /	247

Part 1

高质量发展：因循善策，经济繁荣

在超预期冲击中砥砺前行,坚定长期向好的信心不动摇

董志勇

2023年3月5日,第十四届全国人民代表大会第一次会议在北京开幕,国务院总理李克强作《政府工作报告》。过去五年,风雨兼程。在新冠疫情等国内外多重超预期因素冲击下,中国经济稳中有进,发展质量稳步提升。无论是从总量还是增量来看,中国经济的韧性和活力始终不减,长期向好的格局也始终未变。中国经济的发展离不开党中央的坚强领导和科学决策,也得益于中国自身独特的制度优势和要素优势。在未来一段时间内,中国经济有望从危机中稳定复苏,在全面建设社会主义现代化国家新征程中实现中国式现代化的宏伟蓝图,努力推进中华民族伟大复兴,逐步建设成为富强民主文明和谐美丽的社会主义现代化强国。

一、回顾过去五年,中国经济虽历经挑战但韧性十足

自十三届全国人大一次会议召开以来,中国经济稳步向高质量发展迈进,为全面建设社会主义现代化国家打下了更加坚实的基础。

从总量来看,中国经济稳步增长,是世界经济增长的最大引擎。2018—2022年,我国GDP从92万亿元增长到121万亿元,五年年均增长5.2%,稳居世界第二;人均GDP从6.6万元增长到8.6万元;全社会固定资产投资从49万亿元增长到58万亿元;主要工农业产品产量稳步提升,居于世界前列;对外贸易持续发展,2020年首超美国成为全球第一大贸易国。

从效率来看,中国经济迸发创新活力,国际竞争力不断提升。随着中国加

快建设科技强国、推进科技自立自强,研究与试验发展(R&D)经费支出占GDP的比重不断上升,新产业蓬勃发展,新动能作用凸显,创新能力不断提高,向全球产业链和价值链的中高端加速迈进,我国在一些关键核心技术和战略性新兴产业上取得重大进步,进入创新型国家行列。

从可持续性来看,中国经济发展的平衡性不断增长,共同富裕不断推进。我国已经打赢脱贫攻坚战,全面建成小康社会,9 899万农村贫困人口实现脱贫,832个国家级贫困县全部摘帽,对全球减贫贡献率超过70%。我国推进经济与生态协调发展,2020年碳排放强度比2005年下降48.4%,2005年以来累计节能量占全球的50%以上。随着区域协调发展战略、乡村振兴战略等的深入推进,以及教育体制、社会保障制度、医药卫生体制等的不断改革,我国在推进共同富裕的道路上取得新成效。

"雄关漫道真如铁,而今迈步从头越。"这份成绩单着实来之不易。在过去五年中,中国经济面临的危险重重、冲击不断,但与此同时,中国经济也在接二连三的风雨洗礼中经受了考验,不断成长。这不仅证明了中国经济在应对短期突发事件时的强大适应力,也表明中国经济长期向好的态势不会改变。

二、5%的目标是国家在疫情过后,结合国际格局变化,本着实事求是、科学研判的精神制定的理性目标

5%的经济增速目标不是一个冰冷的数字,其背后是一个个鲜活的主体。无论居民个人还是企业,都是我国经济增长重要的推动者、奠基石。这一经济增速目标切实反映了党中央全心全意为人民服务的根本宗旨,也深刻表明了"让老百姓过上好日子"是党中央一切工作的出发点和落脚点。习近平总书记明确强调:"为了不断满足人民群众对美好生活的需要,我们就要不断制定新的阶段性目标,一步一个脚印沿着正确的道路往前走。""十四五"时期我国将迈入新发展阶段,经济增长既要有"量变",也要有"质变"。坚持以人民为中心,不断实现人民对美好生活的向往,是新时代坚持和发展中国特色社会主义的基本方略之一,也是不断提高人民群众获得感、幸福感、安全感的重要前提。

这一增长目标是党中央综合研判当前国内外形势做出的科学部署。从国内形势来看,随着疫情逐步好转,稳经济政策持续落实,居民消费迎来高峰,企业有序复工复产,经济复苏的步伐稳中有进,国内消费和投资有望恢复常态。就外部环境而言,地缘政治冲突、逆全球化浪潮等仍然势头不减,错综复杂的国际形势也给我国经济发展带来了不小的挑战。尤其是2022年2月俄乌冲突爆发以来,全球能源危机蔓延,不少发达经济体通货膨胀高企,继而对我国出口也造成严重影响。在此基础上,《政府工作报告》提出5%的经济增速目标,充分反映了党中央实事求是的思想路线,既是科学务实之举,也是严谨客观之态。

具体来说,可以从三个方面理解这一增长目标。

第一,这一经济增速是以习近平同志为核心的党中央掌舵中国经济,在惊涛骇浪的国际经济波动中坚定自主发展经济、进一步提高人民群众生活水平的战略定力体现。2022年,尽管面临疫情与外部环境的巨大压力,我国经济仍保持了稳健发展的基本态势,经济长期向好的趋势得到了延续。2022年全年GDP为121万亿元,比上年增长3%;人均GDP为8.57万元,增长3%;全员劳动生产率达到15.3万元/人,比上年提高4.2%。面对巨大困难,成绩来之不易,这是在以习近平同志为核心的党中央坚强领导下,全国干部群众团结努力、不懈奋斗共同取得的成就。

可以预见的是,由于已知的和未知的众多重大冲击事件,2023年的国际经济、外部环境仍旧难以太平。5%左右的经济增速目标,预示着我国经济将延续去年稳健发展的基本态势,也展现出党中央在面对可能出现的惊涛骇浪时,对全局性把握和发展我国经济、进一步提高人民群众生活水平的信心与决心,也进一步证明了,中国经济发展是党带领中国人民追求美好生活而努力奋斗得来的,不是别人的赠予,也不因任何人的恩赐而来。

第二,这一经济增速目标符合我国当前经济发展的基本面,有较大的可行空间。习近平总书记指出:"中国经济韧性强、潜力大、活力足,长期向好的基本面依然不变。只要笃定信心、稳中求进,就一定能实现我们的既定目标。"中国经济所具备的韧性、潜力和活力,为实现2023年的经济增速目标提供了基本依据。

实际上,如果我们定一个更高的增速目标,从技术上也是完全可以实现的。政府还有很丰富的政策手段可以刺激经济增长。但是,我们既要考虑经济增长,也要保证经济增长的安全性和稳定性。2022年在取得全年3%增速的同时,一方面,我国经济安全问题始终得到了较好保障。粮食增产丰收,全年全国粮食总产量达到68 653万吨;高技术制造业发展进一步加快,比上年增长7.4%。另一方面,这一经济增速伴随着物价与就业水平的总体稳定。2022年我国全年居民消费价格比上年上涨2.0%。而美国、欧盟等主要发达经济体的物价水平全年处于高位。我国全年城镇新增就业1 206万人,超额完成1 100万人的全年预期目标任务。2023年5%的经济增速目标,延续了长期以来我国对这些综合发展目标的并重,兼顾了增长可行性与必要性、经济安全性与稳定性,体现了中央把握经济发展与增长问题时整体考量的系统性。

第三,这一经济增速目标在逐渐地走出疫情影响,是我国走向"后疫情经济"的基本出发点。过去三年,疫情给我国经济造成了巨大的冲击。2022年我国的经济增长就具有典型的"疫情经济"特点。2022年第一季度同比增长4.8%、第二季度增长0.4%、第三季度增长3.9%、第四季度增长2.9%。第二季度与第四季度增速相对较慢,因为这两个季度内病毒影响最甚。从产业结构上看,2012—2019年,我国第三产业增速长期维持在8%左右,显著高于整体经济增速,而2020第三产业增速只有1.95%,2022年仅增长2.3%,服务业是受疫情冲击最大的产业,这两年正是疫情较为严重的年份。

2023年的经济增速目标为后疫情时代我国经济恢复新常态化发展提供了广阔的发展空间。从春节前后的生产、消费形态来看,目前我国经济已经出现了明显的恢复。各地政府也正在按照中央的统一部署,大力出台经济发展政策。我国是一个超大型发展中经济体,区域性经济发展协调也至关重要。从目前的公开数据看,2023年31个省份(除港澳台地区)提出的增速目标介于4%—9.5%,各省根据自身发展阶段特点制定的增速目标,存在一定的差异。这一差异性也正体现出多样性,也是我国经济发展的一大优势,为实现特定的经济增长目标提供了强有力的支撑。虽然当前经济仍存在债务等问题,但中央政府仍有较大的政策腾挪空间,人民群众对美好生活的向往也不会被短期的困难所磨灭。

三、实现5%的经济增速目标需要牢牢把握当前经济的主要矛盾,切实解决有效需求不足这一核心问题

从2021年的数据来看,我国消费占GDP的比重约为65.4%,与发达国家相比仍有一定差距。消费信心不足、内需疲弱是短期内影响中国经济增长的最大短板。而在当前外需不振的大背景下,未来一段时间,以扩大内需为基点的国民经济循环特征会更加明显。一方面,我国拥有14亿人口,是当之无愧的人口大国,居民消费市场广阔。故此,要在充分考虑居民消费能力、消费意愿以及消费场景等多重因素的前提下,积极挖掘居民消费潜力,发挥消费对经济增长的带动作用,全面落实扩大内需战略,促进国内居民消费市场的回暖升级。另一方面,需求端的增长离不开供给端的配合,两者互相影响、互相制约,应进一步畅通供需两端循环,深化供给侧结构性改革,加快产业结构调整,加强重点领域的投资建设,帮助中国经济朝着更高层次的高质量发展迈进,为提振消费、扩大内需保驾护航。

随着疫情逐渐步入尾声,当前经济复苏态势明显,这一点是毋庸置疑的。预期不振和信心不足,是近年来宏观经济运行中较为突出的一个问题。信心不足往往会导致需求转弱,进而影响宏观经济整体运行态势。2023年政府经济工作的一个重要切入点便是加强预期管理,提振市场主体信心,刺激居民消费和企业投资行为,引导市场主体正确认识和把握宏观经济基本形势,避免"一边倒"地认为经济受到外部冲击的影响会走向衰弱。在财政政策方面,保持政策的积极、有效和连续,避免出台不利于经济发展的强刺激政策,但也不应忽视财政资金本身的乘数效应,通过建立健全完善的体制基础,畅通财政政策的传导机制,深化财政政策的实施效果,使得财政政策的影响实实在在地惠

及人民群众。在货币政策方面,适时适度调整货币政策工具,把握精准有力、相机抉择的政策原则,贯彻落实稳健的货币政策,统筹短期和长期政策目标,不搞"大水漫灌",而要兼顾国内国外双重局势,把握好内部均衡和外部均衡。总体而言,通过财政政策和货币政策的"双管齐下",扩内需、稳增长,挖掘经济发展的内生动力,2023年宏观经济有望实现全面向好发展。

2023年是全面贯彻落实党的二十大精神的开局之年,也是"十四五"规划承上启下的关键一年。要想实现5%的经济增速目标,需要抓住当前宏观经济最主要的矛盾,以稳经济作为各项政策发力的关键点,在保增长、保就业、保市场主体三方面下足功夫,多措并举解决当前有效需求不足这一现实问题。

第一,要尽快为市场主体"松绑",激发市场活力。包括民营企业在内的广大市场主体,是经济增长的主力军。疫情期间,为了在特殊时期保障人民群众生命安全和身体健康所采取的特殊管制政策,要尽快加以放开,持续加强建设国内统一大市场和高水平对外开放格局,避免陷入低水平的"路径依赖"陷阱。要准确处理好基本矛盾在当前的展开形式。人民群众对美好生活的向往也总是在不断发展着。

第二,要进一步结合内需和外需,解决我国经济发展中的高质量有效需求不足的问题。当前国内需求面有效需求、高质量需求不足的问题比较突出。这一问题不是我国独有的,各个发达国家、发展中国家都在不同程度和不同维度上存在这一问题。以可比口径看,我国当前的人均GDP仍不到美国的1/5,这一发展水平是理解我国内需问题的核心出发点。基于这一出发点,一方面,要在坚持发展高质量内需的基础上,继续推动高水平开放以利用好高质量外需。相比主要发达国家而言,我国人均GDP还有很大的发展空间,充分激发比我国发展程度更高的外部市场的高质量外需,是补充我国内需的重要途径。因此,要坚持内需外需互补的系统发展观念,在持续坚持对外高水平开放、扩大高水平外需的同时,发展好内需。另一方面,要推动需求侧改革与供给侧改革协同开展。供给侧改革的有效推进,能够为高水平内需建设提供基本动力;内需建设也为供给侧改革提供基础。不能脱离发展阶段谈论需求,也不能脱离供给面谈需求。

第三,要处理好外部压力和波动的国内应对与传导。可以预见的是,当前某些发达国家对我国的针对性施压是长期性的,这给我国经济自主发展带来了巨大的外部压力。我们要沉着应对,既有理有据有格应对,同时更为重要的是,做到不被外部压力牵着鼻子走,避免低效率的机械性应对,以系统而完整的策略展开应对,持续坚定道路自信、理论自信和制度自信,走好自己的发展道路。

第四,要慎重使用短期刺激手段,并处理好地方政府债务问题。2023年影响我国经济增长的一个重要因素是地方政府债务问题与地方政府推动经济增长的政策之间的平衡与协调。要发展好经济,地方政府的能动性必不可少,需要以一定的地方财政予以支撑。而目前地方债务问题较为突出,形成了短期矛盾与压力。短期内,中央适时的统筹调度必不可少;而从长期看,还要继续推动财税体制改革,促进政府与市场之间的关系长期健康有效发展。

第五,要进一步推动有利于经济高质量发展的深度改革。2023年的发展目标能够实现且一定会实现,而从长期来看,更为重要的是树立起更强的、更为长远的发展信心,理解并权衡好实现各个增速所需要的成本与收益。包括人口问题、央地关系、创新经济等在内的诸多深层次问题,不是短期现象,而是需要长期予以应对的问题,我们需要充分认识到其重要性与艰巨性,久久为功,不断推动改革加以化解。中央政府有丰富的政策手段可以调节好2023年的经济发展,不仅要顾及短期的经济增速,也要考虑建设长期经济发展的长效体制机制建设,以"功成不必在我"的决心推动部分重难点改革。

四、中国经济的长期向好,离不开党的集中统一领导和中国特色社会主义的制度优势

一方面,党的集中统一领导是持续推动经济快速发展和社会长期稳定的根本保证。中国共产党的领导是中国特色社会主义最本质的特征,是中国特色社会主义制度的最大优势,也是持续创造经济快速发展和社会长期稳定奇

迹的根本保障。与此同时，中国经济发展的奇迹离不开社会主义基本经济制度优势。随着社会主义市场经济体制的不断完善和中国式现代化道路的成功探索，中国通过一系列的顶层设计和"主动制度变迁"，实现了改革开放以来的两次经济状态跃迁，使经济演进不断迈上新台阶。中国经济基本面保持长期向好，也离不开集中力量办大事的制度优势。而近年来，在国内外一系列风险挑战的冲击下，我国通过发挥新型举国体制，充分调动各方积极性和创造性，并成功抵御一次又一次的重大突发事件，表现出"在夹缝中求生存"的顽强斗志，更体现出中国特色社会主义制度的优越性。

另一方面，中国经济的发展也离不开其独特的要素优势，尤其仰赖于政府对于劳动要素和人口红利的充分运用。我国人口众多、幅员辽阔的特点也在以往的经济建设中发挥了决定性作用。但与此同时，我们也应认识到，当前人口增长的速度逐步放缓，人口红利几近消失，老龄化、少子化问题日益凸显。为保持经济的平稳健康发展和实现高质量发展，党中央进行了一系列制度调整，以应对即将出现的人口红利消失问题。例如，加快相关领域的政策出台，及时优化生育政策、降低育儿成本、提高人口质量，促进人力资本红利的加快释放等。

虽然短期波动难以避免，但我国经济长期向好的基本面没有改变。在制度优势和要素优势的双重推动下，我国经济未来发展的韧性十足、潜力巨大。无论是实施扩大内需战略，还是牢牢把握房地产这个经济"抓手"，抑或是激活民营企业的发展活力，都是党中央在经过深思熟虑、统筹研判后做出的推动经济发展的重要决策，也符合经济循环的一般规律。

在机遇方面，我国经济长期向好的基本面没有改变，中国式现代化将迈出坚定的步伐，推动中国经济高质量发展。人口大国的优势有望为我国经济提供强有力的内需支持，城镇化发展仍有一定空间，供给侧结构性调整也有望为我国经济释放持久动力。在挑战方面，我们也应清醒地认识到，随着中国经济发展进入新常态，过去以投资驱动为代表的粗放型经济增长难以为继。这也是近年来我国经济增速下降的主要原因之一。与此同时，由于在市场体制和人才培养等方面还存在一定问题,创新驱动发展的局面还有待形成,中国企业整体仍缺乏创新活力。此外,就国外形势而言,西方国家在科技、贸易等领域对中国的"围追堵截"尚未止息,中国经济发展仍然面临着严峻的外部挑战,因此也需要全党全国各族人民同心协力,共同应对和克服中国经济发展面临的问题。

正如习近平总书记在2022年世界经济论坛视频会议上的演讲中所说:"虽然受到国内外经济环境变化带来的巨大压力,但中国经济韧性强、潜力足、长期向好的基本面没有改变,我们对中国经济发展前途充满信心。"无论是从短期还是长期来看,中国坚定不移地走高质量发展之路的决心和信心从未动摇,中国经济稳中有进的基本格局也不会改变。

五、针对当前老百姓较为关心的人口负增长、数字经济发展和外贸出口问题,我们应清醒地认识到风险与机遇并存

人口增长问题是当下人民生活的侧面反馈。过去十年间,我国人口死亡率相对稳定,一直保持在7‰左右;而人口出生率则在持续下降,从2012年的14.57‰,下降到2022年的6.77‰。因此,我国人口减少的主因在于出生率下降,而出生率下降直接体现出的是青年人生活态度的变化、生活压力的上升。更好地提高当下人们的生活水平,自然也能够提高未来人的到来比例,这是一个一体两面的问题。我们应当着眼于降低青年人和普通家庭的养老、婚配、生育的社会压力。不过也应当认识到,人口变化具有很强的趋势性,不是一个短期现象,而是一个需要长期予以应对的问题。

大家比较关心的是人口增速放缓带来的人口老龄化问题及其引发的一系列社会问题。2022年我国首次出现了人口负增长,人口问题引发的潜在风险愈发严峻。中国的人口老龄化问题既与经济发展带来的生育意愿下降有关,也与不同阶段人口政策叠加(如20世纪60年代前后的"婴儿潮"与20世纪80年代开始实施的计划生育政策的叠加)带来的人口结构失调有关。因此,要全面看待当前的人口形势,对人口老龄化问题的生成因素和异质性表现采取更具针对性的政策举措。

　　数字经济发展需要加强底层基础设施建设,从多领域入手,为数字经济发展提供"土壤"保障。一是重视知识产权保护,鼓励原创性创新,避免产权不明确抑制社会的创新动力,损害数字经济的长期增长潜力。二是重视战略规划,从制度设计、产业规划和基建政策层面大力支持数字经济发展,培养重点方向,鼓励新产业和新业态发展,先发展再监管,充分调动市场活力。三是加强法制建设,制定相关法律法规促进和保障数字信息产业健康发展,划定好数字经济企业的责任承担,确保这一产业的可持续发展。四是坚决以促进实体经济为目标发展数字经济,利用好我国实体经济的相对优势,充分发挥我国海量数据和丰富应用场景优势,也确保数字经济的发展不是空中楼阁、不是技术泡沫。五是重视人才培养和科技创新,数字经济高创新性、强渗透性、广覆盖性的本质特征,决定了企业是数字经济的主要创新主体,而数字经济人才是企业数字化转型和创新的核心驱动力。

　　我国外贸依旧韧性犹存,潜力巨大。当前社会部分人士将各大港口空集装箱堆积理解为我国海外需求萎缩,却忽略了导致这一现象的另一原因:我国在疫情期间生产了大量集装箱。当然国际需求确实在多重因素下显著下滑,我们从诸如波罗的海干货指数的近期走势就可以看出来,世界贸易组织(WTO)预计2023年全球商品贸易量或将只增长1%,但是这一国际需求冲击是世界各大出口国同时面对的,并不是单单中国。此外,有的社会人士认为世界"去中国化"会进一步压抑我国外贸需求。但是世界经济已经经过多年发展走到经济全球化的今天,我们很难将中美贸易下滑和美欧贸易上升直接联系到我国外贸下滑,因为世界生产和投资是一体的。从2022年的出口数据中我们也可以看到,东盟已经成为我国的最大出口目的地,并且持续了快速增长趋势,远超我国对美、对欧以及对日的出口增速。另外,随着《区域全面经济伙伴关系协定》(RCEP)持续发挥作用,我相信我国外贸韧性也会得到持续提升。

(作者系北京大学党委常委、副校长)

新发展理念引领高质量发展的历史性成就①

张 辉

党的二十大报告总结了过去5年的工作和新时代10年的伟大变革,阐明了"我国经济实力实现历史性跃升"的系统成就,擘画了全面建成社会主义现代化强国的宏伟蓝图和实践路径。发展理念是发展行动的先导。实践证明,新发展理念是引领高质量发展的根本遵循,高质量发展是落实新发展理念的必然体现。踏上新征程,我们必须把发展质量摆在更突出的位置,把新发展理念贯穿发展全过程和各领域,让经济、社会、文化、生态等各方面都体现高质量发展的要求。

大力激发创新活力,稳步提升发展质量。进入新时代以来,党中央深入实施创新驱动发展战略,在科研攻关、自主创新、成果转化等方面取得巨大成就。政府科技投入引导力度不断加大,全社会研发经费支出从1万亿元增加到2.8万亿元,居世界第二位,为增强我国自主创新能力提供了有力保障;科技成果转化助力产业发展,2021年我国技术市场成交合同金额达37 294.3亿元,机器人全行业营业收入超过1 300亿元,为传统产业改造升级插上自动化翅膀,诸多产业逐步实现数字化、网络化、自动化、智能化的升级发展,提升了经济效率,优化了产业结构,为高质量发展注入强劲动力。

区域城乡协调发展,经济结构持续优化。党的二十大报告指出,"着力推进城乡融合和区域协调发展",并提出了具体要求。从产业结构看,我国新型

---

① 原文刊登于《经济日报》2023年1月10日10版。

工业化步伐显著加快,农业现代化水平持续推进,服务业成为国民经济第一大产业,三大产业实现协同发展。从经济增长看,消费已连续多年成为经济增长主引擎,超大规模市场释放的巨大消费潜力,为高质量发展提供了有力支撑。从城乡区域发展看,以人为核心的新型城镇化加快推进,区域发展差距持续缩小,城乡基本公共服务均等化水平不断提高,城乡区域发展的协调性逐步增强。

牢固树立绿色底线,系统建设生态文明。尊重自然、顺应自然、保护自然,是全面建设社会主义现代化国家的内在要求。进入新时代以来,我们坚持"绿水青山就是金山银山"的理念,全方位、全地域、全过程加强生态环境保护,在绿色、循环、低碳发展的道路上迈出坚实步伐,生态环境保护发生历史性、转折性、全局性变化。我国地表水质优良(Ⅰ—Ⅲ类)断面比例提升23.3个百分点,达到84.9%,已经接近发达国家水平;水电、风电、光伏、生物质发电装机规模和在建核电规模稳居世界第一。我国秉持人类命运共同体理念,向世界作出实现碳达峰、碳中和的庄严承诺,为全球生态环境治理贡献积极力量,为共建清洁美丽的世界提供中国智慧和中国方案。

坚定实施开放战略,外贸投资扩容增质。党的二十大报告指出,"中国坚持对外开放的基本国策,坚定奉行互利共赢的开放战略,不断以中国新发展为世界提供新机遇,推动建设开放型世界经济,更好惠及各国人民"。通过实行更加积极主动的开放战略,依托我国超大规模市场优势,增强国内国际两个市场两种资源联动效应,一个更大范围、更宽领域、更深层次的对外开放格局正在形成。党的十八大以来,我国贸易高质量发展取得巨大成就。货物贸易进出口总额从2012年的24.4万亿元增加到2021年的39.1万亿元,连续5年排名全球第一;到2021年,我国货物加服务贸易总额连续两年全球第一。同时,我国对"一带一路"沿线国家进出口保持快速增长,贸易关系布局日趋均衡。

深入落实共享政策,持续增进民生福祉。江山就是人民,人民就是江山。党中央坚持在发展中保障和改善民生,不断实现人民对美好生活的向往。新时代10年,我们打赢了目前规模最大的脱贫攻坚战,历史性地解决了绝对贫困问题,提前10年实现联合国2030年可持续发展议程减贫目标,创造了人类减贫史上的奇迹。形成超4亿人口的世界最大规模中等收入群体,居民人均年可支配收入超过3.5万元。建成世界上规模最大的教育体系、社会保障体系、医疗卫生体系。人民群众获得感、幸福感、安全感不断提升,共同富裕取得新成效。

高质量发展是全面建设社会主义现代化国家的首要任务,是体现新发展理念的发展。创新、协调、绿色、开放、共享发展相辅相成、相得益彰,共同构成了一个逻辑严密、辩证统一的有机整体。新时代新征程,我们要完整、准确、全面贯彻新发展理念,坚持社会主义市场经济改革方向,坚持高水平对外开放,加快构建新发展格局,切实把高质量发展作为全面建设社会主义现代化国家的首要任务,为实现第二个百年奋斗目标奠定更为坚实的物质技术基础。

(作者系北京大学经济学院副院长、教授)

高质量发展是建设现代化国家新征程的必然选择

王大树　张冯智　程　哲

2023年3月13日,十四届全国人大一次会议举行记者会,国务院总理李强在回答施政目标和工作重点问题时说,新一届政府的工作就是把党中央的决策部署落实好,把党的二十大擘画的宏伟蓝图变成施工图,牢固树立以人民为中心的发展思想,集中力量推动高质量发展,坚定不移深化改革开放。本文的观点是从"两个一百年"奋斗目标和主要社会矛盾转化来看,高质量发展是我们建设社会主义现代化国家新征程的必然选择。

发展是人类社会永恒的主题,但发展具有阶段性的特点,发展的历史阶段不同,发展的侧重点也就有所不同。从历史逻辑来看,高质量发展是经济建设迈进高级形态的必然阶段。

中华人民共和国成立初期的当务之急是恢复生产,速度是主要问题。1958年,党的八大二次会议通过"鼓足干劲,力争上游,多快好省地建设社会主义"的总路线,那时的主流看法是速度是总路线的灵魂,"多快好省"在实际执行过程中变成以"快"为中心。后来,由于"以阶级斗争为纲",经济发展不仅不快,反而增长缓慢。

1978年,党的十一届三中全会决定把工作重心转移到经济建设上,因为急于改变落后面貌,当时沿用了"高速度"的提法。1982年,党的十二大提出了"翻两番"的目标,还是速度的概念。1987年党的十三大指出,我国面临的主要矛盾是人民日益增长的物质文化需要同落后的社会生产之间的矛盾。这里"落后的社会生产"主要是数量不足的问题。1992年,邓小平同志提出,"我们国内条件具备,国际环境有利,再加上发挥社会主义制度能够集中力量办大事的优势,在今后的现代化建设过程中,出现若干个发展速度比较快、效益比较好的阶段,是必要的,也是能够办到的",这实际上是提出"又快又好"的问题。党的十四大、十五大、十六大的基调都是"又快又好",速度还是摆在效益的前面。2006年11月30日的中央政治局会议首次提出"实现国民经济又好又快发展",2007年党的十七大又加以确认,从此,效益才放在速度之前。

"好""快"二字位置的调整意义深远,体现了发展理念的转变,即由增长速度优先变为关注发展的效益和质量。经过四十多年的高速发展,我国创造了举世瞩目的成就,但由于强调"快"、忽视"好"而积累下了一些矛盾,解决这些矛盾就要调整发展理念,把"好"放在更加突出的位置。由此可见,从"快"到"又快又好",再到"又好又快"和现在的"高质量",我们对发展的认识不断在深化。

进入新时代以后,中国社会的主要矛盾转化成为"人民日益增长的美好生活需要和不平衡不充分的发展之间的矛盾",发展中的矛盾体现在质量上,质量问题凸显。这里有两方面要注意:第一,"美好"二字隐含着对高品质商品和服务的需求,这就要求质量提升,以前解决的是"有没有"的数量问题,现在则要解决"好不好"的质量问题。第二,"不平衡不充分"本身就是发展的质量不高。所以我们必须认识到社会主要矛盾变化以后的新要求,重视量的增长,更要解决质的提升问题,在质的提升中实现量的有效增长,实现更高质量、更有效率、更加公平、更可持续、更为安全的发展。

我们的第一个百年奋斗目标是全面建成小康社会,14亿人民告别贫穷主要通过收入提高来实现,这实际上还是一个数量和速度的问题。习近平总书记在党的二十大报告中提出:"从现在起,中国共产党的中心任务就是团结带领全国各族人民全面建成社会主义现代化强国、实现第二个百年奋斗目标,以中国式现代化全面推进中华民族伟大复兴。"

在全面建成小康社会阶段,我国的主要目标是"富起来",可以专注收入的数量问题,这时"高速增长"对实现第一个百年奋斗目标发挥了重要作用;在全面建成现代化国家阶段,矛盾和问题集中体现在发展质量上,"强起来"的目标内在要求我们把注意力放在发展质量上,"高质量"将对实现第二个百年奋斗目标发挥决定性的作用。

  党的二十大报告从九个方面阐释了中国式现代化的本质要求,其中之一是"实现高质量发展"。高质量发展是创新成为第一动力、协调成为内生特点、绿色成为普遍形态、开放成为必由之路、共享成为根本目的的发展。推动高质量发展是根据我国发展阶段、发展环境、发展条件变化作出的科学判断,是对经济社会发展各个方面的总体要求。高质量发展是全面建设社会主义现代化国家的首要任务。我们要在坚持以经济建设为中心的同时,全面推进经济建设、政治建设、文化建设、社会建设、生态文明建设,使各领域都体现高质量发展的要求,促进现代化建设各个环节、各个方面的协调发展,力争在中华人民共和国成立100周年的时候全面建成社会主义现代化强国,实现中华民族伟大复兴的中国梦。

(王大树系北京大学经济学院教授;张冯智系中国国际金融股份有限公司研究助理;程哲系西安建筑科技大学公共管理学院教授)

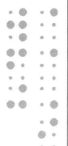

深化中国式现代化理论研究

董志勇

党的二十大的一个重大理论创新,是概括提出并深入阐述中国式现代化理论。"中国式现代化"这一概念自提出以来,学术界围绕其内涵本质和实现路径等进行了广泛而深入的探讨,取得了一系列研究成果。习近平总书记指出:"要深刻理解中国式现代化理论是基于中国国情、中国现实的重大理论创新,体现了我国现代化发展方向,是对全球现代化理论的重大创新。"这为我们深化中国式现代化理论研究指明了前进方向,提供了根本遵循。我国经济学等哲学社会科学工作者要以习近平新时代中国特色社会主义思想为指导,深化中国式现代化理论研究,为建构中国式现代化自主知识体系作出新的更大贡献。

一、在历史视野下推进中国式现代化自主知识体系建构

习近平总书记指出:"历史研究是一切社会科学的基础。"深化中国式现代化理论研究的基础性工作之一,是梳理我国社会主义现代化实践历程,从中把握中国式现代化的历史逻辑、理论逻辑、实践逻辑。当前,关于我国社会主义现代化建设实践的研究,主要包括中国式现代化的发展历程、经验总结、推进路径、重大意义等。在历史视野下推进中国式现代化自主知识体系建构,需要处理好宏观与微观、现象与理论、借鉴与创新之间的关系。

---

① 原文刊登于《人民日报》2023年5月8日第9版。

既阐释宏观经验，又加强微观研究。从中国共产党史、新中国史等历史视角梳理我国社会主义现代化建设历程，有利于从整体和宏观上把握中国式现代化的理论逻辑、实践经验、本质特征等。同时，也不能忽视中国式现代化在不同领域的微观研究，比如怎样充分发挥企业和个人等微观主体的积极性、主动性、创造性等。加强微观研究，有利于增强中国式现代化理论的学术深度、解释力度和国际话语权，夯实中国式现代化的学理基础。因此，深化中国式现代化理论研究，需要进一步加强宏观研究与微观研究的有机结合，为建构中国式现代化自主知识体系提供更加丰富的内容。

既挖掘典型案例，又进行理论概括。中国式现代化不仅有各国现代化的共同特征，更有基于自己国情的鲜明特色。深化中国式现代化理论研究，不能以西方现代化理论分析中国式现代化的历史进程，那样不仅难以真实反映中国式现代化对中国和世界的重要意义，陷入"西方中心论"的误区，更无法为中国式现代化提供学术理论支持。要坚持历史视野，从中国式现代化在不同发展阶段的探索实践中挖掘典型案例，从中提炼总结并进一步升华为理论成果，努力实现从典型案例到理论体系的飞跃。

既借鉴吸收西方现代化理论的合理成分，又创新研究范式。西方现代化理论是伴随着资本主义国家的现代化实践而不断发展的，其理论发展有其自身历史脉络。深化中国式现代化理论研究，应当在借鉴吸收西方现代化理论合理成分的同时，勇于创新研究范式。比如，在研究假设上，勇于突破西方主流经济学"理性人"假设、"市场万能论"等逻辑；在研究方法上，勇于扭转西方主流经济学过度模型化、数学化的倾向，更加重视中国式现代化实践中所蕴含的丰富思想理论内涵；在议题设置上，聚焦我国现代化建设中的重大理论和实践问题（如社会分工、产业结构升级等），展开深入研究，突破西方现代化理论束缚。

二、在实践维度上加强中国式现代化的重点领域研究

中国式现代化理论研究要体现中国特色、中国风格、中国气派，不仅需要

高质量发展：因循善策，经济繁荣

回顾"来时路"，更需要走好"脚下路"、展望"未来路"，围绕我国社会主义现代化建设的重点领域开展研究。当前，关于我国经济现代化的重点研究涉及产业、财政、金融、贸易流通等国民经济各个方面的现代化。这些研究成果为深化中国式现代化成就研究、深入分析实践中的问题和挑战奠定了比较扎实的基础，但还存在很大进步空间，要求我们从中国式现代化实践的重点、难点出发，从不同视角开展多层次的实践研究。

深入挖掘具有中国特色的发展实践。深化中国式现代化理论研究，需要深刻认识中国式现代化发展实践的独特创造，不断挖掘中国式现代化在不同领域的典型案例，为理论构建提供经验支持。比如，从西方现代化理论来看，经济增长依赖于资本、技术等要素条件，但中华人民共和国成立之初，我国一穷二白、百废待兴，在资本、技术等要素条件都不充分的基础上，用几十年时间走完了发达国家几百年走过的工业化历程。又如，用中长期规划指导经济社会发展，是我们党治国理政的一种重要方式，在推动经济社会发展方面显示出独特优势，但如何贯彻执行好发展规划，在实现短期目标与长期目标之间进一步优化资源配置、充分发挥中央和地方两个积极性等方面仍需要深入研究。对这些独具特色的中国实践进行深度挖掘，有利于促进中国式现代化经验不断升华为理论成果。

高度关注具有中国特色的制度设计。中华人民共和国成立后，特别是改革开放以来，我国在发展中形成了许多独具特色的体制机制创新，有力推进了中国式现代化进程。比如，在宏观调控方面，我国没有拘泥于西方一些国家注重短期调节的调控方式，而更加注重跨周期和逆周期宏观调控政策有机结合，确保经济运行在合理区间；在市场建设方面，与西方国家过于强调市场自我调节不同，我国注重推动有效市场和有为政府更好的结合，构建高水平社会主义市场经济体制；等等。这些独具特色的体制机制创新是中国式现代化实践的智慧结晶，有待于使用科学研究方法不断凝练为理论成果。

继续完善定量与定性相结合的分析方法。西方社会科学，特别是经济学，在理论研究方面注重模型构建和因果推断，取得了一些成果，但这一研究范式也因其日益僵化、脱离现实而受到批评。深化中国式现代化理论研究,需要坚持与运用马克思主义世界观和方法论,不断完善定量研究与定性研究相结合的分析方法。比如,抓住大数据和机器学习等方法推广应用的机遇,推动我国经济学等哲学社会科学研究范式变革,突破西方主流经济学研究范式窠臼,形成具有自身特色的研究范式;又如,建立并完善中国式现代化的指标体系,形成更加成熟、更加系统的现代化指标测度体系,构建反映中国式现代化实践动态的指数体系等。

三、在中西比较中彰显中国式现代化理论的世界意义

现代化研究伴随着世界现代化进程而不断发展,18世纪的英国、20世纪的美国等都出版过许多流行的现代化理论著作,对人类社会现代化发展产生了较大影响。进入21世纪以来,新兴市场国家和发展中国家群体性崛起,对建立本土现代化理论的需求日益强烈。中国式现代化的伟大实践孕育出中国式现代化理论,中国式现代化理论研究不断深化拓展,呈现出更加鲜明的世界意义。当前,学术界基于中国式现代化与西方现代化、中国式现代化与马克思主义经典著作构想的现代化、中国式现代化与其他后发国家的现代化等的比较,形成了一些研究成果,凸显了中国式现代化的基本特征和制度优越性,比较深入地阐释了中国式现代化的世界贡献。在未来的研究中,还可以在以下两方面加强和深化。

加强国际比较研究,为建构中国式现代化自主知识体系积累素材。中国式现代化不仅超越了资本主义现代化模式,即摒弃了西方以资本为中心的现代化、两极分化的现代化、物质主义膨胀的现代化、对外扩张掠夺的现代化等;也发展了马克思主义经典著作构想的现代化,即在生产力条件相对落后的基础上坚持社会主义方向,既没有依附于世界资本主义经济体系,又与经济全球化进程保持密切联动,形成了在马克思主义中国化时代化最新成果指导下的伟大实践。中国式现代化经受住了来自各方面的严峻考验,是被实践证明了的符合中国国情的强国建设、民族复兴的唯一正确道路。特别是党的十八大

以来，世界不确定、不稳定因素增多，我国经受住中美经贸摩擦、新冠疫情等的严重冲击，经济运行保持总体平稳。这既是中国式现代化的伟大实践成就，也为建构中国式现代化自主知识体系积累了宝贵素材。

坚持一般性与特殊性相统一，为创造人类文明新形态提供现代化理论支撑。一方面，中国式现代化不是脱离人类发展大势和历史潮流的产物，具有各国现代化的共同特征，如遵循工业化、城市化、农业现代化、信息化等现代化发展的普遍规律，充分利用国内国际两个市场两种资源，等等。另一方面，中国式现代化深深根植于本国国情和禀赋条件，具有基于自己国情的鲜明特色，是人口规模巨大的现代化、全体人民共同富裕的现代化、物质文明和精神文明相协调的现代化、人与自然和谐共生的现代化、走和平发展道路的现代化。深化中国式现代化理论研究，要坚持一般性与特殊性相统一，准确把握中国式现代化的中国特色和在世界现代化格局中的重要地位，为持续推进人类社会现代化进程、发展人类文明新形态提供中国智慧。

（作者系北京大学党委常委、副校长）

全面深刻理解共同富裕的内涵要求[①]

郑 伟

一、共同富裕是中国式现代化的重要特征和本质要求

共同富裕既是中国式现代化的重要特征,也是中国式现代化的本质要求。中华人民共和国成立以来,我们在共同富裕的道路上进行了不懈的探索和追求。1953年12月,中共中央通过《关于发展农业生产合作社的决议》,提出"使农民能够逐步完全摆脱贫困的状况而取得共同富裕和普遍繁荣的生活",这是在党的文件中最早提出"共同富裕"的概念。1955年10月,毛泽东同志指出,"我们实行这么一种制度,这么一种计划,是可以一年一年走向更富更强的,一年一年可以看到更富更强些。而这个富,是共同的富,这个强,是共同的强"。

1985年3月,邓小平同志指出:"社会主义的目的就是要全国人民共同富裕,不是两极分化。"1990年12月,邓小平同志强调:"社会主义最大的优越性就是共同富裕,这是体现社会主义本质的一个东西。"1992年年初,邓小平同志指出:"社会主义的本质,是解放生产力,发展生产力,消灭剥削,消除两极分化,最终达到共同富裕。"

党的十八大以来,习近平总书记站在新时代坚持和发展中国特色社会主义的战略和全局高度,就扎实推进共同富裕发表一系列重要讲话,作出一系列

[①] 原文发表于《人民论坛》2023年第13期。

重要部署,强调"共同富裕是社会主义的本质要求,是中国式现代化的重要特征",为逐步实现全体人民共同富裕提供了科学指引。2022年10月,习近平总书记在党的二十大报告中进一步明确提出"中国式现代化是全体人民共同富裕的现代化"。这一论断的基本背景是,中国式现代化始终坚持以人民为中心的发展思想,坚持把实现人民对美好生活的向往作为现代化建设的出发点和落脚点,着力维护和促进社会公平正义,着力促进全体人民共同富裕,防止两极分化。因此,没有全体人民共同富裕,就无法实现中国式现代化,就无法全面建设社会主义现代化国家。

二、正确理解共同富裕的内涵

"共同富裕",顾名思义包括两方面的内涵,一是"富裕",二是"共同"。"富裕"侧重经济效率,强调"做大蛋糕",要求我国经济发展和人民生活达到一定水平之上,进入较为发达国家行列;刻画"富裕"的常用指标主要有人均国内生产总值(GDP)、人均国民总收入(GNI)等。"共同"侧重社会公平,强调"分好蛋糕",要求我国不同区域、群体和城乡之间的居民收入差距降到一定水平之下,进入收入差距较为合理国家行列;刻画"公平"的常用指标主要有基尼系数、收入倍差等。

正确理解共同富裕的内涵,要避免对共同富裕的误读。常见的误读有三个:一是认为共同富裕任务清单仅剩"共同"任务;二是认为共同富裕是同步富裕;三是认为共同富裕是同等富裕。这些认识都是不正确的,以下我们逐一进行讨论。

首先,在任务清单上,既有"共同"任务,也有"富裕"任务。客观地说,改革开放以来,我们在探索共同富裕的道路上,"富裕"的任务完成得较好,"共同"的任务的完成还有待加强。需要强调的是,尽管"富裕"的任务完成得较好,但仍是未完成的使命。比如,中国是世界第二大经济体,2020年人均国民总收入达到10 520美元,高于世界银行划分的中等偏上收入经济体的9 387美元,但仍低于世界平均的11 040美元,更大幅低于高收入经济体的43 945美元。

即使到 2035 年人均国民总收入比 2020 年翻一番,达到 21 040 美元,达到中等发达国家水平,也可能不及高收入经济体的一半。因此,在推进共同富裕的过程中,"共同"固然是重要任务,"富裕"也不可忽视。也就是说,我们不仅要强调"分好蛋糕",同时仍要继续"做大蛋糕"。

其次,在进度上,共同富裕不是同步富裕,而是有先后的富裕。把共同富裕片面理解为同步富裕,不仅不是科学的态度,违背了经济社会发展规律,而且在现实中也行不通。1986 年 8 月,邓小平同志强调:"我的一贯主张是,让一部分人、一部分地区先富起来,大原则是共同富裕。一部分地区发展快一点,带动大部分地区,这是加速发展、达到共同富裕的捷径。"1992 年年初,邓小平同志指出:"共同富裕的构想是这样提出的:一部分地区有条件先发展起来,一部分地区发展慢点,先发展起来的地区带动后发展的地区,最终达到共同富裕。"习近平总书记指出,我们实现 14 亿人共同富裕,不是所有人都同时富裕,时间上会有先有后,不可能齐头并进。

最后,在程度上,共同富裕不是同等富裕,而是有差异的富裕。如果把共同富裕片面理解为同等富裕,则不仅不是客观的实事求是的态度,而且还将对经济社会发展带来很大的负面影响。1993 年 11 月,党的十四届三中全会通过《中共中央关于建立社会主义市场经济体制若干问题的决定》,指出"个人收入分配要坚持以按劳分配为主体、多种分配方式并存的制度,体现效率优先、兼顾公平的原则。劳动者的个人劳动报酬要引入竞争机制,打破平均主义,实行多劳多得,合理拉开差距。"习近平总书记指出,我们说的共同富裕不是整齐划一的平均主义,不是所有地区同时达到一个富裕水准,而是不同人群实现富裕的程度有高有低,不同地区富裕程度还会存在一定差异。

三、共同富裕面临的主要挑战

我们推进共同富裕面临"富裕"和"共同"的双重挑战,当然主要挑战还是来自"共同"的挑战,即居民收入分配差距较大。近年来,虽然我国城乡居民收入和消费差距有所缩小,但是从全国范围看居民收入差距仍处于胶着状态,总体差距仍较大,并且城镇内部和农村内部的收入差距仍在扩大,推进共同富裕的任务十分艰巨。下文将从城乡收入差距、城乡消费差距、全国居民收入差距、城镇内部和农村内部的收入差距等方面进行讨论。

第一,城乡收入差距。表1显示,从城乡居民人均可支配收入看,过去十年城乡收入差距有所缩小。2013年,城镇居民人均可支配收入26 467元,农村居民人均可支配收入9 430元,城乡倍数是2.8。2022年,城镇居民人均可支配收入49 283元,农村居民人均可支配收入20 133元,城乡倍数是2.4。十年之间,城乡倍数从2013年的2.8下降为2022年的2.4,降幅为12.8%,城乡收入差距有所缩小。

表1 城乡居民人均可支配收入

年份	居民人均可支配收入(元)	城镇居民人均可支配收入(元)	农村居民人均可支配收入(元)	城镇/农村(倍)
2013	18 311	26 467	9 430	2.8
2014	20 167	28 844	10 489	2.7
2015	21 966	31 195	11 422	2.7
2016	23 821	33 616	12 363	2.7
2017	25 974	36 396	13 432	2.7
2018	28 228	39 251	14 617	2.7
2019	30 733	42 359	16 021	2.6
2020	32 189	43 834	17 131	2.6
2021	35 128	47 412	18 931	2.5
2022	36 883	49 283	20 133	2.4

资料来源:国家统计局。

第二,城乡消费差距。表2显示,从城乡居民人均消费支出看,过去十年城乡之间消费差距有更为明显的缩小。2013年,城镇居民人均消费支出18 488元,农村居民人均消费支出7 485元,城乡倍数是2.5。2022年,城镇居民人均消费支出30 391元,农村居民人均消费支出16 632元,城乡倍数是1.8。十年之间,城乡倍数从2013年的2.5下降为2022年的1.8,降幅为

26%,城乡之间消费差距有更为明显的缩小。

表 2 城乡居民人均消费支出

年份	居民人均消费支出(元)	城镇居民人均消费支出(元)	农村居民人均消费支出(元)	城镇/农村(倍)
2013	13 220	18 488	7 485	2.5
2014	14 491	19 968	8 383	2.4
2015	15 712	21 392	9 223	2.3
2016	17 111	23 079	10 130	2.3
2017	18 322	24 445	10 955	2.2
2018	19 853	26 112	12 124	2.2
2019	21 559	28 063	13 328	2.1
2020	21 210	27 007	13 713	2.0
2021	24 100	30 307	15 916	1.9
2022	24 538	30 391	16 632	1.8

资料来源:国家统计局。

第三,全国居民收入差距。表3显示,从全国居民人均可支配收入基尼系数看,过去20年全国居民收入差距呈现先扩大后缩小、近年较为胶着的态势。2003—2008年,全国居民人均可支配收入基尼系数从0.479波动上升至0.491;2008—2015年,该基尼系数从0.491持续下降至0.462;2015—2021年,该基尼系数在0.462—0.468波动徘徊。我们知道,一般认为,基尼系数介于0.3—0.4时收入差距比较合理,介于0.4—0.5时收入差距过大,大于0.5时收入差距悬殊。可见,过去20年,基尼系数经历了一个先升后降、近年波动徘徊的过程,这意味着全国居民收入差距呈现了先扩大后缩小、近年较为胶着的态势。

表 3　居民人均可支配收入基尼系数

年份	基尼系数	年份	基尼系数
2003	0.479	2013	0.473
2004	0.473	2014	0.469
2005	0.485	2015	0.462
2006	0.487	2016	0.465
2007	0.484	2017	0.467
2008	0.491	2018	0.468
2009	0.490	2019	0.465
2010	0.481	2020	0.468
2011	0.477	2021	0.466
2012	0.474		

资料来源：国家统计局。

第四，城镇内部和农村内部的收入差距。表4显示，从五等份分组居民人均可支配收入看，过去十年全国高低收入组家庭之间收入差距有小幅缩小，但城镇内部收入差距有所扩大，农村内部收入差距显著扩大。从全国看，2013年，高收入组家庭居民人均可支配收入47457元，低收入组家庭居民人均可支配收入4402元，高低倍数是10.8；2022年，高收入组家庭居民人均可支配收入90116元，低收入组家庭居民人均可支配收入8601元，高低倍数是10.5；十年之间，高低倍数从2013年的10.8下降为2022年的10.5，降幅为2.8%，高低收入组家庭之间收入差距有小幅缩小。从城镇内部看，2013—2022年，高收入组家庭与低收入组家庭城镇居民人均可支配收入倍数从5.8上升为6.3，升幅为8.2%，收入差距有所扩大。从农村内部看，2013—2022年，高收入组家庭与低收入组家庭农村居民人均可支配收入倍数从7.4上升为9.2，升幅为23.8%，收入差距显著扩大。

表 4　五等份分组居民人均可支配收入

年份	全国			城镇			农村		
	高收入组家庭居民人均可支配收入（元）	低收入组家庭居民人均可支配收入（元）	高收入组/低收入组（倍）	高收入组家庭居民人均可支配收入（元）	低收入组家庭居民人均可支配收入（元）	高收入组/低收入组（倍）	高收入组家庭居民人均可支配收入（元）	低收入组家庭居民人均可支配收入（元）	高收入组/低收入组（倍）
2013	47 457	4 402	10.8	57 762	9 896	5.8	21 324	2 878	7.4
2014	50 968	4 747	10.7	61 615	11 219	5.5	23 947	2 768	8.7
2015	54 544	5 221	10.4	65 082	12 231	5.3	26 014	3 086	8.4
2016	59 259	5 529	10.7	70 348	13 004	5.4	28 448	3 006	9.5
2017	64 934	5 956	10.9	77 097	13 723	5.6	31 299	3 302	9.5
2018	70 640	6 440	11.0	84 907	14 387	5.9	34 043	3 666	9.3
2019	76 401	7 380	10.4	91 683	15 549	5.9	36 049	4 263	8.5
2020	80 294	7 869	10.2	96 062	15 598	6.2	38 520	4 681	8.2
2021	85 836	8 333	10.3	102 596	16 746	6.1	43 082	4 856	8.9
2022	90 116	8 601	10.5	107 224	16 971	6.3	46 075	5 025	9.2

资料来源：国家统计局。

四、推进共同富裕的若干思考

共同富裕是社会主义的本质要求，是中国式现代化的重要特征。现在已经到了扎实推进共同富裕的历史阶段，我们必须脚踏实地，久久为功，持续推进，不断取得新成效。在推进共同富裕的过程中，我们应当处理好五组重要关系。

一是处理好效率与公平的关系。推进共同富裕，既要讲究效率，"做大蛋糕"，又要讲究公平，"分好蛋糕"。既不能只讲"做大蛋糕"而不讲"分好蛋糕"，也不能走向另一个极端，只讲"分好蛋糕"而忽视"做大蛋糕"。中国式现代化要求在高质量发展中促进共同富裕，高质量发展是共同富裕的基础。党的二十大报告强调："高质量发展是全面建设社会主义现代化国家的首要任务。发展是党执政兴国的第一要务。没有坚实的物质技术基础，就不可能全面建成社会主义现代化强国。"在民生领域,基本理念之一是"发展为基"理念,它强调民生工作不是空中楼阁,而是建立在高质量发展的基础上,党的二十大报告明确指出"必须坚持在发展中保障和改善民生,鼓励共同奋斗创造美好生活,不断实现人民对美好生活的向往"。如果考虑到两个基本现实,一是我国 2020 年人均国民总收入(10 520 美元)大幅低于高收入经济体(43 945 美元)、2035 年人均国民总收入翻一番后仍可能不及高收入经济体一半,二是我国居民收入差距仍处于胶着状态,并且城镇内部和农村内部的收入差距仍在扩大;那么我们就更能理解把握好效率与公平关系的极端重要性了。

二是处理好市场、政府与社会的关系。推进共同富裕,必须发挥市场、政府和社会的比较优势,完善分配制度,构建初次分配、再分配、第三次分配协调配套的基础性制度安排。初次分配主要靠市场力量,侧重效率;再分配主要靠政府力量,追求公平;第三次分配主要靠社会力量,强调公益慈善。党的二十大报告对初次分配、再分配和第三次分配作出了重要部署。在初次分配方面,要求"提高劳动报酬在初次分配中的比重""坚持多劳多得,鼓励勤劳致富,促进机会公平,增加低收入者收入,扩大中等收入群体。完善按要素分配政策制度,探索多种渠道增加中低收入群众要素收入,多渠道增加城乡居民财产性收入"。在再分配方面,要求"加大税收、社会保障、转移支付等的调节力度"。在第三次分配方面,要求"引导、支持有意愿有能力的企业、社会组织和个人积极参与公益慈善事业"。在政府的角色定位上,坚持循序渐进,尽力而为、量力而行,重点是加强基础性、普惠性、兜底性民生保障建设。

三是处理好城乡之间的关系。城乡差距是影响共同富裕的一个基础因素。全面建设社会主义现代化国家,最艰巨最繁重的任务在农村;推进共同富裕,最艰巨最繁重的任务仍然在农村。我们要推动城乡融合发展,实施以人为核心的新型城镇化战略,强化以工补农、以城带乡,加快形成工农互促、城乡互补、协调发展、共同繁荣的新型工农城乡关系,为全体人民共同富裕奠定良好的城乡关系基础。我们要深刻理解推进农民农村共同富裕,以及做好"三农"工作的重要性。习近平总书记从中华民族伟大复兴战略全局的高度提出"民族要复兴,乡村必振兴";指出"历史和现实都告诉我们:农为邦本,本固邦宁。我们要坚持用大历史观来看待农业、农村、农民问题,只有深刻理解了'三农'问题,才能更好理解我们这个党、这个国家、这个民族";强调"促进共同富裕,最艰巨最繁重的任务仍然在农村",要求"农村共同富裕工作要抓紧"。

四是处理好不同区域之间的关系。区域差距是影响共同富裕的一个重要因素。我们要立足发挥各地区比较优势和缩小区域发展差距,更好促进发达地区和欠发达地区、东中西部和东北地区共同发展,努力实现基本公共服务均等化、基础设施通达程度比较均衡、人民基本生活保障水平大体相当等基本目标,为全体人民共同富裕奠定良好的区域关系基础。一方面,在重大战略上,着力实施京津冀协同发展、长江经济带发展、粤港澳大湾区建设、长三角一体化发展、黄河流域生态保护和高质量发展等区域重大战略。另一方面,实施区域协调发展战略,推动西部大开发形成新格局,推动东北振兴取得新突破,推动中部地区高质量发展,鼓励东部地区加快推进现代化,增强区域发展的平衡性。

五是处理好不同收入群体之间的关系。分配制度是促进共同富裕的基础性制度,完善分配制度的一个基本思路是"提低""扩中""调高""取非",即提高低收入者收入,扩大中等收入群体,调节过高收入,取缔非法收入。一方面,我们要加大全社会对人力资本的投入,特别是对中低收入群体的人力资本的投入,提升其健康和教育水平,提高其收入水平,防止社会阶层固化,畅通向上流动通道。要瞄准高校毕业生、技术工人、中小企业主、个体工商户、进城农民工等中等收入群体的重要来源,精准施策,推动更多人迈入中等收入行列,着力扩大中等收入群体规模。另一方面,我们要在依法保护合法收入的同时,防止两极分化、消除分配不公。第一要合理调节过高收入,完善个人所得税制度,规范资本性所得管理;第二要清理规范不合理收入,加大对垄断行业和国有企业的收入分配管理,整顿收入分配秩序;第三要坚决取缔非法收入,遏制权钱交易,打击各种获取非法收入的行为。

(作者系北京大学经济学院风险管理与保险学系主任)

深化城市软实力的内涵理解和评价指标体系构建

许云霄

随着我国经济高质量发展的大势所趋,城市正在成为全球各国的经济枢纽与实质中心。良好的城市形象有利于吸引劳动力、高科技人才、产业投资和技术创新汇集,城市建设正在逐渐成为各国提升国家地位和竞争力的重要路径。而在城市化水平大幅提升和国际竞争日趋激烈的同时,各国也逐渐意识到,城市应当是物质、经济、文化、制度、人才的多方位结合体,城市建设也不应局限于硬实力框架,更需要在基础架构外大力发展城市软实力。李克强总理在2023年《政府工作报告》中提到,要持续推进以人为核心的新型城镇化,增强城镇综合承载能力,这也体现出国家对城市软实力建设的重视。

城市硬实力涉及的指标一般可以量化,且早在各领域研究和建设过程中备受关注,包括城市的经济总量、科技实力、企业数量、城市硬件、财政收入等;而城市软实力则更偏向于一种影响力、吸引力和认同力,需要综合多方面因素来进行潜移默化的影响和建设。长期以来,对城市软实力的刻板印象往往局限于"文化软实力",这不仅过于狭隘,还将城市文化与经济、制度、治理等环节割裂,影响了大众的正确认知。软实力和硬实力并不是割裂的关系,二者聚合形成新的发展力。由于目前尚未形成对城市软实力的统一定义和结论,因此,准确把握城市软实力的内涵和评估指标构建,对于新时代城市发展具有重大意义。

一、什么是城市软实力？

城市软实力建设是一项涉及经济、制度、文化、人才、科技和教育等多因素的系统性工程。英国文化协会将城市软实力定义为"市民社会、居民和城市机构的工作与生活体验的总和表达。城市软实力间接表现为城市本身的特征"；时任上海市委书记李强将城市软实力描述为，"在这儿的人引以为豪、来过的人为之倾心、没来过的人充满向往"。而结合我国国情和发展目标，在借鉴已有研究的基础上，我们可以将城市软实力定义为：利用文化、价值观、制度、民众素质等软要素形成的无形力量。软实力可以不断增强城市文化影响力、群众凝聚力和城市吸引力，从而全面提升城市经济、政治、社会发展水平，为城市全方位发展提供无形动力。

目前我国已经有众多城市开展城市软实力建设实践。2021年6月，中共上海市第十一届市委十一次全会审议通过《中共上海市委关于厚植城市精神彰显城市品格 全面提升上海城市软实力的意见》，率先对"城市软实力"进行了理解和定义，提出城市发展需要软实力和硬实力的完美融会和组合；2022年4月，中国共产党济南市第十二次代表大会报告也明确指出："硬实力让城市强大，软实力让城市伟大。城市既要有筋骨肉，更要有精气神。"2023年2月，北京大学和济南市人民政府签署协议，合作建设北京大学济南城市软实力研究院，并将其打造为全国示范样板，为研究中国特色城市软实力搭建了高起点高水准平台。

立足中国国情，我国城市人口众多，根据第七次全国人口普查结果，2020年我国城镇人口已超过9亿，占人口总数的63.89%，常住人口超千万人的超大城市共计7座，是当之无愧的人口大国。在城市化深化的背景下，城市建设也应该与建设社会主义现代化国家的目标相匹配，在硬实力的基础上加大对城市软实力的建设，从而使城市保持长期增长的动力和强大的竞争力。

二、城市软实力评估指标构建

由上文内涵分析可知,城市软实力建设是一个系统性工程,需要各部门全方面共同发力,并且这种发力不是各部门的简单加总,而是需要系统性组合合作优化。因此,从系统性角度出发,同时借鉴国内外已有的城市评价体系,我们可以从民众宜居程度、城市文化状况、国际化程度和政府管理水平四个方面对城市软实力进行指标化评估。

1. 民众宜居程度。宜居宜业是吸引人才落户工作的重要软环境,也是提高城市安全感和民众幸福感的重要指标。宜居程度的评价可以综合经济水平、公共卫生条件、社会法治秩序、环境水平、基础设施等因素,提升城市综合承载力。

2. 城市文化状况。城市文化是城市软实力的核心组成部分,被誉为城市的灵魂要素。城市可以通过挖掘、继承优秀传统文化,并结合社会主义先进文化进行文化资源整合和文化建设,塑造社会优秀价值观念,增强城市独特的文化感染力和辐射力,从而形成植根于城市历史根基的独特风格,吸引资金、产业和优秀人才流入和常驻,最终实现文化软实力和城市竞争力的转化。

3. 国际化程度。对外开放程度使得城市软实力的成长向全球范围扩张,它体现了城市参与国际分工的程度,具体可以使用城市国际贸易和国际投融资水平进行衡量,国际化程度越高,越能为城市发展带来更多元和更丰富的发展机遇。

4. 政府管理水平。政府在城市发展中直接起到管理、引导和监督的作用,通过对市场经济进行宏观调控、提供公共服务、制定和执行法律法规等方式管理和规划城市,其管理职能、管理方式、管理理念和管理成员的调整会直接影响短期内城市软实力的发展方向和效率,政府形象也在很大程度上代表了城市形象。

三、城市软实力建设策略和未来展望

虽然不同城市的经济发展状况、自然地理条件和发展定位存在差异,在软实力建设的阶段上也存在先后,但大体上说,城市软实力的建设路径可以从以下三个方面出发:

1. 人民。坚持以人为本,全面建设"人民城市"。城市归根到底是由人民构成的,因此,城市软实力建设也要以人民群众的利益为先,让每个市民对城市有高度的责任感、认同感和归属感,才能凝聚人民群众的力量,齐心协力搭建城市软实力。具体而言:一是要加快基础设施和公共服务建设速度,城市公共服务要能满足市民的多样化需求。随着数字时代的降临,城市治理也要顺应数字化转型的大趋势,通过大数据、人工智能、物联网等新技术提升公共服务质量,让新技术落实于民生,提升公共服务供给的质量和效率。二是要关注弱势群体(老幼病残孕、失业者、贫困者、农民工等)利益,加大对弱势群体的帮扶保障力度和设施供给,创建全民友好型城市,做到公共服务和社会保障全面覆盖、公平对待。

2. 文化。融合当地传统文化特色,建设"文明城市"。文化是城市软实力的灵魂要素,也是一个城市区别于其他城市的核心特质之一。在文化建设的过程中,一方面要注重文化产业的发展,做到文化发展和经济发展齐头并进;另一方面要加强精神文化建设,将当地优秀传统文化与社会主义先进文化相结合,全面挖掘释放当地独特文化优势,营造开放包容、开拓创新、底蕴深厚的文化氛围,为城市繁荣发展提供持续的精神动力。

3. 国际化。树立全球化视野,建设"国际化都市"。在全球化已成必然趋势的当下,城市发展也不能故步自封,而应该面向世界,获取国际话语权。从全球化视野出发,首先要学习国际大都市的成功经验,吸取发达国家城市化进程中的经验教训,少走弯路。其次,紧跟新一轮科技革命和创新变革大势,以

核心技术为抓手,优惠政策为助力,吸引全球优秀人才汇聚,建设全球优秀产业和人才高地。最后,要加强对外交流和宣传力度,使城市形象"走向世界"。目前我国只有北上广三大都市有一定的国际影响力,其余大城市影响力有限,各大城市可以发挥自身优势,从文化、产业、人才等多方面加大城市软实力的对外输出,综合提升我国国际话语权,讲好中国故事。

(作者系北京大学经济学院博士生导师、讲席教授)

坚持"两个毫不动摇",促进国有经济和民营经济的共生

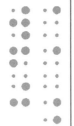

周建波

李克强总理在2023年的《政府工作报告》中,提到了坚持"两个毫不动摇",即坚持毫不动摇巩固和发展公有制经济,毫不动摇鼓励、支持、引导非公有制经济发展,对此我坚决拥护。

"两个毫不动摇"是党和政府长期坚持的大政方针。党的十五大把"公有制为主体、多种所有制经济共同发展"确立为我国社会主义初级阶段的一项基本经济制度,明确提出"非公有制经济是我国社会主义市场经济的重要组成部分";党的十六大提出"毫不动摇地巩固和发展公有制经济""毫不动摇地鼓励、支持和引导非公有制经济发展";党的十八大进一步提出"毫不动摇鼓励、支持、引导非公有制经济发展,保证各种所有制经济依法平等使用生产要素、公平参与市场竞争、同等受到法律保护";党的十九大则把"两个毫不动摇"写入新时代坚持和发展中国特色社会主义的基本方略,作为党和国家一项大政方针进一步确定下来;党的二十大再次重申"两个毫不动摇",之后召开的中央经济工作会议明确提出要"切实落实'两个毫不动摇'。针对社会上对我们是否坚持'两个毫不动摇'的不正确议论,必须亮明态度,毫不含糊"。2023年是全面贯彻党的二十大精神的开局之年,《政府工作报告》将切实落实"两个毫不动摇"作为今后工作的重点,充分体现了党和政府支持鼓励民营经济发展一以贯之的态度和方针政策。

从理论来看,公有制经济和非公有制经济具有不同的作用。由于市场有外部性,为了实现产业均衡、收入均衡,以及完成民营企业做不了、做不成的重

要工作等(如不计成本地向偏远地区修路供电),国家必须发展国有经济以增强宏观调控的力量,这就是要"毫不动摇巩固和发展公有制经济"的原因。而对于民营经济,尽管其资本规模通常较小,存在抵御危机能力差、随波逐流的弱点,但也具有管理成本低、效率高、灵活性强、更能满足人民群众基本生活和生产需求的优点,这就是要"毫不动摇鼓励、支持、引导非公有制经济发展"的原因。

从实践来看,改革开放的伟大进程,其实就是坚持"两个毫不动摇"方针的伟大实践。改革开放以来的实践表明,公有制经济和非公有制经济均是社会主义市场经济体制下不可或缺的组成部分。在国有经济的引领和推动下,我国建立起了独立完整的工业体系,是唯一拥有联合国产业分类中全部工业门类的国家,近一半世界主要工业产品的产量居世界第一;我国建立起了完善顺畅的基础设施体系,高铁、高速公路、电网、4G网络规模等长期稳居世界第一;我国经济总量和综合国力跃居世界第二,世界500强企业数量超过美国、居世界第一,其中有99家是国有企业……总之,国有经济在宏观调控、社会保障、国家安全、科研创新等方面发挥着重要作用,是经济持续健康发展的"压舱石"、社会和谐发展的"稳定器"、国家安全和国防军事工业的重要基础。而民营经济在我国社会发展中也有着重要的地位和作用,通俗的说法叫"56789",即民营经济贡献了中国经济50%以上的税收、60%以上的GDP、70%以上的技术创新成果、80%以上的城镇劳动就业,90%以上的企业数量。在科技创新和技术进步领域,民营经济更是先锋和主力,从专注新能源制造的比亚迪、宁德时代,到引领数字经济发展的阿里、腾讯、百度,再到深耕智能制造的华为、大疆,近年来有一大批具有核心竞争力的民营企业脱颖而出,引领我国新一轮科技革命和产业变革。

当然,民营经济和国有经济不仅仅是互补关系,两者之间也存在竞争,因此在具体工作中,国有经济与民营经济的协调发展往往存在矛盾。从理论上说,国有经济从事的应该是民营经济做不了、做不成、做不好的事情,但在具体实践过程中难免存在两个问题:一是民营经济现在做不了、做不成、做不好,未来做得了、做得成、做得好怎么办？考虑到民营经济相对于国有经济的效率优势，国有经济在部分领域应该适当退出；但考虑到路径依赖，国有经济的退出是不容易的，这就会引发国有经济和民营经济的冲突。二是国有经济一旦进入某个领域，初期确实做的是民营企业不容易做好、做成的，如在修路、架桥等工程领域，其主要面向省城以上的高端市场，但随着高端市场的饱和，为了国有企业资产的保值或增值，国有经济势必进入地市级乃至县城等低端市场，这样又会引发和民营经济的矛盾。可见，如何把"两个毫不动摇"在实践中落地，还有不少的工作要做，这很值得从事社会科学研究的工作者去探索。

在笔者看来，落实"两个毫不动摇"的核心是深化国有企业改革和推动国企民企平等对待。

深化国有企业改革是解决第一个问题的关键。从效率的角度来看，能让民营经济做的事情，应该交给民营经济去做，这也是国家在一直推动的事情。但有些涉及国家宏观调控能力、社会和谐发展、国家安全的领域，只能交给国有经济做，国有企业是中国特色社会主义的重要物质基础和政治基础，是我们党执政兴国的重要支柱和依靠力量；而历史上一些其他国家的实践也表明，这些领域不能简单地私有化。所以，问题的关键是明确国有经济和民营经济的边界，将关乎国计民生、国民经济命脉的战略性领域交给国有经济，将其他充分竞争的行业和领域交给国有经济和民营经济自行在市场机制下优胜劣汰、有序进退。事实上，这也正是党和政府推动国有企业深化改革的方向。2015年，《中共中央 国务院关于深化国有企业改革的指导意见》提出深化国有企业改革的三个方向，即分类推进国有企业改革、完善现代企业制度和完善国有资产管理体制。其中分类施策将国有企业划分为商业类国有企业和公益类国有企业，主业处于关系国家安全、国民经济命脉的重要行业和关键领域、主要承担重大专项任务的商业类国有企业，要保持国有资本控股地位，支持非国有资本参股；主业处于充分竞争行业和领域的商业类国有企业，原则上都要实行公司制股份制改革，积极引入其他国有资本或各类非国有资本实现股权多元化；公益类国有企业可以采取国有独资形式，具备条件的也可以推行投资主体多元化，还可以通过购买服务、特许经营、委托代理等方式，鼓励非国有企业参与经营。

分类改革只是深化国有企业改革的第一步，后续还要分类发展、分类监管、分类定责、分类考核，以及完善中国特色国有企业现代公司治理。只有推动处于充分竞争行业和领域的商业类国有企业成为与民营企业相同的治理完善、运转高效、权责明确、管理科学的市场主体，才能解决国有经济路径依赖的退出问题，即交给市场充分竞争、优胜劣汰。政府要在各项法规政策和制度构建上，为这类国有企业提供支持并加强监管。

推动国企民企平等对待是解决第二个问题的关键。市场在资源配置中起决定性作用，国有经济和民营经济之间的竞争只要是市场行为，政府就不应该干预，既不能提供"国有股东"的特别照顾，也不应该打压为难民营经济。2022年12月召开的中央经济工作会议特别强调"要从制度和法律上把对国企民企平等对待的要求落下来，从政策和舆论上鼓励支持民营经济和民营企业发展壮大。依法保护民营企业产权和企业家权益"。鼓励、支持、引导非公有制经济发展，就是要保障民营企业与其他所有制企业依法平等使用各类生产要素，公开公平公正参与市场竞争，平等享受政策支持、市场准入，同等受到法律保护，实现权利平等、机会平等、发展平等。只要民营企业能够平等地参与市场竞争，那么国有经济和民营经济的矛盾就可以通过市场来化解，谁能够提供更优质的产品和服务，谁就应该留在市场上。

坚持"两个毫不动摇"的落脚点是"公有制为主体、多种所有制经济共同发展"的社会主义基本经济制度，公有制经济和非公有制经济统一于社会主义现代化建设中，不能简单地把两者对立起来，各种所有制经济完全可以在社会主义市场经济体制下发挥各自优势，相互促进，共同发展。

（作者系北京大学经济学院经济史学系主任、教授）

激活民营经济活力是实现稳中求进经济目标的关键

王曙光

2023年3月5日李克强总理在全国人大会议上再次强调鼓励民营经济发展,提振民营经济信心。从2022年年底以来,我国在成功控制疫情的基础上,进入了一个经济恢复的关键期,也是"十四五"开局的关键期。2022年年底召开的中央经济工作会议的总基调是"稳中求进",落脚点是构建高质量发展、高水平开放的新发展格局,从而实现2023年经济的稳健发展和回升,实现稳就业、稳增长、稳物价。而要实现这些目标,关键的抓手是恢复民营经济的活力,为此,中央经济工作会议特别强调切实落实"两个毫不动摇",提出"要从制度和法律上对国企民企平等对待的要求落下来,从政策和舆论上鼓励支持民营经济和民营企业发展壮大。要依法保护民营企业产权和企业家权益""各级领导干部要为民营企业解难题、办实事,构建亲清政商关系"。这些提法,是中央一以贯之的政策方针。2023年把民营经济搞上去,把民营经济的活力激发出来,中国整体的经济发展就有了一个坚实的基础。当前经济增长面临的问题很多,全局性的问题是中央经济工作会议提出的需求收缩、供给冲击、预期转弱三重压力,而预期转弱是最大的问题。要提振经济增长的信心、改变公众的预期,其核心就是要激活民营经济的活力,这要形成全社会的共识。

党的二十大报告指出:"坚持和完善社会主义基本经济制度,毫不动摇巩固和发展公有制经济,毫不动摇鼓励、支持、引导非公有制经济发展""优化民营企业发展环境,依法保护民营企业产权和企业家权益,促进民营经济发展壮大",这些提法,体现了我们在中国式现代化道路选择和社会主义市场经济体制探索的过程中一以贯之、始终坚持的追求经济体制的多元性和包容性,充分发挥多种所有制积极性,从而不断完善我国社会主义基本经济制度并使之保持高度灵活性和适应性的方法论。我们在社会主义市场经济体制的探索中,始终能够很好地将体制内存量部分的改革与体制外增量部分的成长相结合,以增量改革促存量改革,以增量改革倒逼整体经济体制的创新与发展,这是我们改革开放以来经济体制完善和经济增长强劲的奥秘所在。体制上的多元性和包容性是建立在坚持社会主义基本经济制度的基础上的,这种多元性和包容性能够最大限度地调动一切积极因素,使各种有利于经济社会发展的力量都参与到中国式现代化的发展进程中来,从而能够最大限度地发挥各种要素的作用;同时,这种多元性和包容性的体制也使得我们的经济发展比较有弹性、有韧性,能够激发整个经济和社会的活力,使我们在追求社会主义价值目标的过程中具有很大的灵活性,这比单一的、僵化的体制更有优势。

在中国式现代化和社会主义市场经济体制的探索过程中,始终鼓励多种所有制并存,始终强调既要毫不动摇地做大做强国有经济,也要毫不动摇鼓励民营经济发展。"两个毫不动摇"是具有长期性的战略举措,并非暂时性的制度安排。这种多元性和包容性的体制特征有利于通过体制外的增量部分的变革与发展,来推动和倒逼体制内的部分的变革与发展,最好的例证就是民营经济的发展在推动和促进国有企业改革的过程中起到了极为积极的作用。国有企业改革是贯穿我国改革开放历程的重大事件,然而国有企业改革的单向突进是要付出很大成本的,尤其是在国有企业改革初期,由市场化改革和内部经营机制的变革而带来的国有企业职工的下岗,以及部分国有企业的破产,给整个经济和社会的发展带来很大的震荡成本和摩擦成本,如果这些震荡成本和摩擦成本得不到很好的分担,则整个国民经济和社会体系将面临极大的不确定性,弄不好就会使我们的改革开放事业和现代化事业遭受重大挫折。在这种情况下,大力发展民营经济,使这块增量的部分得到发展壮大,从而创造了大量的就业岗位,解决了很多国有企业下岗工人的失业问题;同时,民营经济的大发展带来财政收入的迅猛增加，带来区域经济的均衡协调发展，使地方和中央都有足够的财力来解决改革中所面临的问题。因此，可以说民营经济的增量发展是国有企业的存量改革得以从容进行的有力支撑，正是有了民营经济的迅猛发展，国有企业改革所带来的社会震荡成本和摩擦成本才在很大程度上被消弭，从而使我国的现代化事业和改革开放事业得以顺利推进。另外，民营经济的体制比较灵活，其产权制度、融资制度、公司治理制度等方面的优势和优点，对于国有企业来说，也是非常值得借鉴的，因此在一定程度上，民营经济发展的增量又推动了国有企业改革的深化（包括产权改革、公司治理结构改革、内部经营管理体制改革），倒逼了整个国有企业的体制变迁。

新时代所着力推行的混合所有制经济构建是我国社会主义市场经济体制探索中的一项系统工程，涉及我国经济所有制的变革、国有企业的改革和国有资产管理体制的创新。混合所有制改革的目标，就是要充分结合国有经济和民营经济各自的比较优势，使国有和民营两种所有制形态能够互促互进，并通过混合所有制这种形式形成一种新的动力格局。

未来，我们要正确处理国有企业和民营企业的关系，要构建共生共济的命运共同体，构建一种共荣共赢的新生态。国有经济和民营经济是我国社会主义市场经济中平等的重要组成部分，都应该得到壮大发展，其产权都应该得到保护，这是社会主义市场经济和社会主义法治的题中应有之义，不言自明。近年来，中央深化改革领导小组出台了保护民营经济产权的若干举措，受到民营企业家的极大关注和欢迎，这是极其有利于经济发展的一项根本性举措，是关系到我国社会主义市场经济健康发展的战略性举措，十分及时且必要。为什么现在要强调保护民营经济产权？因为很多人对民营经济发展有误解，所以在保护民营经济产权时会出现各种偏差，甚至发生损害和践踏民营企业产权的事情，严重破坏社会主义法治。只有民营经济产权与国有经济产权得到平等的保护，我国民营企业家才会持续投资、放心发展，才会营造我国经济增长的良好局面。如果民营经济产权得不到有效保护，我国经济增长就会受到严重阻碍，企业家的投资动力和创新动力就会大打折扣，这必将给经济发展带来巨大的消极影响。

近年来,学术界出现的所谓"国进民退"是一个错误的观念,这一点中央经济工作会议已经亮明态度。这几年国有企业发展很快,国有企业通过产权改革、体制改革,不断并购重组,做强做大,中央密集地出台关于国有企业改革和国有资产管理创新的各项措施,国家对国有企业的重视空前地增强,这是一个明显的事实。但是我们也不能忽视另外一个事实,就是近几年民营企业也在飞速发展。民营经济在整个经济及就业中所占的份额在不断上升;民营企业在很多原来国有企业垄断的领域有了更多平等竞争的机会,其重要性与日俱增。比如,近几年民间资本开始进入银行业,监管部门批准建立了十几家民资银行,这在几年前是难以想象的,这是金融领域混合所有制改革的重要成果,说明民营经济在很多领域的准入门槛在降低。国有企业和民营企业实际上是同步发展的,当然现在还要革除很多妨碍平等竞争的政策,还要为国有企业和民营企业平等竞争进一步创造法律环境和市场环境。

将来最好的状态是"国进民进",即国有企业和民营企业同时得到规模的扩张和质量的提升。"国进"不意味着"民"要退,正好相反,国有企业发展了,民营企业也同步发展,这才是一个双赢的局面。国有企业和民营企业在整个国家中是互相依存的,不是此消彼长和互相替代的关系。在现实的经济运行中,国有企业和民营企业已经形成互相依存的产业链上下游关系,国有企业和民营企业在产业层面上已经互相融合、互相联结,一方弱了、萧条了,另外一方也会变弱、变萧条,所谓一损俱损,一荣俱荣。

我国民营企业就业数占全部就业数的 70%—80%,民营企业所创造的 GDP 占全部产值的 70% 左右。因此,无论从它创造的价值还是就业机会来讲,民营企业要是不发展,中国就不会发展,我们必须清醒认识到这个事实。民营企业如果得不到国家的鼓励、保护与支持,那我们就会丧失发展的基础,因为今天中国的经济结构和所有制结构已经发生了深刻的变化。而为什么国有企业这几年发展迅猛?我认为恰恰是因为民营企业发展了,吸纳了大量的就业人口,承担了国有企业倒闭、破产、重组及员工下岗而带来的成本,从而在国有企业发生深刻变革的时候，避免了大量失业带来的危机，防止了经济社会的不平衡和严重动荡，国民的总体福利没有下降。所以，民营企业作为增量式改革的重要成果之一，是中国国有企业改革成功的条件之一。现在我们在发展国有企业的过程当中，不能忘了民营企业的功劳和作用，要予以客观评价。

最近几年，关于鼓励和引导民营企业发展，国家有几个重要举措。第一，要保护民营企业产权，依法保护民营企业家权益。这是鼓励民营经济发展的重要前提和法治保障。第二，要消除垄断。2016年6月，《国务院关于在市场体系建设中建立公平竞争审查制度的意见》发布，其目标是消除一切竞争性领域的垄断，要放低门槛，民营企业需要跟国有企业享有同等的待遇，让民营企业能够平等竞争，尤其是金融业、通信产业等，要向民营企业开放，这是对中国未来发展极其重要的问题。党的二十大报告也强调了"加强反垄断和反不正当竞争"，这就是给民营经济和国有经济营造一种公平竞争的环境。第三，引导非公有制经济健康发展。党的二十大报告还强调了"全面构建亲清政商关系，促进非公有制经济健康发展和非公有制经济人士健康成长"，这就对民营经济的健康发展提出了要求，意味着民营经济要与时俱进，民营企业家也要与时俱进，要提高自己的站位，构建良好的可持续的亲清政商关系，要高瞻远瞩，不断成长进步，进一步塑造和发扬新时代的企业家精神。总之，国有企业和民营企业应该是公平竞争、共同发展、共生共济、共荣共赢的关系，不能在社会上形成一种歧视民营企业的风气，要消除所有制歧视。重要的是给国有企业和民营企业同等的竞争环境和法律环境，这才是我国社会主义市场经济体制完善和经济可持续增长要走的正确道路。

（作者系北京大学经济学院教授、博士生导师）

Part 2

双循环畅达：内通函夏，外联瀛寰

高质量共建"一带一路"助力构建新发展格局[①]

张　辉　吴唱唱

2023年10月10日,国务院新闻办公室发布的《共建"一带一路":构建人类命运共同体的重大实践》白皮书中指出:"以共建'一带一路'推动形成陆海内外联动、东西双向互济的全面开放新格局,建设更高水平开放型经济新体制,加快构建以国内大循环为主体、国内国际双循环相互促进的新发展格局。"共建"一带一路"作为我国在新的历史条件下实行高水平对外开放的重大举措,是我国加快构建新发展格局的重要内容和重要平台。十年来,中国已与五大洲的150多个国家、30多个国际组织签署了200多份共建"一带一路"合作文件,形成了一大批标志性项目和惠民生的"小而美"项目,为中国经济与世界经济的内外联动提供了中国方案,为推动形成开放、多元、稳定的世界经济秩序贡献了中国智慧,也为加快构建新发展格局开辟了新通道、打开了新局面。

一、共建"一带一路"为夯实国内大循环奠定基础

在传统海运主导的国际贸易格局下,我国大多处于内陆的中西部地区,并不具备东部沿海的国际物流优势,普遍开放程度较低。这种国内区域间开放程度的差距,在一定程度上造成了我国内部经济发展的不平衡不充分。中西部地区不充分的外部需求和消费能力使得东部地区较强的供给能力得不到有效发挥,造成国内供给过剩与内需不足并存,掣肘了国内大循环的发展。而

[①] 原文刊登于《学习时报》2023年11月15日A2版。

"一带一路"倡议通过建立西部地区与周边国家、发展中国家的对接关系,强化其与产业资源互补的"一带一路"沿线国家之间的经贸合作,为我国西部地区开发和利用优势资源、实现经济增长,创造了新的战略机遇。"一带一路"倡议提出以来,我国中西部地区的外贸年均增长率连续多年稳定在 10% 左右,远高于东部地区;东西部人均地区生产总值之比也从 2012 年的 1.87∶1 降至 2022 年的 1.64∶1。

当前我国在供给端面临的"卡脖子"、资源约束等问题使得供给水平难以适应需求升级的要求,供给端和需求端的结构性矛盾制约着国内大循环的形成。"一带一路"贸易畅通可以与沿线国家实现资源禀赋优势互补,既缓解国内资源约束、弥补国内供给不足,又能为沿线国家拓展新的增长潜力。俄罗斯、西亚、中东等"一带一路"沿线国家和地区现已成为中国石油、矿产品等能源的主要来源地。随着中国与"一带一路"沿线国家自由贸易协定的广泛签署,中国与沿线国家的贸易深度和广度都在不断拓展。"一带一路"倡议积极对接跨境电商、进口博览会等中国对外开放新模式、新业态、新平台。"丝路电商""数字丝绸之路"的建设通过催生新型数字消费产品及服务、创造引领新的需求,为实现需求牵引供给、供给创造需求的更高水平动态平衡提供动力。

二、共建"一带一路"为提升国际循环注入活力

参与国际大循环、积极融入全球分工是我国在改革开放后经济实现高速增长的重要驱动因素。但随着我国要素禀赋的变化,经济总量和国内需求规模持续扩大,我国参与国际循环的比较优势也随之改变。国际政治经济格局的动荡和全球化遭遇逆流,使得我国在国际循环中产业链、供应链的安全和稳定不断受到威胁。在此背景下,我国提出构建新发展格局,就是要摆脱对传统国际循环模式的过度依赖,更好发挥大国规模优势,通过提升对外开放水平,推动经济实现高质量发展。而高质量"一带一路"的发展过程,就是我国实施更大范围、更宽领域、更深层次的对外开放过程,也是我国不断提升国际循环质量和水平的过程。

双循环畅达：内通函夏，外联瀛寰

近年来，以美国为代表的发达国家相继出台各类贸易保护主义政策，不仅通过政府补贴和减税来引导制造业回流，同时对外实施惩罚性关税并设置技术壁垒来保护本土企业。"一带一路"倡议的提出则为打破现有全球经贸格局、塑造更加公正合理的国际政治经济秩序提供了新的思路。区别于传统新自由主义主导的全球化模式，"一带一路"倡议是以发展为导向，不以设置规则门槛为前提，在尊重不同国家发展阶段和路径差异的基础上，始终从各国发展的实际出发，按照共商、共建、共享的原则推行多元化的国际合作机制，极具开放性和包容性的色彩。共建"一带一路"作为构建人类命运共同体的生动实践，通过与沿线国家搭建区域合作网络、构建不同形式的命运共同体，释放了巨大的"共享效应"，以实际成果证明了"一带一路"倡议不是只关注中国自身利益的"中国倡议"，而是能够促进各国深化合作、共享发展、共同繁荣的全球共识，是塑造更加公正合理的国际政治经济秩序和国际合作模式的新方案。

当今世界面临着和平赤字、发展赤字、安全赤字、治理赤字等全球性威胁与挑战，传统和非传统安全问题交叉叠加，人类社会需要更加公正合理、更趋平衡、更具韧性、更为有效的全球治理体系。共建"一带一路"便是因应现实、破解全球发展难题的中国方案，也是开创未来、创新国际交往的新理念新范式。在"一带一路"倡议的牵引下，中国与沿线国家在科技人文交流、共建联合实验室和科技园区等方面展开了广泛合作；与共建国不断巩固深化"数字丝绸之路"建设，在推动区域性数字政策协调、推进数字基础设施互联互通、拓展"丝路电商"等经贸合作新渠道方面取得了显著进展；通过搭建"一带一路"生态环保大数据服务平台、"一带一路"环境技术交流与转移中心，以及推行绿色丝路使者计划等措施，携手共建国家、国际组织共建"一带一路"绿色发展格局。

三、共建"一带一路"为国内国际双循环的良性互动提供动力

共建"一带一路"是国内国际双循环的连接点，是形成陆海内外联动、东西双向互济开放格局的重要环节。东部地区依托沿海自贸试验区，通过践行"两

个对接"战略,将"丝绸之路经济带"和"21世纪海上丝绸之路"延伸至欧亚大陆,打造了对外开放新高地;中西部地区则借助共建"一带一路"契机,不仅搭建起了连接中亚、西亚、南亚、东南亚等区域的交通运输网络,还以合作区、产业园等为平台和载体,不断深化和拓展与沿线国家的国际合作,实现了"一带一路"沿线国家区域价值链和中国国内价值链的高度融合,增强了国内国际两个市场、两种资源的联动效应。

共建"一带一路"也为建设高效互联的国际大通道、维护全球供应链稳定畅通发挥了重要作用。十年来,在"一带一路"倡议的推动下,我国与沿线国家搭建起了连接亚洲各次区域以及亚欧非之间的基础设施网络;"丝路海运"网络的持续拓展、"海上丝绸之路"海洋环境预报保障系统的持续业务化运行推动了海上互联互通水平不断提升;共建国家间航空航线网络加快拓展,"空中丝绸之路"建设成效显著。"一带一路"的建设不仅有助于在国内外形成点、线、面协调发展的现代物流体系,也有效降低了发展中经济体参与国际贸易的成本,为其提供了参与新型发展合作、实现经济增长的新机遇。作为"一带一路"的重要载体,中欧班列已形成覆盖中国境内112个城市,通达欧洲25个国家和地区超过200个城市的服务网络,打通了跨西伯利亚走廊、新亚欧大陆桥、中亚—西亚走廊,架起了沿线各国互惠互利的桥梁,有效提升了我国对内和对外互联互通水平,为实现国内国际双循环相互促进、双向发力提供了重要保障。

(张辉系北京大学经济学院副院长、教授;吴唱唱系对外经济贸易大学马克思主义学院讲师)

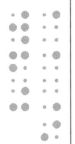

下好全国统一大市场这盘棋

张 辉

在2023年6月14日举行的国务院政策例行吹风会上,国家发展和改革委员会相关负责人表示,在各方面共同努力下,建设全国统一大市场取得初步成效,社会共识进一步增强,重点任务的实施路径进一步明确,加快建设全国统一大市场重大改革部署对稳定发展预期、释放市场活力、降低交易成本、促进循环畅通发挥了积极作用。作为构建新发展格局的基础支撑和内在要求,建设全国统一大市场与当前供给侧结构性改革的成效息息相关,是解决当下我国自主创新能力不足问题的重要突破口,同时也是统筹区域资源整合、实现区域协调发展和更高水平对外开放的重要政策着力点,有着"牵一发而动全身"的重要地位。

建设全国统一大市场,有利于激发创新动力,加快科技自立自强步伐,解决产业链"卡脖子"的核心问题。一般而言,出口导向的发展中国家往往通过生产低成本优势的技术成熟型或劳动密集型产品,加入由发达国家主导的全球生产体系,由于广大发展中国家在发展初期一般不具有与其生产能力相匹配的消费市场和消费结构,在终端市场上往往面临发达国家的巨量需求,最终被锁定在低附加值、高替代性的加工制造环节,也就是当前面临的"卡脖子"问题。而建立国内统一大市场的好处在于:一个统一有序的国内大市场,能够充分整合我国超大规模人口优势,形成超大规模内需市场。强大的国内市场容

---

① 原文刊登于《经济日报》2023年6月23日03版。

量可打破国外巨量需求下的"微利化"生产链条,为本国经营主体营造长期稳定的发展预期,支撑本国企业的创新研发行为,形成自主创新的正向循环。此外,由于市场范围决定分工广度和深度,我国的超大规模市场优势既能通过推动产业分工的精细化发展,提高微观主体专业化生产水平,打造行业内龙头企业和隐形冠军;又能发挥规模效应和集聚效应,提高中国制造在品类、规模和成本上的优势,进一步降低创新成本,最终形成既弹性专精又兼具规模化生产的独有优势,夯实新发展格局下我国产业发展的新优势和新动能。

建设全国统一大市场,还有利于推动区域协调发展,进一步优化各区域的资源配置,下好"全国一盘棋"。此举意在通过克服地方保护、打破区域割据、消除市场壁垒,提升经济发展效率,稳固我国经济高质量发展的根基。一方面,全国统一大市场的建立可以通过商品和要素资源在国民经济循环的自由流转和进入退出,真实反映市场供求信息,引导地区间的资源合理流动和高效配置,打破以往市场割据下地方投资的"潮涌"现象,杜绝财政浪费和无效投资,从"全国一盘棋"的视角实现整体经济效率的提升。另一方面,全国统一大市场的建立有利于打破各区域间的产业进入退出"壁垒",通过企业的自由流动,带动区域间产业链条的重组,有效推动区域间产业的有序转移和承接,从局部的产业集群升级为更大区域内的产业链集群,最终通过产业的高质量一体化发展促进城乡和区域协调发展,缩小地区间发展差距,实现供需平衡的高质量经济发展模式。

建设全国统一大市场,更有利于推动形成国内国际双循环相互促进的新发展格局,实现更高水平的对外开放。全国统一大市场的建立可以打破各地方发展的"条条块块",将各地方的资源禀赋向全国范围内的企业开放,这实质上是更好地实现对内开放,而更高水平的对内开放也会推动实现更高水平的对外开放。我国通过全面实施外商投资准入前国民待遇加负面清单管理制度,加强知识产权保护,营造法治化营商环境等制度型开放举措,可以消减隐性贸易壁垒,进一步吸引高水平的外商投资加入中国经济发展,实现以国内循环促国际循环的良性互动。我国依托国内统一大市场这一新型比较优势参与全球化，可以实现从被动融入全球分工到积极主动参与全球贸易、投资规则制定，进而整合全球要素资源，为世界经济发展贡献中国智慧。

进一步建设全国统一大市场，要建立全国统一的市场基础制度。坚持从产权制度、市场准入制度、社会信用制度以及监督管理体系出发，对各类经营主体一视同仁、平等对待，为打破要素市场和商品市场分割，维护统一的公平竞争环境做好制度保障。还要做好市场高标准联通的物质基础。完善现代流通体系建设，推动国家物流枢纽网络建设，丰富市场信息交互渠道和打造统一的交易平台，形成跨区域、多层次的统一基础设施和信息传递的联通网络。应积极拥抱新兴技术，以技术引领推动统一市场建设的不断深入。利用数字化、智能化创新经营主体间合作方式，提升市场连接范围和效率，打通各类"数据孤岛"，优化创新要素空间配置，集聚我国发展动能。

（作者系北京大学经济学院副院长、教授）

建设全国统一大市场，更好地发挥市场和政府的作用

王大树　张哲婧　赵 蓉

李克强同志在《政府工作报告》中对2023年政府工作的建议中指出："全面深化改革开放，大力提振市场信心，把实施扩大内需战略同深化供给侧结构性改革有机结合起来，突出做好稳增长、稳就业、稳物价工作，有效防范化解重大风险，推动经济运行整体好转。"

我们认为，在这些方面，建设全国统一大市场，发挥市场配置资源的决定性作用、更好地发挥政府的作用，对于从需求和供给两个方面提振市场信心具有重大意义。

一、发挥市场配置资源决定性作用

建设全国统一大市场是完善社会主义市场经济体制的重要内容，有效市场可以充分发挥市场促进竞争、深化分工的优势，让市场在资源配置中起到决定性的作用。

从需求侧来看，市场机制直接体现在交换环节，而交换的前提是社会分工，分工越细，市场机制越有效率。经济学理论认为，生产要素只有大规模集聚才能产生效率，因为市场规模决定分工的深度，市场容量越大，消费者人数越多，需求越丰富，分工越细、越深入，意味着产业链的专业化程度越高，越有利于技术进步，生产效率也就越高。市场只有发展到足够大的规模以后，一些小众的产品和服务才能盈利。比如，在一个几百人的小村子开餐馆，大概很难赚钱；在上千人的小镇开饭馆，才有盈利的可能；在拥有几万、几十万人口的城

市里,开很多家饭店,甚至多种菜系的大酒店,都有利可图。

从供给侧来看,以前人们认为中国制造的核心竞争力在于劳动力成本,但劳动力成本在总成本中只占10％左右,而生产一旦达到足够大的批量,研发、投资、物流、市场开发、原材料采购等方面的成本就能被大幅地分摊,劳动力成本也会随之摊薄。从这个意义上讲,规模经济可以影响制造业成本的30％—40％。某种产品只要在中国大批量生产,马上就能大幅降低价格,这正是我国超大规模市场的竞争威力所在。

四十多年的改革开放,从利用市场调节的辅助作用,到发挥市场引导企业的基础作用;从赋予资源配置的基础性作用,到确定为资源配置的决定性作用,市场的作用越来越重要。但是,市场直到现在还存在一定程度的地方保护主义现象,要素跨区域自由流动还有不少障碍,市场分割把一个巨大的市场分割成若干个小规模的市场,直接制约了市场潜力的充分释放。

全国统一大市场是市场在资源配置中起决定性作用的市场。① 市场机制的核心是价格机制。作为供给和需求见面的场所,市场作用的充分发挥依赖于商品和要素在循环过程中、在市场和经济主体之间自由流动,通过竞争形成的价格信号调节市场主体的经济行为,来实现资源的有效配置,从而做到人尽其才、货畅其流、物尽其用。

建设全国统一大市场,清除市场壁垒和商品服务流通的体制机制障碍,有利于降低制度性交易成本和市场流通成本,为市场主体开拓创新营造良好市场环境;能够有效扩大市场规模容量,释放需求潜力,实现资源要素高效配置。

建设有效市场,必须坚持市场化、法治化原则,才能发挥市场在资源配置中的决定性作用,这种决定性作用是通过市场协调机制来实现的。市场通过价格、供求和竞争来协调市场参与者的经济关系。由于市场分割的存在,分布于城乡和不同地区的市场主体,常常会因为规则不统一,在市场信息的发现和

---

① 王文娟.经济大家谈 | 准确把握"全国统一大市场"的内涵[EB/OL].(2022-05-26)[2023-04-06]. http://www.rmlt.com.cn/2022/0526/647984.shtml.

传递上受到干扰,信号失真会干扰市场发挥协调作用。统一大市场要求市场规则在全国范围内一致化,让市场参与者基于统一的规则来行动,从而降低交易成本。只有在全国统一大市场的基础上,资源要素才能在更大范围和更深层次上配置到效率更高、效益更大的部门、地区和市场主体,进而提升经济运行的整体效率。特别是当前我国经济发展面临需求收缩、供给冲击、预期转弱三重压力的情况下,加快建设全国统一大市场,不仅有助于稳定发展预期,推动经济运行整体好转,而且对激励创新、促进竞争、优化分工都会起到积极作用。

二、更好地发挥政府的作用

市场是资源配置的决定性力量。但市场配置资源也存在一些不足,市场不是万能的,市场追求效率,但不能保证公平。除了在公共产品和公共服务领域存在市场失灵,市场在其他领域也存在盲目性和滞后性,这就需要更好地发挥政府的作用。有效市场离不开有为政府,无论是建设还是管理全国统一大市场都需要政府积极有为,政府和市场的有效互动是健康的经济体制的必备条件。

政府能够弥补市场失灵,但我们必须意识到,政府也存在越位、缺位的风险。我国建立了社会主义市场经济体制,但行业垄断、所有制歧视、市场准入限制等仍未彻底消除,这些问题损害公平竞争的市场环境,对共享发展机会和发展成果都有不利影响。建设全国统一大市场,要求完善统一的产权保护制度、实行统一的市场准入制度、维护统一的公平竞争制度、健全统一的社会信用制度,在顶层设计上强化市场基础制度规则的统一。推进市场监管公平统一、反对垄断和不正当竞争行为、破除地方保护主义和行业进入壁垒,构建规范透明的营商环境,可以充分发挥超大规模市场的发展潜力,形成优胜劣汰的激励机制,鼓励创业创新,激发企业活力。

建设全国统一大市场就是以"政府有为"助推"市场有效",政府到位而不越位,有作为而不乱作为。建设有为政府,发挥好政府的宏观调控、市场监管、社会管理、公共服务和环境保护等职能;实行竞争中性,无论对国有企业、民营企业、外商投资企业,还是大、中、小、微企业和个体工商户,都一视同仁;营造稳定、公平、透明、可预期的营商环境;用足用好超大规模市场优势,让需求更好地引领优化供给、供给更好地服务扩大需求;以统一大市场集聚资源、推动增长、激励创新、优化分工、促进竞争。所以,市场不仅规模要大,而且质量要高,必须推动我国市场由大到强的根本性转变,加快从市场大国向市场强国迈进的步伐。

在现代市场经济条件下,市场是一只看不见的手,在资源配置中发挥着决定性作用;政府是一只看得见的手,主要作用是弥补市场失灵。无论是使市场在资源配置中起决定性作用,还是更好地发挥政府的作用,都要促进政府和市场"两只手"的协调配合。要划清政府和市场的边界,凡属市场能发挥作用的,政府都要松绑支持,简政放权,不要进行干预。

(王大树系北京大学经济学院教授;张哲婧系廊坊职业技术学院讲师;赵蓉系北京大学经济学院博士后)

实现高水平供需良性循环[①]

张 辉

当前,我国发展不平衡不充分问题仍然存在,国内经济增长企稳向上基础尚需巩固,需求不足依然是突出矛盾。我们要把实施扩大内需战略同深化供给侧结构性改革有机结合起来,推动经济运行整体好转,为全面建设社会主义现代化国家开好局起好步。

供给和需求两者对立统一推动着国民经济的运行。受制于前期内需市场的发展情况,我国生产体系的供给能力与国际需求结合相对紧密,承担全球价值链中的加工制造环节,国内生产能力的扩张主要满足于国际需求的增长。而在国际循环中,我国在通过生产者驱动的链条学习核心技术推动工艺革新方面存在一些亟待解决的问题,在利用消费者驱动的链条获取营销网络促进品牌形成方面也需要提升。这就要求我们把实施扩大内需战略同深化供给侧结构性改革有机结合起来,坚持以高质量供给创造有效需求,同时以多种方式和渠道扩大内需,进一步反哺成为供给侧结构性改革的动力之源,以实现高水平的供需良性循环和动态平衡。

更好统筹供给侧结构性改革和扩大内需,要抓紧供给侧结构性改革这条主线。在国民经济循环中,生产是首要的、起决定性作用的环节。马克思主义政治经济学认为,在社会生产和再生产过程中,一定的生产决定一定的消费、分配、交换和这些不同要素相互间的一定关系。生产创造出消费的对象,决定

---

① 原文刊登于《经济日报》2023年3月20日05版。

消费的方式,激发消费的动力。同时,广大国内消费者对于高质量产品与服务的需求也与日俱增。

有鉴于此,我们要以提高制造业创新能力和促进制造业产业结构高级化为目标,鼓励现代工业特别是人工智能、新能源、新材料、高端装备制造和现代医药等高精尖制造业的发展,通过高质量的供给创造,实现供给对于需求的引领作用。要推行发挥有效市场和有为政府更好结合的产业扶持政策,以供给侧的效率提升带动整体经济的效率提升,以生产的效率提升增加分配的主动空间,进一步扩大内需市场。

激发内需市场自身活力也至关重要。对于发达国家经济发展经验的研究表明,更大的国内市场可助力本土企业通过规模优势更好地完成自主创新。大国经济的特征与优势在于以内需为主导、内部可循环。2023年《政府工作报告》明确指出把恢复和扩大消费摆在优先位置。我国虽拥有14亿多人口,具备形成超大规模消费市场的巨大成长空间,但市场规模优势还没有完全释放。为构建稳定的消费环境,确保国内消费者"想消费""敢消费""能消费",要多渠道增加居民收入,强化就业优先政策,完善分配制度,努力实现居民收入增长和经济增长基本同步,提高劳动报酬的分配比重,提高低收入群体的收入,扩大中等收入群体,为消费提质扩容提供根本保障。要创新消费业态模式,促进线上线下消费融合发展,鼓励"互联网+服务"开拓新领域,提高文旅、医疗、教育、养老、家政等服务的可及性和均等化水平,促进共享经济和新个体经济发展,积极培育绿色低碳消费市场,为人民日益增长的美好生活需要提供更大的选择空间。

(作者系北京大学经济学院副院长、教授)

恢复和扩大需求是经济回稳向好的关键[①]

苏　剑

2023年第二季度我国GDP为308 038亿元,同比增长6.3%,较第一季度上升1.8个百分点。其中,第一产业增加值18 841亿元,同比增长3.7%;第二产业增加值122 735亿元,增长5.2%;第三产业增加值166 462亿元,增长7.4%。2023年第二季度以来,随着国内稳增长政策持续加码,社会经济恢复常态化运行,尤其是服务业迅速恢复,但工业生产复苏放缓,国内有效需求不足,经济内生修复动能仍需加强,叠加我国面临的外部环境趋于复杂多变,外贸压力增大,恢复和扩大需求仍是巩固经济复苏基础的关键所在。

一、当前宏观经济形势

从供给端来看,2023年6月国内工业经济边际转好,高基数效应下实际工业生产表现仍超出市场预期。在工业企业利润持续走弱及工业产能利用率低迷的背景下,工业需求表现仍不足,工业企业去库周期尚未结束,但随着上游成本压力趋缓和中下游需求得到有效提振,预计工业经济有望持续恢复。

从需求端来看,首先是消费方面,6月社会消费品零售总额同比增长3.1%,较5月下滑9.6个百分点,主要受基数效应影响。当前内生动力不足,有效消费需求收缩,表现为整体消费额增速低位徘徊,居民消费价格增速下滑。其次是投资方面,1—6月固定资产投资同比增长3.8%,较1—5月下滑

[①]　原文刊登于《中国财经报》2023年8月12日03版。

0.2个百分点,房地产、基建投资增速下滑是拉低6月投资增速的主要因素。受预期不稳、企业惜金观望影响,民间投资增速继续小幅下滑。投资结构变化继续,高技术产业投资保持高速增长,对整体投资增速起到带动作用。最后是进出口方面,6月出口总额2853.2亿美元,同比下降12.4%,较5月下降4.9个百分点;进口总额2052.1亿美元,同比下降6.8%,较5月下降2.3个百分点,均低于市场预期。具体分析,订单积压效应对出口的支撑作用完全消失,劳动密集型产品增速大幅下降,叠加海外需求总额未有明显改善,中美贸易摩擦不断对出口形成压制,使得6月出口增速延续负增长;国内生产复苏边际放缓,同时随着产业链逐渐完善和升级,国内对加工贸易中间品的进口减少,进口替代效应对进口的拉低作用逐渐显现,叠加出口需求回落的拉低作用,使得6月进口增速延续负增长。

从价格来看,6月居民消费价格指数(CPI)同比持平,较上月下降0.2个百分点,环比下跌0.2%,较上月不变;工业生产者出厂价格指数(PPI)同比下跌5.4%,较上月继续下降0.8个百分点,环比下跌0.8%,较上月上升0.1个百分点。食品价格环比下跌是CPI环比下跌的主要原因,具体表现为:受需求表现平淡叠加市场供应充足影响,食品价格环比下跌较多,基本解释了CPI环比下跌的原因。而受国际油价下行推动能源品价格回落,叠加非能源工业消费品需求不足的影响,工业消费品价格整体下降较多,导致非食品价格环比下跌。高基数效应及生产资料价格持续下跌是PPI持续下行的主要原因,具体表现为:国际油价震荡下行带动上游工业价格持续下行,而中下游工业需求偏弱带动生活资料价格同比回落。

总体而言,当前宏观经济运行在供给端仍稳中向好、恢复较快,但不管是消费、投资,还是进出口方面,需求端都表现出一定程度的趋弱。

二、未来宏观经济形势展望

基于当前我国宏观经济形势,以及对未来宏观政策的预判,预计未来宏观经济运行情况如下:

第一，尽管外部需求仍存在一定的不确定性，未来或将继续对工业产出带来扰动，但随着稳经济各项措施显效，国内市场信心与活力恢复，工业经济或将延续复苏态势，预计未来在财政政策及货币政策联合发力的综合作用下，工业增加值同比或将保持稳步回升态势。

第二，预计2023年消费额增速或较2022年显著上涨，全年消费额增速维持相对高位运行。其一，2022年社会消费品零售总额同比下降0.2%，对2023年构成了显著的低基数效应。其二，疫情防控政策优化调整后，接触性消费需求增加，促进消费额增速上涨。其三，"稳增长，扩内需"，各地纷纷出台促消费政策，对消费额增速上涨起到拉升作用。

第三，随着"稳增长"政策效果的逐渐显现，预计2023年下半年投资增速或有所上涨，全年投资走势或呈现前低后高的特征。近期中美高层互动增加，德国首份"中国战略"也已公布，均未表达出与中国经济进一步脱钩的信号，暗示着2023年下半年的外需环境应该不会进一步明显恶化。外需稳定有利于国内投资需求的扩张，自然走势下，2023年下半年整体投资环境好于预期。鉴于当前内生动力不足，有效需求短期内难以显著上涨，预计2023年全年固定资产投资增速将保持平稳，不会出现大幅上涨或下跌的状况。

第四，预计2023年下半年出口增速下行压力仍在，对经济的支撑作用逐渐降低。一方面，2023年下半年全球制造业复苏压力加大，长期来看，海外需求仍将处于收缩阶段，叠加贸易摩擦不断，对出口增速形成不利影响；另一方面，国内外贸保稳提质政策不断出台，RCEP持续释放外贸红利，出口结构不断优化，汽车行业和新能源行业成为外贸出口新动能，叠加2022年年末的低基数效应，未来或将支撑出口增速。

第五，预计未来进口增速或将企稳回升。一方面，2023年下半年国内稳经济政策将持续发力，有利于带动中国内需逐步恢复，"一揽子"支持房地产行业的刺激政策或将出台，带动房地产市场边际改善，助力经济基本面企稳回升，带动国内需求稳步复苏，进口增速有望得到边际改善；另一方面，出口需求不足将带动国内生产需求回落，在海外经济增长放缓的情况下，期货价格指数

(CRB)承压,未来价格因素仍利空进口,而随着西方国家对中国出口限制加强,国内产业升级带来的进口替代效应也将削弱进口增速。

第六,随着稳增长、促消费政策落地落实,叠加猪肉价格见底回升,预计2023年下半年CPI同比增速大概率呈现持续回升的走势。受政策促进消费需求释放和低基数效应影响,CPI整体呈回升态势,消费品价格方面存在一定压力,服务价格方面则主要取决于需求恢复形势,预计2023年全年CPI同比增速约为0.6%。随着国际大宗商品回落放缓,叠加高基数效应消退,预计2023年下半年PPI同比增速大概率呈现降幅持续收窄的走势。随着疫情对供应链的影响消退,全球流动性收紧,欧美发达国家经济面临衰退,全球大宗商品价格整体或将继续震荡回落,叠加高基数效应,预计2023年全年PPI同比增速约为－2.8%。

三、多措并举加快促进国内需求恢复

要保障2023年下半年经济运行在合理区间、实现年度GDP增长目标,恢复和扩大需求仍是经济回稳向好的关键所在,需要宏观政策协同发力,持续加强稳增长"一揽子"政策措施的执行力度,保障国内供应链和物流链完整畅通,推进消费和投资持续恢复,加强政府政策对投资的引导作用,积极发挥民营经济在经济发展中的作用,通过减税降费加大对企业投资的支持力度,增强企业的投资收益预期,保持财税政策的稳定性和连贯性,多措并举加快促进国内需求恢复,积极实施稳外贸稳外资政策,妥善应对外贸下行压力,将关注点从出口规模增长向出口结构优化转变。具体而言:

第一,妥善处置部分地方政府与企业债务问题,积极应对外部需求不足和印度、东南亚国家等国的竞争,以供给侧结构性改革为主线,逐渐淘汰低效过剩产能,必要时可以直接向中小企业、民营企业输血补贴。

第二,准确辨认老百姓真正需要被满足的需求,如最迫切的民生需求、改善性需求,以及脱贫地区和低收入人群的需求。当下通货膨胀水平保持低位使得货币政策具有较大施展空间。应该以改善民生为导向,通过改善就业状

况,提高居民收入,让居民分享更多发展成果,稳定预期,创造消费场景,推动扩大内需,让居民消费引导资源配置。

第三,继续完善保障体系的建设。鉴于当前各类消费复苏进度不同,2023年下半年政策倾向的重点应该在房地产相关消费品方面,而这部分消费属于改善型消费,需要稳定的增长收入。因此,在发放消费券、推进旧家电回收平台建设的同时,建议重点稳就业、稳消费预期。当前消费者不是不想消费,而是不敢消费,要完善社会保障体系,减少消费者的消费顾虑,促进消费平稳增长。

第四,进一步推进二手家居、家电平台建设。从发达国家的经验来看,二手家居、家电市场相对完善,不仅能促进节能减排,还能改善流动人口的居住环境,降低其生活成本,提升其生活便利度,符合发展趋势。

第五,从消费品的推动方向来看,应该以绿色化、智能化、适老化为主要方向,促进相关产品的消费。绿色、智能、适老是目前推动家居消费的主要诱因,相关产品既可以满足居民提高生活质量的需求,又可以适应老龄化社会的特点,还能适应节能减排的发展趋势。

第六,加大稳外贸政策的执行力度,帮助企业稳订单、拓市场。加大对出口企业的金融支持力度,在出口退税等方面多给予出口企业优惠政策,增强外贸企业活力,同时进一步加强深层次的国际贸易合作,开拓新的国际贸易关系,不断拓展对外合作,促进出口商品结构升级,提高出口竞争力,打造出口新动能。

(作者系北京大学经济学院教授、博士生导师)

为什么要着力扩大国内需求,把恢复和扩大消费摆在优先位置?

张亚光

扩大国内需求,把恢复和扩大消费摆在优先位置,是2023年政府工作的首要重点。党的二十大报告指出,扩大内需战略和深化供给侧结构性改革是推动高质量发展的两大抓手。扩大内需,首先就是要增强消费对经济发展的基础性作用。但值得注意的是,在过去几年的中央经济工作会议中,消费并不是优先议题。比如2019年会议确定次年重点工作第一条是坚定不移贯彻新发展理念;2020年会议确定次年重点任务第一条是强化国家战略科技力量;2021年会议强调宏观政策要稳健有效;2022年会议则非常明确地指出2023年的经济工作"一是着力扩大国内需求。要把恢复和扩大消费摆在优先位置"。

一般来说,中央经济工作会议的目的是为来年"两会"的经济议题框定方向。但像2023年的《政府工作报告》这样,一字未改地使用了2022年12月中央经济工作会议有关工作部署表述的情况,在历史上是相当罕见的。一方面,可以看出由于正逢换届之年,党中央在二十大胜利召开之后,非常注意各项政策的延续性和稳定性。另一方面,这也表明扩大内需和恢复消费的工作,的确是2023年的当务之急。

改革开放四十多年来,投资、消费、出口贸易,共同构成了推动经济增长的"三驾马车",为中国的经济增长奇迹做出了重要贡献。国家统计局的一项研究报告认为,1978—2019年,"三驾马车"对中国GDP增长的贡献可以分为四个阶段。第一阶段为1978—1985年,投资贡献率大于消费,净出口的贡献为负;第二阶段为1985—1995年,三者对GDP增长的贡献率波动较大;第三阶段为 1995—2009 年,投资对经济增长的贡献率总体大于消费,同期净出口的贡献较小;第四阶段为 2009—2019 年,投资对经济增长的贡献波动下降,而消费对经济增长的贡献波动上升,说明我国经济的增长正从投资驱动型向消费驱动型转变。

考察改革开放以来历年的《政府工作报告》同样可以发现,围绕投资、消费和出口做文章,始终是国家制定经济政策的主要逻辑。在 1978—2022 年的《政府工作报告》中,提及"投资"的总次数是 1 151,提及"消费"的总次数是 709,提及"出口"的总次数是 489。投资显然是中国政府最重视的政策工具和目标。在 45 年的历史上,只有五次《政府工作报告》里面出现"消费"的次数超过了"投资",分别是在 1981 年、1985 年、1987 年、2020 年和 2021 年。2023 年的《政府工作报告》,"消费"出现 23 次,"投资"出现 24 次,较为接近。在其他大多数年份里,"投资"都是"三驾马车"中出现最高频的词汇。

"投资"在历年《政府工作报告》中高频的出现,使得不少学者认为,中国经济成功的动力主要来自投资,理由在于有为政府的一个突出表现就是大规模的且较为有效的投资。既然如此,在经济亟待复苏的背景下,为什么 2023 年尤其要强调消费的重要性呢?

第一,重视消费是现代化国家经济发展的规律和趋势。按照罗斯托的经济成长阶段理论,中国实际上已经进入了高额消费阶段和追求生活质量阶段。前者的特点是主导产业部门转移到耐用消费品生产领域,后者的主导部门在服务业,人们开始追求更高质量的享受。罗斯托的分析实际上是某种现代化理论。假如不考虑其研究立场,这个理论在一定程度上揭示了现代化国家在经济发展过程中的某些共同之处。党的二十大报告指出,中国式现代化既有各国现代化的共同特征,更有基于自己国情的中国特色。前述统计数据表明,最近十几年来中国的经济增长已经开始从投资驱动型向消费驱动型转变。需要特别指出,这是疫情之前的数据和趋势。所以,当前强调消费的重要性,不仅仅是受疫情影响的恢复之策,也是符合经济史规律的必然趋势。

第二,重视消费是扎实推进共同富裕的内在要求。长期以来,社会上存在

双循环畅达：内通函夏，外联瀛寰

一种错误的认知，以为共同富裕和经济增长是冲突的、矛盾的，推进共同富裕就不利于经济增长。这种认识只看到了共同富裕背景下收入分配政策对高收入群体的调节可能带来的负面影响，却忽略了共同富裕的首要任务是增加低收入群体的收入，目标是扩大中等收入群体比重，调节高收入和取缔非法收入并不是共同富裕的目的，而只是手段之一。恢复和扩大消费，与增加低收入群体收入、扩大中等收入群体的规模和提高其收入水平，是有机统一的。扎实推动共同富裕，才能解决"没钱消费"的问题，为消费提供不竭的动力。消费不断升级，才能真正达到物质生活和精神生活都富裕的本质要求。

第三，重视消费是坚持稳中求进工作总基调的现实需要。"稳中求进"是2023年政府工作的总基调，"稳字当头"是基础。这就要求我们在经济活动中，尽可能迅速地摆脱疫情和外部冲击带来的不利影响，全面提振各方市场主体信心。从宏观经济的结构来看，消费环节受外部冲击的后果显现得快，恢复起来也快。总的来说，消费的反应周期比投资短，投入成本也更低；出口贸易则更多地受到国际环境的影响，不确定性大。因此，对于政府而言，消费是目前恢复经济的首要选择，也是最容易的选择。正如媒体所报道的那样，2023年开年之后，经济恢复最显著的一些指标主要集中在旅游、餐饮、文娱等消费领域。可以预料，短期内经济政策目标还是会聚焦在拉动消费、扩大内需等方向。

第四，重视消费是"以人民为中心"的发展思想的生动体现。在经济活动的各个环节中，和百姓日常生活最息息相关的是消费，百姓关心议论最多的也是消费。消费的数量和质量，决定着人们的生活水平，个人获得感的高低主要也取决于消费。从某种意义上说，要实现人民对美好生活的向往，消费是最关键的。由此可见，消费不仅是个经济问题，也是个政治问题，甚至是哲学问题。扩大消费不仅是疫情后刺激经济的手段，也是我们未来共同的奋斗目标。

2023年《政府工作报告》指出，"国内经济增长企稳向上基础尚需巩固，需求不足仍是突出矛盾，民间投资和民营企业预期不稳"。需求侧和供给侧的活力，还受到许多因素的制约。当前情况下，恢复和扩大消费需要重点解决以下几个问题：

一是没钱消费。要处理好共同富裕和经济增长之间的关系。不能将共同富裕简单地理解为第二个百年奋斗目标，实际上共同富裕本身也是建设社会主义现代化强国的重要手段。需求不足，很大程度上是因为消费者缺乏购买力。应当谨慎推进共同富裕框架下的收入分配制度改革，实现帕累托改进。通过促进就业、优化收入分配结构等举措，优先让低收入群体的收入水平提升，加快形成更加庞大的中等收入群体。日本在 20 世纪六七十年代实施的"国民收入倍增计划"，就是这样的思路。

二是没动力消费。要处理好供给侧和需求侧的辩证统一关系。需求不足的原因，还有部分来自供给侧的不匹配。应当继续深化供给侧结构性改革，促进传统产业改造升级，培育壮大战略性新兴产业，着力补强产业链薄弱环节。探索数字经济时代的产品创新和模式创新，生产出更多满足人们对美好生活向往的产品，吸引和创造更多消费。

三是没地方消费。要处理好短期复苏和长期增长的关系。各级政府应当积极应对，尽快消除疫情对餐饮、旅游等服务行业的影响，做好承载"报复性反弹"需求的准备。长期来看，要加快构建全国统一大市场，打破地方保护和市场分割，打通制约经济循环的关键堵点。努力改善消费条件，创新消费场景，切实保障消费者权益。很重要的一点是加大相关领域新型基础设施投资，在创造就业机会的同时，扩展新的消费空间。

四是没底气消费。要处理好当前消费和未来养老之间的关系。要强化基本民生保障，扩大低保等社会保障政策覆盖面，兜住民生底线。完善社会保障制度，统筹城乡医保社保，及早谋划解决老龄化社会的新问题新矛盾。高质量养老体系的建设，一方面可以促进养老行业的消费，有利于养老产业的发展；另一方面能够减少人们对养老的投入成本，为其他消费领域释放出更多能力。

（作者系北京大学经济学院副院长）

更充分地发挥消费在拉动经济增长中的作用
——兼谈文化消费

崔建华　王　燕

2023年是全面贯彻党的二十大精神的开局之年,坚信中国经济定会在高质量发展的征程中迈出新的步伐。李克强总理在2023年《政府工作报告》中提出,2023年的工作要为全面建设社会主义现代化国家开好局起好步。

速度是经济增长问题的聚焦点,达到一定的增长速度往往是各经济体的普遍追求。1979—2022年,中国的GDP年均增长9%,其中最高超过14%(1992年、2007年),最低2.3%(2020年)。44年的经济增长,大体又可以分为两大阶段:1979—2011年,年均增长9.9%;2012—2022年,年均增长6.3%。2012年是个分水岭,2012年之后中国经济进入中低速增长阶段,除了极个别年份和特殊情况(2021年),年经济增长速度均在8%以下;新冠疫情发生前的五年(2015—2019年),年经济增长速度更是没有超过7%。在2023年《政府工作报告》中,设定了2023年一些主要的预期目标,第一个预期目标就是GDP增长5%左右。5%的年经济增长速度与过去五年的年均增长速度大体相当,这也是稳中求进的工作总基调的具体体现;也体现了发展要以高质量为核心,宁要高质量的中低速增长,不要低质量的高速增长。从世界范围及主要经济体来看,5%已经是比较高或很高的了。2023年1月,世界银行预测全球经济2023年比2022年增长1.7%。另据2023年1月25日联合国《世界经济形势与展望》报告预测,2023年欧盟、美国和日本的经济增长速度分别为0.2%、0.4%和1.5%。可见,中国经济仍将是世界经济的亮点,是全球经济增长最重要的引擎。

《政府工作报告》在2023年的工作建议中,明确提出把恢复和扩大消费摆在优先位置,多渠道增加城乡居民收入。消费、投资、出口是推动经济增长的"三驾马车"。根据商务部发布的数据,2014年以来,除了个别年份(2020年),消费都是我国经济增长的第一拉动力。2021年,消费对经济增长的贡献率达65.4%。笔者认为,2023年将沿着近年来的趋势前行,消费的作用继续居于首位。这里主要包括两个方面:

第一,增加城乡居民收入,让百姓更加有钱。收入是消费的前提和基础,有稳定的收入才能有稳定的消费。居民收入的增加要在"多渠道"上做文章,综合施策。2022年,我国农村居民人均可支配收入20 133元,首次迈上2万元的新台阶;城镇居民人均可支配收入49 283元,接近进入5万元新阶段。但迈上新台阶,接近新阶段,还远远不够。

多渠道增加居民收入,途径很多,不一一阐释,这里只谈谈做好就业这篇文章。一般情况下,收入以就业为前提,就业是最基本的、最大的民生。2023年《政府工作报告》里提出,2023年城镇新增就业1 200万人左右,城镇调查失业率5.5%左右。还有一个数据,2023年全国高校毕业生人数达1 158万人,为历史新高。为此,要强化政策导向与引领,出台更系统、更优惠、更具体的举措,大力支持和鼓励公司企业,扩大就业容量;大力支持和鼓励劳动者自主创业,激发活力;破除劳动力市场上的体制机制障碍,建立更加公平、开放、竞争的劳动力市场体系;建立终身学习体系,加强劳动力的培训,使劳动者与不断变化的经济和社会需求之间具有更高的匹配度、适应性,缓解劳动力市场上的供求结构性矛盾;完善多层次的财富分配机制,持续扩大中等收入群体;加强法制建设,依法保护劳动者的合法权益;坚持底线思维,强化对重点群体,如零就业家庭、贫困家庭、较长时间未就业的高校毕业生等的就业支持。

第二,把消费置于优先位置。这里又包含两个基本方面:一是恢复消费,二是扩大消费。

恢复消费,显而易见就是要恢复常态。克服新冠疫情近三年的影响,使受影响比较大的行业、产业,如餐饮、娱乐、文化、旅游等领域的消费尽快恢复到

双循环畅达：内通函夏，外联瀛寰

疫情前同期的水平。这是一个艰难的过程，且不同行业的恢复进程差异很大。一些分析认为，餐饮、交通、旅游等行业恢复最快，无特殊情况发生，2023年可以恢复至2019年的水平，甚至还可能有所增长。各种措施的运用（如政府提供消费券、旅游景区免门票等）在恢复消费中起到了很好的作用。

扩大消费，可以理解为主要是进一步释放消费的潜力，在消费的增量上做文章。笔者注意到，在2023年全国"两会"开幕后，网络上有观点认为，近三年的疫情对公司企业、个人带来了严重的不利影响，部分公司企业倒闭，部分人失业或收入减少，这时谈扩大消费似乎有点天方夜谭。这样的观点不无道理，尤其是站在某一个体的角度。但就宏观面而言，从中国经济的总容量与韧性看，则可能有另外不同的结论。扩大消费完全有可能实现，大宗消费、生活服务消费、农村消费等诸多方面都值得关注。按照商务部的说法，中国的消费有"四大金刚"：汽车、家电、家居、餐饮，商务部将2023年定为"消费提振年"，"四大金刚"是恢复和扩大消费的重点领域。

这里暂且不谈消费的"四大金刚"。前些年，作者写了一篇小文，谈多措并举发展中国的文化产业，现就结合自身工作（作者之一长期从事文化艺术方面的教学与研究）再谈谈文化消费。文化消费也是扩大消费的重要方面，新时代中国的文化消费意义重大、大有可为。

文化消费是一个内容十分广泛而复杂的概念，既包括文化产品如书籍、报刊等的消费，也包括文化服务如教育、影视、旅游、娱乐等消费。文化消费的目的主要是满足人在精神层面的需求，提升人的内在素质。很显然，文化消费对个体和国家而言，具有极其重要的意义。一方面，文化消费（与其他因素、条件相结合）对个人、社会最根本的意义是促进人的全面发展，从而摆脱原有某些因素带来的束缚，最终使人和社会从必然王国走向自由王国。这是漫长的过程，也是经典马克思主义论述未来社会发展时的最高价值理想。正如《共产党宣言》里指出的："代替那存在着阶级和阶级对立的资产阶级旧社会的，将是这样一个联合体，在那里，每个人的自由发展是一切人的自由发展的条件。"另一方面，文化消费能够通过提高人口素质，持续改善一国的人力资源状况，促进财富的创造与社会的发展。

消费结构的持续优化为文化消费的扩展提供了空间,这一持续性的过程始于改革开放,并将继续进行下去。民以食为天,只有当恩格尔系数(食品支出额占个人消费支出额的比重)不断下降时,食品消费以外的其他消费,包括文化消费才有发展的空间。1978年,中国农村居民家庭、城镇居民家庭的恩格尔系数分别为67.7%、57.5%,分别处于贫困、温饱(接近贫困)状态,此时谈文化消费实在奢侈,不具备条件。2003年,全国居民恩格尔系数降到40%,中国进入小康社会,房产、汽车等高价值商品的消费及服务消费开始成为热点。2017年,全国居民恩格尔系数首次降至30%以下,为29.39%(农村31.2%、城镇28.6%,农村与城镇的差距明显缩小),中国进入了联合国划分的富足区间(恩格尔系数20%—30%)。新冠疫情前的2019年,全国居民恩格尔系数降至28.2%,为改革开放以来最低。2020—2022年,受疫情等因素影响,全国居民恩格尔系数有所反弹,2022年为30.5%(农村33%、城镇29.5%),这一反弹影响不大。从国际上看,美国、加拿大、英国、瑞典、新加坡等国的恩格尔系数低于10%,日本、韩国等国家的恩格尔系数处于10%—20%的水平。因此,随着中国经济的发展,中国的恩格尔系数依然有很大的下降空间。

文化消费已经成为真正的大消费,而且继续保持快速增长。根据文旅部发布的信息,2019年前三季度,全国5.6万家规模以上文化及相关产业企业实现营业收入62187亿元。根据商务部发布的数据,2021年全国人均教育文化娱乐消费增长27.9%,远高于全社会消费品零售总额12.5%的增长速度。新冠疫情对文化消费产生了很大影响,如旅游业受到严重冲击、文化消费场所具有显著的本地化或近程化特点等,但这毕竟是特殊情况。一般情况下,疫情前的调查数据(中国人民大学文化产业研究院发布的有关报告)显示,我国居民消费支出最多的五大文化产品或服务依次是:文化旅游、游戏、网络文化活动、电影、文艺演出;市场成长空间最大的五大文化产品或服务依次是:网络文化活动、游戏、文化旅游、电影、文化娱乐活动。

如何促进文化消费？笔者简要提出以下主要观点：制定更完善的鼓励和促进文化消费的政策；加强文化消费基础设施的建设；以市场为导向，加强文化产品和服务的供给，提升供给与需求之间的匹配度；培育重点人群，特别是青少年的文化消费兴趣，将部分文化项目纳入国民教育体系；文化消费的传统形式与新形式并举，大力发展"触网"形式的文化消费；文化消费与现代科技深度融合，运用好区块链、大数据、5G、VR等技术；逐步解决文化产业发展与文化消费区域不平衡（东中西部区域不平衡、省级不平衡、城乡不平衡）的问题；通过间接手段，将部分国外（境外）消费留在国内（境内）。

最后，要实现恢复和扩大消费，需要梳理消费政策，破除消费的政策性障碍，稳定消费预期，营造更好的消费环境。消费政策，尤其是商品房、汽车等主要商品的消费政策的制定要有全新的视野和高度，不能只考虑某一个或某几个具体的因素，而必须定位于有助于解决新时代社会的主要矛盾，不断满足人民美好生活需要。不能把商品房、汽车简单地理解为住所、交通工具，不能简单地把异地购房等同于炒房和投机，它们更重要的是美好生活的一部分，是一般意义上的消费需求。现有的很多消费政策必须进一步梳理和完善。

（崔建华系北京大学经济学院党委书记；王燕系天津传媒学院副教授）

为何强调扩大有本金和债务约束的金融需求①

刘蕴霆

统筹扩大内需和深化供给侧结构性改革,是当前和今后一个时期的重要任务。习近平总书记在中共中央政治局第二次集体学习时强调,"坚决贯彻落实扩大内需战略规划纲要,尽快形成完整内需体系,着力扩大有收入支撑的消费需求、有合理回报的投资需求、有本金和债务约束的金融需求"。为什么强调扩大有本金和债务约束的金融需求?这是一个值得深入思考的问题。

从宏观层面看,总需求不足是当前经济运行面临的突出矛盾。内需由消费需求与投资需求构成,我们既要把恢复和扩大消费摆在优先位置,增强消费能力,改善消费条件,创新消费场景,使消费潜力充分释放出来,又要通过政府投资和政策激励有效带动全社会投资,在打基础、利长远、补短板、调结构上加大力度。在这方面,金融能够为消费和投资提供资金支持,对促进消费和投资有重要作用。既可以通过合理增加消费信贷支持居民住房改善、养老服务、教育医疗文化体育服务等消费来提升社会整体消费水平,又可以发挥政策性金融逆周期调节作用,对于符合国家发展规划、符合产业政策导向的重大项目,持续加大融资支持力度。可见,无论是个人的消费需求还是企业的投资发展,都需要高效的资金支持与专业的金融服务。

金融对推动消费和投资需求的积极作用主要体现在资金支持与信息支持两个方面。在资金支持方面,金融可以通过增加消费信贷、加大融资支持等为消费和投资需求提供资金,匹配资金供给方与需求方的跨期配置需求,从而扩大个

---

① 原文刊登于《经济日报》2023年4月6日10版。

人消费和企业投资规模。在信息支持方面,金融机构凭借对于信用信息、投资收益及财务信息分析的专业优势,能够有效减少消费交易和投资过程中的摩擦,缓解资金供给和需求双方可能出现的信息不对称问题。可以说,我们尽快形成完整内需体系,着力扩大消费需求、投资需求和金融需求都是必要且重要的。

那么,为什么强调要扩大的金融需求是"有本金和债务约束"的金融需求呢?企业或个人借贷时,自身需要拥有一定的本金作为使用借贷资金的保障,同时需要实施一定的债务约束,以保证借贷资金的信用风险可控、资金来源与去向可循。这一要求的提出,内蕴着统筹当前与长远、统筹发展和安全的指向。

着力扩大金融需求,并不是简单粗放地扩大金融服务的规模,而是要在有本金和债务约束的前提下,追求更高质量的发展。要在兼顾总量的基础上,更加关注金融投资的质量、用途及潜在风险。本金约束将使借贷的个人或企业难以"空手套白狼",债务约束则避免了借贷个人或企业盲目"加杠杆",本金和债务约束等方式共同确保了金融需求的扩大是适宜的、有保障的,是能有效避免发生系统性风险的。在这一要求下,我们不但要避免形成不符合发展方向和市场需求的落后产能和产品,造成社会资源和财富浪费,而且要避免走"脱实向虚"、资本无序扩张等老路,牢牢守住不发生系统性金融风险的底线,做到可持续地扩大金融需求,为构建完整内需体系提供有力支撑。

扩大有本金和债务约束的金融需求,可通过数字技术赋能,推动金融服务提质增效。数字经济发展速度之快、辐射范围之广、影响程度之深前所未有,正在成为重组全球要素资源、重塑全球经济结构、改变全球竞争格局的关键力量。数字经济的蓬勃兴起为金融行业数字化搭建了广阔舞台。我们可以利用大数据、人工智能等技术精准识别金融需求,构建高效的信用评估体系,纾解银行与借贷人的信息不对称问题,推动金融更好地服务实体经济。此外,金融机构也要进一步构建服务于实体经济的数字化融资体系,拓宽融资渠道,探索建立长效机制。

(作者系北京大学经济学院金融系长聘副教授、研究员、博士生导师)

应对国际经贸复杂环境，充分发挥外贸和外资对经济复苏的关键作用

王跃生

2023年《政府工作报告》中指出："更大力度吸引和利用外资。扩大市场准入，加大现代服务业领域开放力度。落实好外资企业国民待遇。积极推动加入全面与进步跨太平洋伙伴关系协定（CPTPP）等高标准经贸协议，主动对照相关规则、规制、管理、标准，稳步扩大制度型开放。""继续发挥进出口对经济的支撑作用。做好外资企业服务工作，推动外资标志性项目落地建设。"这些表述看似习以为常，没有更多新的提法，都是过去几年我国对外经贸政策的延续。但是，在当前复杂多变的国际战略与经贸形势下，重要的是将已有政策付诸实施，见到成效。落实好这些政策，对于我国经济发展大局稳定、对于顺利完成《政府工作报告》所提出的各项任务、对于"十四五"期间乃至更长时期我国经济的稳定发展，都具有十分重要的意义。

众所周知，近几年来，世界百年未有之变局加速演进，国际经济环境迅速变化，动荡加剧，美国和其他一些西方国家对中国经济的打压、限制进一步强化，脱钩断链不断发生，我国的外部经济环境日益复杂，一些负面因素不断增多。具体而言，虽然我国作为全球产业链中心之一的总体格局未变，加之疫情等因素的影响，我国在利用外资、对外投资、对外贸易、经济合作等方面的总体形势尚可，规模均处于高位，但是，我国的对外经贸环境及外贸外资领域仍存在不少隐患，因此我们不能对形势盲目乐观，要意识到所面临的艰巨挑战。

从贸易上看，整个外贸发展趋势不确定性增强。2022年前三季度我国外贸取得显著增长，但这种增长主要源于欧美各国宽松的政策带动经济复苏引

致的需求,当其经济恢复进入平稳阶段后,增速肯定不可持续。实际上,2022年第四季度以来,我国外贸进出口显著下滑,进入负增长。2023年以来,外贸疲弱的趋势依旧,对我国经济最为繁荣的长三角、珠三角地区影响较大,也影响到整个经济增长大局。我国的贸易结构也出现了一些新变化。在贸易地区结构上,我国与欧美发达经济体的贸易相对疲弱,美国已退居我国第三大贸易伙伴,且中美贸易仍在降速。贸易的增长主要来自与东盟国家、"一带一路"沿线国家等贸易的增长。需要注意的是,我国与发达经济体的贸易对于我国经济增长和结构改善具有更大的意义:一是贸易商品互补性强,二是产业链相关的中间品贸易特征明显,三是贸易利益较为明显;而与东盟等发展中经济体的贸易,上述三方面相对较弱。从产品结构上看,与欧美日等基于全球产业链分工基础的中间品贸易,对维护我国全球产业链中心地位的意义更加重大,一般原材料、初级产品、制成品、消费品贸易很难等量齐观。

在利用外资与对外投资方面也出现了一些新变化。近两年我国利用外资和对外投资的总规模仍居高位,2022年实际使用外资规模达到1.2万亿元,创出新高。一些新的项目进入,一些原有企业撤出,外资外企的进进出出是正常现象,但是,利用外资与对外投资结构、领域和方式的变化是值得重视的。目前进入我国的外资主要集中在一般制造业(汽车、计算机硬件、电子、石化等)和服务业,而对于更具先进性的新兴产业、关键产品,则入少离多。对外投资方面则更为明显,我国对外投资更多的是投向周边国家、"一带一路"沿线国家,集中在批发和零售商业、制造业领域,以降低成本和拓展市场为指向。欧美日发达国家对于我国企业投资并购的防范和限制更加严格,通过海外并购等形式获取新兴产业、高技术产业核心的可能性越来越小。以全球产业链为依托的直接投资较为薄弱,由于经济环境变化,民营企业对外投资遇到较多困难。

全球产业链重构中的"去中国化"趋势日益显现,与中国脱钩正在发生。虽然中国与欧美各国的贸易投资规模并不小,有的还创出新高,但西方与我国脱钩断链的核心要义并不是限制或取消一般性的贸易投资关系,而是在敏感技术、核心产品、关键产业等方面分流。在这方面,美国及其盟友对于我国芯片、数据、操作系统、人工智能等领域的打压已经非常明显,我国一些企业(如华为、TikTok 等)深受其害。西方集团的产业链盟友化、周边化、本土化等趋势也日益明显,朝着关键技术与产品回归本土和盟友、一般技术与产品转到中国周边的方向发展。这对我国相关产业的发展和全球制造中心地位的稳固都十分不利,对于我国经济稳增长、调结构、转型升级也有直接影响。

在当前日益复杂的国际经贸形势下,我国应如何应对上述变化?在对外经贸领域如何有所作为?2023 年《政府工作报告》再次强调了党的二十大和 2022 年年底中央经济工作会议制定的方针,即扩大市场准入、加大服务业开放力度、稳步推进制度型开放。李强总理进一步将此表述为"吃改革饭,走开放路",就是坚持改革开放,舍此别无他途。

如何做好"吃改革饭,走开放路"?如何推进制度型开放?在当前新的国际国内形势下,我们认为以下几方面是应当再次强调的:

其一,正视复杂的国际经贸环境,在复杂环境中寻找新机遇。西方对于中国的科技打压和经济脱钩是长期战略,其势已成,不会因为不同党派执政的变化或领导人的更迭而改变。但是,西方也不是铁板一块,一国国内也有各种利益集团,有不同声音。以目前情况看,欧洲国家是我们可以争取的重点,比日韩等国家更有可能取得进展。同时,各国的企业家集团是支持经济全球化和与中国发展经贸关系的主要力量,一些政治领导人也比议会等保守团体更具战略眼光。我们应据此针对不同国家、不同利益集团积极开展工作,使经贸不致完全被政治左右。

其二,我国的深化改革、主动开放是突破美西方围堵的重要手段。应当认识到,美国及其他西方国家对我国的限制与脱钩,当然主要是出于国际战略目的,是一种政治决策,但也受我国开放程度不高、开放领域不足、制度型开放滞后、政策环境不稳等因素,以及近年来西方资本家、企业家情绪因素的影响。对此,如果我国自身能够积极深化市场化改革、主动推进高水平开放,使我国成为全球经济中开放水平较高、营商环境较好的投资乐土,则在很大程度上可以打破或者弱化西方政客对我国经济脱钩的企图。

其三,做好国内国际两个循环相互促进的大文章,增强自主创新能力,在核心技术、重要产品、关键生产环节上取得突破,是形成与西方国家互利合作、稳定平衡经贸关系的关键。关键技术买不来,以市场换技术也未必可行,但以技术换技术、以市场换市场则是可行的。随着我国在自主创新和核心技术研发方面不断取得进展,随着我国从技术跟随逐步走向技术并行甚至技术引领,我国在某些技术和关键产品上的领先,有可能带来我们与西方国家技术互补、技术互换的局面,并非单方施舍,而是互惠互利。市场互换亦然,我国巨大的内需市场是大多数西方国家和企业不能与我国完全脱钩的主要因素。我国完全可以打造与主要西方国家之间不同产品市场互换的局面。目前,特别需要防止的是互相"卡脖子"、零和博弈、杀敌一千自损八百,而应该在以我为主的基础上实现经济活动的互利互惠。

其四,充分发挥民营企业的作用。发挥民营企业和广大人民群众的首创精神,是解决一切问题包括对外经贸问题的基础。李强总理在"两会"记者会上强调:"我长期在地方工作,有一个很深的感受,就是坐在办公室碰到的都是问题,下去调研看到的全是办法,高手在民间。"对于发展对外经贸关系,也应有这种思维。政府要尽可能地放权让利,只要做好基本制度环境的建设,制定好相关政策,尽量少干预、少插手,广大民营企业和市场主体就会找到最好、最有利的方式与方法。在这方面,我国已经采取了修改《中华人民共和国对外贸易法》,删去第九条关于对外贸易经营者备案登记的规定等举措。在走出去对外投资、利用外资、企业并购、国际合作等方面,也应充分发挥企业,特别是广大民营企业的首创精神。我国四十多年改革开放的历史经验、中国历史上历次封关禁海与开放海禁的历史遗产,都是我们应当汲取智慧的思想宝库。

(作者系北京大学经济学院教授、博士生导师、国际经济与贸易系主任)

中国进出口联动机制的理论思考与实践探索

李 权

当前中国对外开放面临市场型开放、制度型开放和新型跨境数据流动等多层次、多维度格局。2023年《政府工作报告》中多次提到"进出口",以及作为其核心实践机制的21个自由贸易试验区(以下简称"自贸区")、自由贸易港(以下简称"自贸港"),152个跨境电子商务综合试验区;在对未来的工作建议中也明确提到继续发挥进出口对经济的支撑作用。

一、中国进出口联动机制的贸易和产业价值

经典贸易理论共同认为:无论是进口还是出口,贸易都会带来交换所得和分工所得。在近些年的外贸实践中,进口贸易成为促进中国参与国际合作、助力企业开拓国际市场和引进优质产品的重要渠道。中国已经建立了43个进口贸易促进创新示范区(以下简称"进口示范区"),成功举办了中国国际进口博览会、中国国际消费品博览会、中国国际服务贸易交易会等进口主题的盛会。

2023年美国和欧盟经济增长预期黯淡加重了中国出口的预期压力,而中国经济高质量发展与产业转型升级为进口提供了新的机遇。人民币跨境支付系统(Cross-border Interbank Payment System,CIPS)已经开始运作并不断发展,依托亚洲基础设施投资银行、上海合作组织等区域性国际组织,人民币国际化有序推进,在已有的合作框架中,货币合作得到强化。进出口联动有助于在提升人民币国际地位的同时,有效化解输入性金融风险,实现促稳提质的发

展目标。

二、中国自贸区的提质升级与进出口联动的实践机制

2023年是自贸区建设十周年,全国21个自贸区、自贸港基本形成了覆盖东西南北中的改革开放创新格局。其围绕自身战略定位和区位优势,服务国家重大战略的能力不断增强,高新技术产业实际利用外资同比增长53.2%,增速远超全国平均水平,吸引、集聚功能凸显。自贸区已成为高水平开放的先导力量和开路先锋,推出了第一张外商投资准入负面清单,迈出了外资准入前国民待遇加负面清单管理模式第一步,率先实施了"证照分离"和外商投资准入体制改革,建立了全国第一个国际贸易"单一窗口",创设了第一批自由贸易账户等。目前,自贸区已经向全国复制推广了278项制度创新成果,涉及投资便利化、贸易便利化、金融开放创新、事中事后监管、国有企业改革等方面,促进了改革红利的持续释放。自贸区依托我国超大规模市场优势,立足自身资源禀赋,吸引全球优质资源要素,推动高端产业不断集聚,成为高质量发展的示范引领。

党的二十大报告提出实施自贸区提升战略。自贸区主要是以试点对接国际高标准推进制度型开放,发挥好改革开放综合试验平台的作用,为全面深化改革、扩大开放探索新路径,具体突出"三个提升":

一是对接国际高标准经贸规则要提升。聚焦贸易投资、政府采购、知识产权、环境等重点领域,制定出台改革试点措施,选择自贸港和有条件的自贸区先行先试,率先构建与国际高标准经贸规则相衔接的制度体系和监管模式,为深化国内相关领域改革破冰、破题。

二是市场准入水平要提升。重点在投资和服务贸易领域加大压力测试。自贸区很重要的一个功能就是要进行压力测试。下一步,还将继续合理缩减外资准入负面清单,加大现代服务业领域的开放力度。在服务贸易领域,出台自贸区和全国版跨境服务贸易负面清单,在更大范围内实行跨境服务贸易管理新模式。

三是在改革系统集成和协同创新上要提升。加强跨部门、跨领域、跨行业统筹协调,增强先行先试的系统性、整体性、协调性,顺应当前新产业、新模式、新业态不断涌现的态势,进一步在提升贸易投资自由化便利化水平的基础上,加强制度集成创新。聚焦新一代信息技术、生物医药等领域,探索制度创新,以制度创新助力加快建设现代化产业体系,维护我国产业链供应链安全稳定。

中国自贸区与跨境电商"双试点"已经进行了八年,为中国对外贸易发展注入了新动能,成为连接国内价值链、区域价值链和全球价值链的有效渠道。克服新冠疫情的冲击,中国外贸运行稳中有进。2022年外贸外资再创新高,成为国民经济的一大亮点,高质量共建"一带一路"迈出新步伐,多双边经贸合作实现新突破,RCEP生效实施,中国加入《数字经济伙伴关系协定》(DEPA)工作组正式成立。

三、中国高水平对外开放新格局与进出口联动的实施框架

2023年是"一带一路"倡议提出十周年。在贸易方面,2013—2022年,我国与"一带一路"沿线国家货物贸易额从1.04万亿美元扩大到2.07万亿美元,年均增长8%。在投资方面,2013—2022年,我国与沿线国家双向投资累计超过2700亿美元,截至2022年年底,我国企业在沿线国家建设的境外经贸合作区累计投资达571.3亿美元,为当地创造了42.1万个就业岗位。在工程建设方面,2013—2022年,我国在沿线国家承包工程新签合同额、完成营业额累计分别超过1.2万亿美元和8000亿美元,占对外承包工程总额的比重超过了一半。"一带一路"倡议在外贸稳规模优结构、稳中提质的进程中,还将持续发挥提质量、拓领域、优项目、搭平台、强保障的积极作用。

党的二十大提出构建面向全球的高标准自由贸易区网络,根据商务部的数据,中国已经建立26个跨关境自贸区,初步建成以周边为基础、辐射"一带一路"、面向全球的自贸协定的网络。2022年中国与自贸协定伙伴的进出口额达到14.25万亿元,同比增长7.7%,占外贸总额的34%。2022年正式生

效的 RCEP 对中国外贸发展起到了很重要的作用,其生效一年多以来,中国对 RCEP 其他成员的出口增长 17.5%,占我国出口总额的 27.6%。

当前,中国正积极推动加入以《全面与进步跨太平洋伙伴关系协定》(CPTPP)和 DEPA 为代表的高标准经贸协定,中方与 CPTPP 的成员进行了不同层级的、广泛的接触和交流,与 DEPA 成员也进行了非常好的沟通。DEPA 的成员 2022 年 8 月 18 日已决定成立中国加入的工作组;11 月,DEPA 的三个成员方和中国举行了四方部长级会议;12 月,四方召开首席谈判代表启动会。另外,中国非常重视亚太自贸区建设,在亚太经济合作组织(APEC)框架内支持推动一些工作计划,推动亚太自贸区向前迈出更大步伐。

四、结论与前瞻

2023 年《政府工作报告》将进出口作为统筹中国外贸发展的综合考量,在未来工作建议中也明确指出继续发挥进出口对中国经济的支撑作用。2022 年中国外贸再创新高,货物进出口规模首次突破 40 万亿元大关,达到 42.1 万亿元,同比增长 7.7%,连续六年稳居世界第一,为宏观经济稳定运行作出了重要贡献;货物贸易和服务贸易净出口对 GDP 增长的贡献率达到 17.1%,拉动 GDP 增长 0.5 个百分点。

2023 年 3 月 8 日,中国正式向《取消外国公文书认证要求的公约》(以下简称《公约》)保管机关荷兰外交部递交加入书,这标志着中国正式加入《公约》;11 月上旬,《公约》在中国生效实施。入约后,有意向中国投资、出口的外国企业无须为商业文书办理领事认证,中方超过 70% 的出口贸易所涉商事文书亦将因此受益,中国营商环境持续优化。

当前中国正在深化党和国家机构改革,推进国家治理体系和治理能力的现代化。本轮党和国家机构改革突出重点行业和领域,在金融、科技、大数据等与进出口密切相关的部门,适应构建新发展格局、推动高质量发展的需要,统筹党中央机构、全国人大机构、国务院机构、全国政协机构,统筹中央和地方,深化重点领域机构改革,在机构设置上更加科学、在职能配置上更加优化、在体制机制上更加完善、在运行管理上更加高效,必将从综合治理和制度保障方面更好地促进中国进出口联动机制的完善和发展。

当前,我国改革发展面临新形势新任务新要求,需要应对的风险和挑战、需要解决的矛盾和问题比以往更加错综复杂,我们必须拿出更大勇气、更多举措破除深层次体制机制障碍。在新征程上,以习近平新时代中国特色社会主义思想为指导,以加强党中央集中统一领导为统领,以推进国家治理体系和治理能力现代化为导向,坚持稳中求进总基调,是中国进出口联动机制的指导思想和根本遵循。

(作者系北京大学经济学院国际经济与贸易系教授、博士生导师)

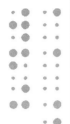

实施高水平开放战略 坚定推进人民币国际化

韩 晗

党的二十大报告指出,推进高水平对外开放,其中提到"有序推进人民币国际化"。2023年的《政府工作报告》也提出"坚定扩大对外开放,深化互利共赢的国际经贸合作"。人民币国际化是高水平对外开放的重要一环,对保障我国的外循环畅通和经济安全有着重要意义。近年来,我国积极与世界各国签订双边货币互换协议,推动人民币国际化。目前签约国家和地区数量接近四十个,总金额达三万多亿元。这些货币互换协议在人民币国际化中起到了正向的推动作用。随着我国经济地位的不断上升和贸易大国地位的确立,人民币国际化也取得了可喜的成绩。国际货币基金组织将人民币纳入特别提款权货币篮子。人民币跨境收付额度不断上升,在国际市场的认可度和接受度不断上升。

但不可否认的是,人民币国际化仍有不小困难。我国越来越处于世界经济舞台的中心,这既是机遇,也是挑战。目前人民币国际化仍面临瓶颈:一是人民币在国际货币体系中的地位不尽如人意,与我国贸易大国的身份不匹配;二是货币互换协议政策效果不完全符合预期,部分货币互换协议的绩效有待提高。如何进一步优化货币互换协议等政策,提高人民币在国际货币体系中的地位,完成人民币国际化的同时兼顾经济效益,是迫切需要解决的重大现实问题。

我们推行人民币国际化,首先要综合考虑、全盘分析。不仅要考虑影响国际货币结算体系的传统因素,如国际货币体系的历史惯性、国家贸易规模、币种可投资的金融市场质量和规模等,也要考虑货币互换协议等新政策因素。其次要做好政策协调。我们推动人民币国际化,不仅要靠货币互换协议等金融政策本身,还要做好其他政策的配合。这些政策包括货币总量政策、金融市场开放政策等。这些政策将从各方面影响国际货币的选择与持有。政策间要减少阻力,形成合力。正如习近平总书记在2021年中央经济工作会议中提出的,"必须加强统筹协调,坚持系统观念",做好政策的配合。最后要稳字当头、稳中求进。稳定是做好经济工作的前提,在保持稳定、不发生系统性金融风险的情况下,我国才能顺利推进人民币国际化。因此在决策过程中要充分考虑我国经济金融现状,让人民币国际化成为中国稳定健康发展的助力而非阻力。

在党的集中统一领导下,我们一定能更好地推动人民币国际化,开创高水平对外开放的新局面,保证我国外循环的畅通,更有底气面对国内外各种风险与挑战。

（作者系北京大学经济学院长聘副教授）

Part 3 产业升级：继往开来，万象更新

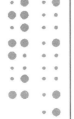

我国产业现代化发展的结构性问题与应对策略①

张 辉

党的二十大报告指出,"没有坚实的物质技术基础,就不可能全面建成社会主义现代化强国",并强调要"建设现代化产业体系。坚持把发展经济的着力点放在实体经济上,推进新型工业化,加快建设制造强国、质量强国、航天强国、交通强国、网络强国、数字中国。"党的十八大以来,我国在建设现代化产业体系领域已经取得了巨大成就。其一,我国制造业综合实力迈上新台阶,多年保持世界第一制造大国地位。其二,我国产业发展实现了从规模增长向规模与质量共同发展的历史性转变,研发投入和专利产出大幅提升,制造产业正在实现质的转变。其三,我国航天事业实现跨越式发展,航天科研经费支出稳居全球第二,远超俄罗斯、法国、德国、英国等老牌航天大国。其四,我国交通运输体系不断完善,建成了全球最大的高速铁路网、高速公路网和世界级港口群,铁路总体技术水平迈入世界先进行列。其五,我国信息领域核心技术的自主创新取得重大突破,独立建成了全球规模最大的光纤网络和4G、5G网络,网民规模、国家顶级域名注册量均居全球第一。其六,我国数字经济发展势头强劲,数字经济规模连续多年位居全球第二位,数字产品产量、数字消费规模和数字出口总额稳居世界前列。

然而,我们应清晰地认识到,虽然我国已经成为世界第一制造大国,但是与位居世界前列的制造强国仍有一段距离,"大而不强,全而不优"的问题

---

① 原文发表于《人民论坛·学术前沿》2023年第5期。

并未得到根本改善。历史逻辑表明,我国优势产业领先地位源于成本竞争优势,而当前我国产业发展优势已逐步转向规模化经济,在高质量发展方面还面临诸多结构性问题。如何充分解决产业发展的结构性问题,全面提高产业发展质量是建设现代化产业体系、扎实推进中国式现代化的关键议题。

一、我国产业现代化发展面临的结构性问题

劳动收入份额与劳动生产率没有实现同步增长。建设现代化产业体系的核心目的是实现中国式现代化,而中国式现代化的本质要求之一是实现全体人民共同富裕。党的十九大报告指出,要"坚持在经济增长的同时实现居民收入同步增长、在劳动生产率提高的同时实现劳动报酬同步提高"。党的二十大报告再次强调要完善分配制度这一促进共同富裕的基础性制度,"坚持按劳分配为主体、多种分配方式并存,构建初次分配、再分配、第三次分配协调配套的制度体系"。作为收入分配制度体系的重要基础,初次分配很大程度上影响了整个收入分配的最终格局。习近平总书记在中央财经委员会第十次会议上指出:"新一轮科技革命和产业变革有力推动了经济发展,也对就业和收入分配带来深刻影响,包括一些负面影响,需要有效应对和解决。"因此,我国产业的现代化发展不仅要实现产业内生产效率的提升,更要实现产业内生产效率和劳动收入份额的同步增长。

从图1呈现的近年来我国劳动生产率增速和劳动收入份额的变化趋势可以看出,不管是全产业还是分解到农业、工业和服务业,我国劳动生产率增速和劳动收入份额的变化均不同步,而且经过HP滤波法得到的长期趋势呈现出明显的悖离现象。具体从三次产业来看,工业中的悖离现象尤为突出,其两条长期趋势线的夹角明显大于农业和服务业。虽然从事实上看,我国近年来劳动收入份额呈上升趋势,但不可忽视的是这一变化趋势同时伴随着劳动生产率增速的显著下降,这并不符合我国经济高质量发展和扎实推动共同富裕的本质要求。一方面,经济高质量发展需要有不断提升的劳动生产率作支撑;另一方面,贫穷不是社会主义,共同富裕是全体人民的富裕,劳动收入份额的

提升理应伴随着劳动生产率增速的同步增长。

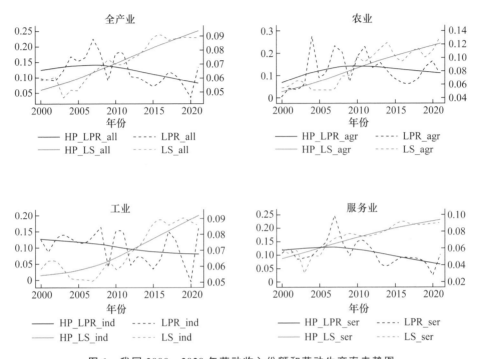

图 1　我国 2000—2020 年劳动收入份额和劳动生产率走势图

资料来源：笔者自制。

注：LPR 为劳动生产率增速，劳动生产率以经济增加值除以就业人口表示；LS 为劳动收入份额，本文参考既有文献算法，根据微观上市公司计算而得，具体为"支付给职工以及为职工支付的现金"与"营业总收入"的比值。all、agr、ind 和 ser 分别表示全产业、农业、工业和服务业，HP_ 表示利用 HP 滤波法得到的长期变化趋势。

关于这种悖离现象，学界已经给出了多种解释，比如工资刚性、市场风险和有偏技术进步等，但至今仍未有学者从本质上提出解决这种悖离问题的可行对策。长期存在的劳动生产率增速和劳动收入份额之间的悖离现象给建设现代化产业体系带来了两大现实难题：一是如果悖离现象恒定存在，那么是选择生产效率还是选择劳动收入份额，即生产效率与劳动收入份额之间的权衡难题。二是如果悖离现象可以解决，那么有效的解决路径是什么，实施这样的路径会面临哪些新的问题。这两大难题对共同富裕背景下我国产业的现代化发展提出了巨大挑战,亟须解决。

工业产值比重下降过快,去工业化趋势尚未根本改善。工业为国民经济提供了重要的物质基础,工业现代化是产业现代化发展的核心内容之一。进入新时代,在经济高质量发展的要求下,我国正处于转变发展方式、优化经济结构、转换增长动力的攻关期,但从三次产业占国家GDP的比重来看,近年来我国经济发展过程中存在过度去工业化趋势。国家统计局数据显示,2011—2021年,我国第二产业占比逐年下降(2017年除外),与20世纪90年代以来的峰值47.6%相比,2021年下降了近8个百分点。在工业内部,通过计算2018年以来分行业工业增加值年增长率与工业总增加值年增长率之比,定义每年比值均大于1为扩张行业,每年比值均小于1为收缩行业。笔者发现,近年来,医药制造业、专用设备制造业、计算机及通信和其他电子设备制造业,以及电力、热力生产和供应业等技术相对较密集的行业有明显扩张趋势,而有色金属及非金属矿采选业、农副食品加工业、纺织服装及服饰业、家具制造业等传统劳动或资源密集型行业有明显收缩趋势。这反映出供给侧结构性改革取得初步成效,但工业制造业尚存较大调整空间与效率提升潜力,需继续坚持以供给侧结构性改革为主线,继续优化升级、做大做强工业制造业,夯实经济高质量发展的基础。

西方产业经济学的主流观点认为,从第一产业到第二产业再到第三产业的发展,是社会发展进步的集中表现。但是后发国家不能简单套用发达国家的发展模板,相反,后发国家需保持一定的制造业比例和比发达国家更高的第二产业劳动生产率,才有利于维持产业链体系的完整性,以及保证从低端产业向高端产业发展的平稳过渡。因而近年来我国经济结构中过度去工业化的趋势是一个值得注意的问题。我们不能陷入第三产业占比等同于发达程度的误区,以致忽视自身比较优势而大干快上服务业项目。

产业结构"虚高度",产业效率仍有待提升。除了产业结构规模比例,更值得关注的是各个产业的劳动生产率,以及产业结构演进对总体劳动生产率的影响。若仅关注产业结构规模比例,则有可能在一定时期出现产业结构"虚高度"问题,即出现扩张产业劳动生产率低于收缩产业,表现为结构演进与生产率倒挂的现象。

根据表1的数据,笔者计算了2000—2020年工业和服务业劳动效率的平均年增长率,发现我国近五年间工业劳动效率的平均年增长率为6.1%,高于服务业的5.1%,但与之相伴的是工业占GDP比重的下降和服务业占GDP比重的上升。由于服务业价格需求弹性往往更低,所以这说明资源从高效率的产业部门流向了低效率的产业部门,是经济学中"鲍莫尔病"的直接体现。

表1 2001－2020年中国三次产业劳动效率增长率(%)

年份	农业劳动效率的增长率	工业劳动效率的增长率	服务业劳动效率的增长率
2001	1.65	8.39	8.40
2002	2.01	13.77	6.30
2003	3.61	10.93	6.26
2004	10.31	5.94	4.70
2005	9.43	5.46	8.93
2006	9.66	6.67	10.81
2007	7.59	7.69	14.83
2008	8.02	7.88	7.47
2009	7.71	7.53	6.32
2010	7.83	8.75	7.69
2011	9.41	7.24	5.68
2012	7.80	5.11	6.42
2013	10.69	8.32	1.19
2014	10.37	7.72	1.87
2015	8.03	8.10	3.33
2016	8.25	7.41	8.54
2017	7.09	8.46	5.22
2018	7.62	7.80	5.17
2019	7.86	5.48	5.22
2020	8.43	1.11	1.39

从行业内部来看,2011—2020年农业劳动效率平均年增长率保持相对稳定,但工业和服务业劳动生产率出现明显下滑。2011—2020年工业和服务业

劳动生产率的平均年增长率分别为6.7%和4.4%,明显低于2001—2010年的8.3%和8.2%。这既反映了传统的粗放型增长模式难以为继,也表明通过供给侧结构性改革提供发展新动能迫在眉睫;但这并不说明增长空间已"U形"探底。究其原因,可能是其背后制度扭曲所带来的资源错置和增长潜力错失,比如资本过度向第三产业集中,特别是向金融服务业集中,又留在金融系统内空转,未能流向实体经济,进而挤出了其他产业特别是第二产业的资本。

资本投入实体经济建设周期相对较长、见效较慢,而服务业的增速更多源于短期结构比例目标而非受技术进步的影响,这样带来两个问题:一是真正服务于生产的服务业发展的缺位阻碍了工业的进一步发展,两者缺乏在"干中学"中互相促进发展的良性互动。二是金融服务业的快速扩张与效率提升的不匹配现象,在资本市场仍有待完备、金融监管制度仍有待完善的背景下,金融对产业发展的挤出效应大于促进效应。因此需要警惕产业"虚高度"问题带来的工业及服务业劳动效率的双流失,以及背后可能存在的服务业"脱实向虚"倾向。

创新转化亟须加强,区域分化趋势明显。从生产端来看,虽然我国已经成为世界第一制造大国,但制造业大而不强,整体上仍处于全球价值链的中低端,难以适应新时代人民消费需求的结构性变化。我国生产环节的结构性问题主要体现在中低端和无效供给过剩、高端和有效供给不足,这不仅抑制了新发展格局下国内市场消费潜力的释放,更导致了国内消费市场与国外生产能力的结合,并通过高端市场的进口替代,进一步加大了本土企业实现创新能力突破的难度。从研发投入的角度来看,制造业已经成为我国研发投入驱动的核心。图2展示了规模以上工业企业创新投入及产出在我国整体经济创新活动中的占比。从图2(a)中可以发现,2010年之后,我国规模以上工业企业的研发投入占比已经超过了全国经济研发投入活动的60%,2016年达到最高值的近70%,2020年基本稳定在65%左右。然而,结合图2(b)来看,我国制造业企业虽然研发投入很高,但是转化效率依然有待提升,无论是总专利申请数还是发明专利的申请数,均仅占我国当年总申请数的 25%—30%。这意味着,一方面,我国大部分制造业的研发投入尚未能全部转化为创新产出;另一方面,我国产学研之间有效互动机制还有待进一步提升。此外,由图 2 可以发现的另一个特点是:我国制造业企业发明专利的申请占比大部分年份都高于专利总数申请占比,这说明制造业的创新产出主要还是以发明专利为主,也说明制造业的整体创新质量是高于其他产业的。

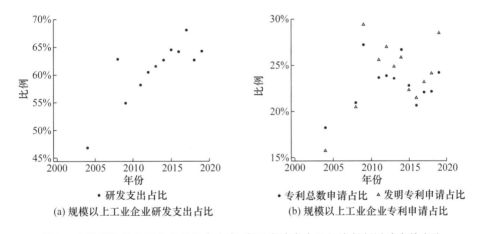

(a) 规模以上工业企业研发支出占比　　(b) 规模以上工业企业专利申请占比

图 2　中国规模以上工业企业研发支出、专利申请在全国经济创新活动中的占比
资料来源:笔者自制。

从行业的角度来看,装备制造业是制造业创新能力提升的核心。2013 年以来,仅计算机、通信和其他电子设备制造业、汽车制造业,以及电气机械和器材制造业三个行业就占据了我国整个制造业研发投入的 1/3 以上,而这些行业事实上也是未来我国制造业参与全球竞争的核心产业。但从区域的角度来看,我国各区域的制造业创新投入差距正在拉大。根据笔者计算,在 2006 年,我国各地区研发投入的分布还比较均匀,没有出现明显的梯度差异,但从 2019 年的数据看,各地区之间的创新投入已经出现了明显的梯度差异。其中,广东和江苏的工业企业研发投入远远超过其他省份。与此同时,浙江和山东处于第二梯队,其制造业研发投入同样远高于其他省份,而研发投入某种程

度上表征了未来创新能力的产出,这事实上说明未来各地区制造业的核心竞争力差距可能也在不断拉大,从而成为未来区域发展不平衡的新原因。

二、应对我国产业发展结构性问题的路径与策略

优化初次分配机制,推动劳动报酬提高与劳动生产效率提高基本同步。根据马克思主义政治经济学理论,商品的价值由生产资料的转移价值、资本家购买劳动力支付的价值和剩余价值三部分组成。其中,资本家购买劳动力支付的价值和剩余价值由工人创造,但工人的劳动报酬只体现在资本家购买劳动力支付的价值上。因此,要想实现劳动报酬和劳动生产效率的同步提高,就必须让工人能够充分分享资本家购买劳动力支付的价值之外的剩余价值。然而,在资本主义的生产方式下,对剩余价值的极度追求是经济增长的直接动力,将剩余价值充分分配给没有生产资料的工人直接动摇了资本主义的社会价值规律和收入分配规则,这将彻底改变资本主义生产资料的私有制性质。因此,在资本主义社会很难实现长期稳定的劳动报酬和劳动生产效率的同步提高。

我国确立了包含所有制、分配制度、社会主义市场经济体制在内的"三位一体"的社会主义基本经济制度框架,同时,让广大人民群众共享改革发展成果,这是社会主义的本质要求,也为实现劳动报酬和劳动生产效率的同步提高提供了先决条件。但需要认识到的是,在社会主义市场经济体制下,劳动报酬和劳动生产效率的同步提高也不是自动实现的。这是因为我国的所有制结构虽然以公有制为主体,但由于我国发展水平仍处于社会主义初级阶段,在物质没有达到极大丰富的条件下,作为公有制的生产资料还不能实现无偿供给,生产中的资本积累依然是经济增长的必要条件。由此,为实现全社会的扩大再生产,劳动报酬便必然会在一定程度上让位于资本收入。因此,劳动报酬和劳动生产效率的同步提高实则可以表现为经济增长与劳动报酬之间的权衡。

要打破这种此消彼长的悖离局面,最行之有效的方法是,在尽可能地提高

劳动力对经济增长的边际贡献的基础上杜绝工资刚性,建立与经济增长相匹配的工资增长机制。这便需要一方面从根本出发,提高全国整体的教育水平,在不断提升人才供给质量的基础上,加速产业体系内部高技能劳动力对低技能劳动力的替代过程,在依托高技能劳动力助力经济增长的同时,实现以工资率提升为路径的劳动报酬的同步增长。另一方面要着力优化产业体系的人力资本结构,提高人力资本的配置效率,通过国家政策合理调节行业之间的工资差距,切实提高数字产业、战略性新兴产业等先进制造业的工资水平,利用物质激励的方式有效调节高端人才在行业间的合理流动,充分做到人尽其才、才尽其用。另外,我国政府也应充分发挥社会主义制度优势,遵循"共享发展"的基本理念,积极探索"劳资两利"的新发展模式。一是可以鼓励和支持居民企业,特别是国有企业探索员工参与利润分享的新机制,积极打造资本所有者和劳动者之间"共享共进"的良性合作关系;二是可以搭建资本要素和劳动要素充分结合的有效平台,通过创业基金、技术帮扶等手段让缺乏生产资料的劳动者实现自主创业,从而构建起劳动生产效率和劳动报酬同步增长的联动机制。

坚持创新在现代化建设全局中的核心地位,以创新驱动产业效率的稳步提升。创新是解决结构性失调最重要的途径。当前产业结构失衡的根本原因在于创新能力的不足,这导致产业发展的效率低下和竞争力不足。科技创新具有最广泛的渗透性、扩散性和支撑性,不仅能够深刻地改造传统产业,同时也是驱动新一轮经济发展的核心动能。面对当前复杂多变的国内外经济环境,我们必须坚持创新在我国现代化建设全局中的核心地位,致力于提升本土企业的创新能力,把科技自立自强作为我国现代化产业体系建设的基础性、战略性支撑,勇于开辟新领域新赛道,塑造产业现代化发展的新动能新优势。

在推动创新能力的提升方面,坚持党的政策引领和创新人才培育是实现科技创新突破和产业跨越式发展的重要机制保障。要加强党在重大科技攻关问题上的统一领导,优化配置创新资源,深化科技体制改革和科技评价改革,强化国家战略科技力量,形成支持全面创新的基础制度。就政策受众主体而言,要加强企业科技创新主体地位,以更加包容、宽松的政策支持企业的创新行为,进一步发挥科技型骨干企业的引领支撑作用,推动政府、大学、研究机构、产业主体的产学研结合,营造有利于科技型创新创业企业成长的良好环境,打通创新链、产业链、资金链、人才链深度融合的体制机制堵点。

在创新人才的吸引方面,要加快建设世界重要人才中心和创新高地,鼓励推动人才的国际交流,激发各类人才的创新意愿,深化人才发展体制机制改革,解决人才在引进、使用、评价、激励、保障等方面的"后顾之忧"。只有不断优化创新人才队伍结构和质量,才能够不断提升科技创新能力和水平,实现中国科技创新由"跟跑"向"并跑"再到"领跑"的跨越式发展。

在产业调整政策方面,要以提高制造业创新能力和促进制造业产业结构高级化为目标,不宜过多以政策干预的方式推动工业劳动力人口向服务业转移,而应遵从市场规律,以技术效率的提升推动产业结构的自然转变。在供给端要注重产业创新能力的培育,进一步鼓励产业主体在附加值更高、创新能力更强的现代工业和前沿赛道上的投资与发展,充分利用好国内超大规模市场的优势,在人工智能、新能源、新材料、高端装备制造和现代医药等高精尖制造业打通"产品研发—推入市场—反馈优化"的迭代升级流程,推行发挥有效市场和有为政府更好结合的产业扶持政策,依托研发创新实现技术进步,从而实现产业结构的平稳升级。同时,在服务业发展层面,要强调提升服务业质量,谨防产业发展的"鲍莫尔病",应瞄准国际标准,依托人工智能、5G技术等现代化手段,有针对性地发展现代服务业,培育优质生产性服务业,提升服务业整体效率,推动服务业转型升级。

坚持深化改革的顶层设计,加强政策调整与制度安排协调推进。现代市场体系建设是推动产业转型升级和经济转型升级的关键要素,产业现代化发展需要不断强化制度建设,加快建立统一开放、竞争有序的市场体系,尤其要注重从体制机制上为市场主体设定一致清晰、可预期的政策目标。随着我国市场机制的不断完善,市场环境的改革逐步进入深水区和重难点环节。在改革过程中,特别要坚持深入推进改革的顶层设计和具体政策调整的协调统筹,注重加强改革政策的统一性和明确性,增强市场主体的信心和长期运营的稳定感。

在市场环境的建设方面,要不断优化国内市场营商环境,破除阻碍各类资源要素流动和优化配置的制度壁垒,健全要素市场的运行机制,降低企业运营的制度性成本,畅通制造业的生产运营体系。要坚持优化民营经济发展环境,降低市场门槛,强化监管力度,努力打造公平、法治化、便利的营商环境,让各类市场主体能够公平竞争,坚持权利平等、机会平等、规则平等,加强产权和知识产权保护,支持和引导资本规范健康发展。与此同时,我们要深化科技体制改革,培育科技创新生态系统,调整创新补贴政策,强调创新质量,同时优化专利申请授权等审批制度,激发企业对以发明专利为主的关键核心技术创新和颠覆式原始创新的重视与推动。

实施产业空间的动态平衡战略,促进区域协调发展。区域协调发展是大国产业发展的重要标准。中国作为幅员辽阔的大国,且兼具全产业链的优势,产业的现代化发展必然需要广阔的空间支撑,这就要求实施区域协调发展战略、优化重大生产力布局,构建优势互补、高质量发展的区域经济布局和国土空间体系,以实现产业现代化发展的协调、高效和可持续。

在区域发展层面,要坚持以高质量发展为目标,统筹协调不同区域的产业禀赋优势和发展潜力,合理规划产业空间布局,形成稳定有序、整体协调的区域产业发展体系。在产业布局方面,要以中心城市和城市群等经济发展优势区域为重点,增强经济和人口承载能力,提高中心城市综合承载能力和资源优化配置能力,破除资源流动的体制机制障碍,依托各地的禀赋优势,形成纵向有序的产业链条,强化对区域发展的辐射带动作用。顺应空间结构变化趋势,注重对不同区域重大基础设施、公共资源的前置布局,分类提高城市化地区发展水平。坚持推进实施区域重大战略,深入推进京津冀协同发展、长江经济带发展、粤港澳大湾区建设、长三角一体化发展,以及黄河流域生态保护和高质量发展,打造新的创新增长极,使之成为新发展格局下链接国内、国际两大循环的重要平台和关键点,并最终实现在新发展格局下我国经济发展的现代化。

三、结语

党的十八大以来,我国产业的现代化发展在制造强国、质量强国、航天强国、交通强国、网络强国和数字中国等领域取得了巨大成就,不仅多年保持世界第一制造业大国的地位,而且在诸多优势产业引领世界产业链的发展。然而,需要清楚认识到的是,作为一个资源丰富、幅员辽阔的超大型发展中国家,我国的产业现代化发展仍然面临诸多挑战。从推进中国式现代化的视角审视,目前我国的产业现代化发展仍存在劳动收入份额与劳动生产率未能实现同步增长、去工业化趋势尚未根本改善、产业结构"虚高度"和创新投入产出分化等结构性问题,而优化初次分配机制、坚持创新在现代化建设全局中的核心地位、深化市场改革和实施产业空间的动态平衡战略是解决上述问题的有效路径。

(作者系北京大学经济学院副院长、教授)

建设现代化产业体系要抓好五个坚持[①]

张 辉

现代化产业体系是实现经济现代化的关键标志,是现代化国家的物质技术基础。2023年5月,习近平总书记主持召开二十届中央财经委员会第一次会议,研究加快建设现代化产业体系等问题。会议强调了"五个坚持",即"坚持以实体经济为重""坚持稳中求进、循序渐进""坚持三次产业融合发展""坚持推动传统产业转型升级""坚持开放合作"。这明确了现代化产业体系建设中处理实体经济与虚拟经济关系、产业规模与产业质量关系、一二三次产业之间关系、传统产业与新兴产业之间关系、国内与国际关系的重大原则,是今后建设具有完整性、先进性、安全性的现代化产业体系的行动指南。

坚持以实体经济为重,防止脱实向虚。实体经济是建设现代化产业体系的重要支撑。世界经济发展实践表明,脱实向虚的产业体系是不健康的产业体系,是不安全的产业体系。我国要在纷繁复杂的国际形势中赢得发展主动权,就必须打牢实体经济这个根基,抢抓新一轮科技革命和产业变革机遇,在创新发展和协调发展中不断提升现代产业发展水平。一方面,要以提高制造业创新能力和促进制造业产业结构高级化为目标,鼓励现代工业特别是人工智能、新能源、新材料、高端装备制造等高精尖制造业的发展,充分调动工业部门创新积极性,依托研发创新实现技术进步。另一方面,要提升服务业质量,谨防产业发展的"鲍莫尔病",应瞄准国际前沿,依托人工智能、5G技术等有针

[①] 原文刊登于《经济日报》2023年5月31日10版。

对性地发展现代服务业,培育优质生产性服务业,提升服务业整体效率,推动服务业转型升级。此外,要充分释放数字经济发展潜力,发挥数字经济对实体经济转型升级的赋能效应,保持5G、云计算、大数据等技术国际领先地位,着力推动数字产业自主创新,突破数字领域基础技术和关键共性技术难题。

坚持稳中求进、循序渐进,不能贪大求洋。现代化产业体系建设不是一蹴而就的,而是一个长期、复杂的过程,需要政府、企业和社会通力合作,久久为功。若忽视现阶段的发展条件和产业基础,一味贪大求洋,很可能陷入"路径依赖"和"低端锁定"的困境,不仅不能有效地转化技术并发挥规模效应,反而会陷入自身造血能力不足的发展困境。在现代化产业体系建设过程中,要坚持稳中求进、循序渐进的战略部署,着眼长远进行科学规划,根据实际情况动态调整相关实施路径;要建立长效考核机制,鼓励地方政府立足可持续发展,加强政策引导,为企业发展、技术创新、人才培养提供良好发展环境;要尊重产业发展规律,循序渐进地建设现代化产业体系。

坚持三次产业融合发展,避免割裂对立。三次产业之间有着内在均衡性,不能片面地强调发展任何一个产业。三次产业融合发展通过稳步促进产业间互联互通,可以提高产业资源利用效率,增强产业体系综合竞争力。这对我国加快建设现代化产业体系、构建新发展格局、推动经济高质量发展具有重大意义。立足我国发展实际,促进三次产业融合发展,既要不断推进信息化建设,促进三次产业协同联动,还要探索发展新业态、新模式,避免产业间割裂对立。三次产业的经济结构与产业特征各不相同,但三者可以实现互补共赢。要坚持培育高素质人才,有效保障三次产业融合发展。人才建设是实现科技进步、促进经济社会发展的重要支撑,而高素质、高质量人才储备是促进三次产业融合发展的重要保障。因此,要坚定实施人才强国战略,深化完善教育公共服务体系,加强人力资源开发利用,有效保障三次产业融合发展。

坚持推动传统产业转型升级,不能当成"低端产业"简单退出。我国传统产业规模庞大,传统产业的改造升级将直接关乎现代化产业体系建设全局。从中长期发展来看,传统产业转型升级形成新的竞争优势与新兴产业逐步崛起往往在一段时期交替演进,是一个相伴相生的过程。近年来,我国数字经济蓬勃发展,传统产业转型升级应把握数字经济发展大势,向数字产业要动能、要技术,努力依托数字经济实现传统产业的技术跃升。一是传统产业应依托核心数字技术布局创新生态体系,加速传统产业创新模式转变,充分利用数字经济的超强算力和精准信息匹配能力提高创新效率。二是革新传统企业管理思维,引导企业组织架构向扁平化、精益化转型,构建共享型组织架构,充分利用数字经济新优势打造跨时空的资源分享,提高资源配置效率。三是重视传统产业数据要素的价值创造效应,加快健全数据确权、定价及安全保障相关的法律法规,为提升生产效率赋能。

坚持开放合作,不能闭门造车。持续开放合作,是建设现代化产业体系的题中应有之义,也是实现高质量发展的必然要求。现代化与国际化相互关联、相互促进,世界上没有哪一个国家和民族能够通过亦步亦趋、走别人的道路来实现自己的发展振兴,也没有哪一个国家能够在闭关锁国、闭门造车中实现现代化。建设现代化产业体系必须坚持开放合作。一是着眼于促进国内国际双循环的良性互动,深入推动共建"一带一路"高质量发展,加强发展战略和政策对接,推进基础设施互联互通,深化国际产能合作。二是坚持自立自强与对外开放有机统一,既要坚持独立自主、自立自强,尽快突破关键核心技术,又要坚持不断扩大高水平对外开放,深度参与全球产业分工和合作,在中国与世界各国良性互动、互利共赢中推进现代化产业体系建设。三是充分发挥国内超大规模市场优势,吸引全球优质要素资源在我国经济领域集聚,构建一批"以我为主"并"为我所用"的产业链供应链价值链,同时加快关键核心技术攻关,增强产业链供应链自主可控能力。

(作者系北京大学经济学院副院长、教授)

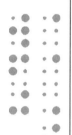

抓住机遇促产业升级

张 辉

质量发展是兴国之道、强国之策。2023年2月印发的《质量强国建设纲要》明确提出,"推动产业质量升级,加强产业链全面质量管理"。这是建设质量强国的必然要求,也是经济高质量发展的必经之路。

党的十八大以来,我国产业发展实现了从规模增长向规模与质量共同发展的历史性转变,产业制造质量不断提升,专利申请数量大规模增加。各省(区、市)均提出质量强省的发展战略,各地区、各产业积极开展质量专项活动,营造以质量带动产业优化升级的环境。我国注重质量法治化建设,先后制定《中华人民共和国产品质量法》《中华人民共和国标准化法》等法律法规。同时,质量基础设施逐步与产业发展相适应。在产业质量管理上,现代化管理体系运用比例不断扩大,产业链发展协同增效。

在转换经济增长动力的过程中,我国产业质量顶层设计有待加强,一些新业态也对产业质量基础设施提出了更高要求。相对于快速发展的产业现状,我国质量基础设施存在标准化建设相对滞后、计量和检验检测相对缺失、认证认可效率与程度较低等问题。在产业质量管理方面,自由开放的市场条件下,产业竞争更具活力和积极性,竞争手段和方式更加多元化,政府的监管不可避免地存在缺位与滞后等情况,政府部门对产业质量的监管偏向于事后的结果管理,缺乏事前事中的有效预防管理。

---

① 原文刊登于《经济日报》2023年2月23日05版。

产业质量升级离不开国家政策制度的全方位引领和整个质量生态体系建设。要深化质量发展法治化道路,完善质量建设的法律法规,根据产业发展的现实需要,把握产业与市场动态,适时、及时调整政策法规,形成完整高效的政策法规体系,为产业高质量发展提供科学依据与保障。还应优化质量发展环境,以高质量企业为标杆,建设示范性产业链,打造示范引领效应,提高产业链上下游协同能力,充分发挥优质企业在产业链中的带动作用,促进产业链内部优势互补和质量自律体系建设,助推产业质量整体升级。完善创新产业质量发展的激励机制,在延续中国质量奖、举办"质量月"和中国质量大会等活动的基础上,继续探索激励以质量为动能的产业发展路径,传递依靠质量发展的精神理念。

要通过数字技术赋能产业质量基础设施建设。我国目前已是全球数字经济发展的第二大国,应在深度融合标准、计量、认证认可、检验检测资源的基础上,充分发掘数字技术在质量基础设施中的作用,通过数字产业化推动产业数字化建设。加快产业标准化的制定,运用信息技术手段推动标准化成果的转化与应用,为产业链上下游企业提供基本遵循,全面规范全链条的产业质量体系。

政府与行业协会应协同强化产业质量多维度管理。当前,我国居民消费需求更加注重对品质的追求。而企业追求利润最大化,在信息不对称的市场中,价格机制失灵,企业易以次充好,消费者为避免高价买入低质量产品的风险损失而压低购买价格,导致市场的低质量运转。如果要妥善解决由市场失灵导致的单个企业或个人的欺诈行为(有可能影响整个产业质量),就必须有效制造和传播"正的市场信息",依靠政府或行业协会等中介社会组织制定并执行严格标准,强化产品质量的事前、事中、事后管理。

提升产业质量、促进产业跃升,经济循环畅通是关键。经济循环是一个复杂体系,包含居民、企业、政府机构等诸多主体,涉及生产、分配、流通、消费等各个环节。这就要求我们不仅要从产业相关政策着手,更要协调好分配、流通、消费等相关政策,以形成合力,使国内大市场成为企业创新的"引力场"。要加快建立统一、开放、竞争有序的现代市场体系,不断优化国内市场营商环境,打破阻碍国内市场统一发展的制度壁垒,破除生产要素流通壁垒。健全要素市场的运行机制,降低企业运营的制度性成本,畅通制造业的生产运营体系。

(作者系北京大学经济学院副院长、教授)

"产学研协"共进，活化产业生态圈

刘群艺

2023年的《政府工作报告》指出有效需求不足是一个突出矛盾，提出"把实施扩大内需战略同深化供给侧结构性改革有机结合起来""坚持实施扩大内需战略，培育更多经济增长动力源"。在对2023年政府工作提出的建议中，第一点就是"着力扩大国内需求。把恢复和扩大消费摆在优先位置。"

之所以如此，是根据国家统计局测算，2013—2021年，我国最终消费支出对经济增长的贡献率年均值为53.2%。消费已经超过投资与出口，成为我国经济增长的主要驱动力。其中，居民实际最终消费占GDP比重年平均值为43.9%，比2012年提高3.1个百分点。这些数字意味着经济增长更多与普通人的消费联系在一起，我国也从原先供给驱动转为消费拉动的增长模式。

如何从消费的角度重新认识产业这个层面，以消费为切入点构建产业消费生态圈？这离不开原先供给与创新角度的产学研等各个要素，但对于我国经济机制来说，还需要加上行业协会（以下简称"行协"）。充分发挥行协在产业消费生态圈中的能动性，形成"产学研协"协同机制，是活化内需的一个可能选择。

之前对于产业的分析多基于萨伊"供给创造需求"的论断，重视厂商或生产者在市场中的创造性。之后虽然对此有新的解读，也经历了多次经济危机所产生的需求管理实践，但传统产业组织理论仍然以单边市场为主流，是从生产者到消费者的线性链模式。由于平台经济的兴起，越来越多的供求双方被置于双边市场中，这就从一定程度上解决了生产者与消费者地位不平等的问题,产业分析也就具有了供给与需求两个不同的角度。然而,一方面,传统厂商面对碎片化的需求有些无所适从,导致因供需错位而出现的需求不足;另一方面,平台的提供者容易成为新的市场垄断主体,市场失灵的本质从信息不对称转变为平台对市场的扭曲与操控。因此,看似平台使交易成本降低了,但被网络化市场分散的市场参与者还是需要在某些中介机构的协调下,形成合理的博弈与制衡。在我国的经济运行机制中,行协具有这一功能,也就是说,对应产业或者地区这一中观经济层面,处于政府与企业/消费者中间领域的行协对标产业,倾向于以扶持、优化和引导产业发展为己任。从现阶段或更长远的政策实施构想来看,这一过程需要以活化内需为主旨,即由行协来构建产业消费生态圈。

以中国酒业及其行协为例。

毋庸置疑,说到中国酒业,大家首先想到的是一瓶难求的茅台。确实,在酒业尤其是白酒业的涨价潮下,中国酒业曾经历了"黄金十年"的优渥增长期。但是,根据业内人士的分析,即使像茅台这样年销售额近千亿元的头部白酒企业也或多或少具有对市场前景的轻度焦虑。由此推之,准100亿元的肩部酒企、50亿—100亿元的腹部酒企、30亿—50亿元的腰部省酒企,以及底部地方酒企就分别出现或者可能出现偏轻度、偏中度、中度及重度焦虑。

这种焦虑并非空穴来风,背后是有具体数据支持的。据中国酒业协会(以下简称"酒协")统计,2017—2022年,我国白酒规模以上企业由1593家减少为963家,减少了近40%。当然,这同时也是一个市场出清过程,大量中小企业被淘汰。但是,酒企的整合并没有带来产量的增加。同一时期,白酒总产量由1198万千升下降为671万千升,下降了44%。这一下降趋势纵然有疫情的影响,但疫情并非首要原因。实际上,白酒业的行业整合与下滑趋势从疫情前就开始了,2018年与2019年都有类似的下降趋势,疫情三年反而减缓了这一趋势。可以说,白酒生产量的下降与需求疲软直接对应。酒类需求不足并非只限于白酒行业,其他如黄酒、葡萄酒和果露酒业也有类似的现象,方兴未艾的国际蒸馏酒及利口酒业同样正面临着市场的挑战。但实际上,同一时期

产业升级：继往开来，万象更新

我国正经历改革开放以后的第二次消费革命，有学者总结为"在消费文化上，消费成了一种新的伦理，甚至成为人类生活世界寻求意义和创造价值的核心"①。对消费的新认知也反映到最终消费在经济比重中的增加，以及消费者对新型消费模式和具有文化内涵的国潮产品的热衷上。据此，对于具有文化符号象征意义与文化场景消费内涵的酒类产品来说，这一时期应该是一个千载难逢的机遇。茅台及其周边产品的热销也有这样的背景。如何将一家企业的优势拓展为整个行业的发展机遇呢？

酒类行业曾获得国家产业政策的倾斜。2019年，国家发展改革委发布了《产业结构调整指导目录（2019年本）》，其中从限制类轻工业中删除了"白酒生产线"这一类别，在鼓励类中增加了湿态酒精糟（WDGS）的应用。这些修订，特别是前一条，被称为解除了困扰白酒行业发展14年的"紧箍咒"，标志着国家对酒类产业政策的真正放手。

一方面有消费革命可能带来的对酒类产品的热切需求，另一方面有国家产业政策的扶持与开放，但多数酒企似乎并没有能够真正将优势转化为市场，在面对变化的需求与消费模式时，反应有些迟滞。

作为政府与企业之间的中介机构，酒协具有超越一般经济组织的先天优势，对行业动向较为熟悉，又能综观全局，从行业视角提出超越企业的发展理念。

2021年4月，酒协发布《中国酒业"十四五"发展指导意见》，明确提出"中国酒业新文化"概念，提倡从"企业文化时代"迈入"产业文化时代"，打造"中国酒业新文化生态链"。2023年"两会"代表的多项提案都与这理念息息相关。

近年来，酒协大力助推酒类头部企业的辐射效应，组织了中国白酒T8峰会、中国啤酒T5峰会、中国黄酒T7峰会及中国露酒T5峰会等，收集酒企意见，形成政策建议。此外，酒类产区化标签也为酒类产品附加文化表征，酒协先后发布了"世界十大烈酒产区"与"世界美酒特色产区"，将单个企业的优势

---

① 林晓珊.新型消费与数字化生活：消费革命的视角[J].社会科学辑刊,(1):36—45.

扩大为产区优势。

在啤酒领域,酒协的作用尤其突出。

根据酒协统计,2021年,啤酒行业的市场份额在饮料酒中持续提升;啤酒产量在饮料酒产量中占77.47%,较2020年增长1.66%,较2015年增长6.92%。

与白酒业类似,《产业结构调整指导目录(2019年本)》中也有啤酒行业的利好消息,目录中取消了"生产能力小于18 000瓶/小时的啤酒灌装生产线"(属限制类)"和"生产能力12 000瓶/小时以下的玻璃瓶啤酒灌装生产线(属淘汰类)"的规定。这两条目录的取消为中小型企业、微酿企业和工坊的发展开了绿灯。

2019年,酒协啤酒分会联合中国食品发酵工业研究院、华润雪花啤酒(中国)有限公司、青岛啤酒股份有限公司、百威投资(中国)有限公司、北京燕京啤酒股份有限公司、广泛嘉士伯咨询管理有限公司、优布劳(中国)精酿啤酒有限公司、齐鲁工业大学生物工程学院、长春市精酿啤酒协会等大中小企业与机构联合发布了《工坊啤酒及其生产规范》(T/CBJ3201—2019)。这有可能是全球第一个有关工坊啤酒的生产标准。不仅如此,酒协啤酒分会还特别设立了工坊啤酒委员会,请相关行业人士任职,及时回应了市场的变化。2023年,酒协还将启动工坊啤酒企业认证和统计工作,加强对工坊啤酒食品安全的监管。

这些举措对于中国工坊/精酿啤酒的发展具有不可低估的正向作用,其关键之处也在于回应了需求驱动。我国已经成为全球增长最快的工坊啤酒市场之一。有些工坊啤酒的新晋厂商就是从啤酒消费者转换而来。例如,有中国工坊/精酿啤酒"第一人"之称的高岩原来就是啤酒爱好者,他赴美留学回国后,在南京开设了啤酒工坊。很多消费者也是在读了他的入门普及书《喝自己酿的啤酒》之后进入啤酒业,开设啤酒工坊,有的工坊甚至成长为啤酒中型企业。根据美国啤酒业的经验,针对小微厂商的扶持政策扩大了啤酒的消费群体,从而也为规模啤酒厂商带来显著的收益。可以说,小微厂商的成长让规模企业享受了产业外溢效果。中国啤酒业的发展离不开这些以消费者为导向的小微企业的贡献。

由此可见，作为行协，酒协所致力的不仅仅是一条行业生态链，而是一个行业生态圈的构建，在产学研合作过程中起到某种上传下达、左输右联的网络辐辏作用。在以内需为经济增长主力的市场中，酒协可以引导企业以需求为导向，形成对消费革命做出快速反应的有机产业群体。不仅如此，酒协正在做的与将要做的，还包括引导消费者进行理性与健康消费，以及形成中国酒文化与业界整体，进入国际市场，在世界市场上推广中国酒文化。

酒协只是众多国内行协的一个代表。根据民政部统计，2022年，我国广义行协已达11.39万家，共拥有企业会员746万家，行协总资产约3500亿元；其中如酒协这样的全国性机构有886家，省级机构1.63万家，市级机构4.55万家，县级机构5.11万家。仅全国性机构就先后参与制定了2499项国家标准和364项国际标准，公布了2996项团体标准。行协已经成为政府和企业之间的桥梁纽带，以及社会治理的重要主体。

虽然如此，对于行协及其相关定位与功能的研究似乎还并不多见。我国行协与其他国家的行协有明显不同之处，其具有双重管理的特征，也存在"一业多会"（例如酒业就有三家全国性协会）与"一地多会"现象。党的十八大以来，经过行协制度改革，我国行协已经基本形成政社分开、权责明确、依法自治的现代社会组织体制，但在行业利益代表性、法人治理结构、组织间合作及合规性监管方面还存在一定的提升空间。

"产学研协"消费生态圈的构建，是在活化内需的同时优化市场机制。一石双鸟，何乐而不为？

（作者系北京大学经济学院国际经济与贸易系副教授）

以系统性战略举措加快建设现代化农业强国

王曙光

2023年《政府工作报告》强调加快推进农业农村现代化,"始终不懈地把14亿多中国人的饭碗牢牢端在自己手中"。2022年年末中央农村工作会议提出"全面推进乡村振兴、加快建设农业强国"的战略部署,指出"强国必先强农,农强方能国强。没有农业强国就没有整个现代化强国;没有农业农村现代化,社会主义现代化就是不全面的"。《中共中央 国务院关于做好2023年全面推进乡村振兴重点工作的意见》(以下简称"2023年中央一号文件")又在中央农村工作会议的基础上,进一步强调指出:"举全党全社会之力全面推进乡村振兴,加快农业农村现代化。强国必先强农,农强方能国强。要立足国情农情,体现中国特色,建设供给保障强、科技装备强、经营体系强、产业韧性强、竞争能力强的农业强国。"其中"供给保障强、科技装备强、经营体系强、产业韧性强、竞争能力强"的定位,为我国建设现代化农业强国指出了根本方向。文件聚焦于建设农业强国,提出了很多有针对性的、具体的应对措施,涉及粮食和重要农产品稳产保供、加强耕地保护和高标准农田建设、加强水利基础设施建设、推动农业关键核心技术攻关、深入实施种业振兴行动和加快先进农机研发推广等很多方面,系统擘画了未来建设现代化农业强国的战略路径。当前我国正处于一个极为关键的发展时期,全球经济政治的不确定性增加,因此,建设现代化农业强国既有长远的战略上的必要性,也对应对当前的国际挑战有重要的意义,同时对我国在高度不确定的国际局势下保障国家安全、获得发展主动有重要的意义。历史规律告诉我们,越是处于战略竞争前沿的国家,越需要实现国家农业安全和粮食自给。中国已经深度介入国际农业市场,历史规律同样告诉我们,越是深度介入全球农业市场竞争、越是深度依赖全球粮食市场,越要倍加注重提升本国农业在世界农业产业链和价值链中的竞争能力。

当今世界现代化农业强国皆为发达国家,如美国、加拿大、日本、澳大利亚、以色列等。这些国家都高度重视农业发展,或因大规模现代化农业而占领国际农产品市场,或因精细化现代农业而具备全球竞争能力,它们各自发挥自己的资源禀赋特点在全球农业竞争中占据优势地位。现代化农业强国的重要标志,就是要在全球农业市场竞争中具备较高的产品竞争力,要有较高的农业劳动生产率和农业科技水平,要有农产品各产业链上的全面自主竞争能力(比如各农业大国在种业上都有较强的自主能力);同时,还要具备保障本国农业安全的能力,要有应对国际农业市场波动,尤其是粮食价格波动的能力,也就是说,要有比较强的国际农业市场的定价权和话语权。

中国是全球农产品产量最高的国家,同时也是全球农产品进口额最高的国家,全球农产品逆差额最大的国家。根据《建设有中国特色农业强国》一文中的数据,2021年,中国生产了6.83亿吨粮食,8990万吨肉类,以及6464万吨水产品,分别占全球总量的25%、28%、36%左右。2021年,中国还生产了7.7亿吨蔬菜、2.99亿吨水果,分别占全球生产总量的1/2和1/3以上。2021年中国农产品进出口额达3042亿美元,农产品贸易逆差达1354亿美元,是全球最大农产品贸易逆差国。近年来,我国的主粮进口大幅增加,大豆进口每年都在1亿吨左右,对全球农产品市场的依赖性明显增加,这对我国农业安全带来较大的影响。尽管中国粮食产量连年增加,但是我们的农产品结构性问题仍然比较突出,农业"大而不强"的特点仍然很突出,农业科技水平相对较低,同时,中国对全球农业市场的依赖性(尤其是进口依赖性)仍然过大,我们在全球农产品市场波动的应对能力和大宗农产品的定价权方面仍然薄弱,这与我国农业在全球农产品进出口市场的参与度与影响力极不相称。

建设农业强国、促进农业高质量发展的核心是提高农业科技进步在农业发展中的贡献率,彻底改变我国传统的建立在小农经济基础上的农业生产方式。我国农业生产方式总体比较落后，农业生产的机械化、智能化、标准化程度较低，现代农业技术应用的广度（覆盖面）和深度（对各类农业经营主体的渗透程度和在农业全产业链上的渗透程度）较低，这就导致我国的农业产业大而不强。我国农业土地的集约化利用程度还非常低，这就导致我国农业生产极端细碎化、分散化、效率低下、单产较低，难以实现农业经营的集约化、规模化和标准化。因此，我国建设农业强国和农业高质量发展的着力点，一方面是提高农业科技创新水平和农业科技推广效率，另一方面，更重要的是在农业经营体制创新和农地制度创新方面进行深刻变革，从而为农业科技进步奠定体制基础。

2023年中央一号文件高度重视农业科技创新，提出要坚持产业需求导向，构建梯次分明、分工协作、适度竞争的农业科技创新体系，加快前沿技术突破；支持农业领域国家实验室、全国重点实验室、制造业创新中心等平台建设，加强农业基础性长期性观测实验站（点）建设，同时强调完善农业科技领域基础研究稳定支持机制。笔者认为，要实现中央一直强调的"藏粮于技"，就要从顶层设计层面加大农业的科技引领力度，加大农业技术进步的资金投入和对技术创新人员的激励。农业技术进步往往具有高投入的特点，需要较长时间持续的巨额投资，如果没有顶层设计者从战略高度对农业科技进步重要性的深刻认识，是不可能在农业技术进步方面有所作为的。例如在农机领域，我国农业的现代化和机械化是大势所趋，农业生产加工的各产业链对农机的需求非常旺盛，2023年中央一号文件也提出要"加快先进农机研发推广。加紧研发大型智能农机装备、丘陵山区适用小型机械和园艺机械"。但是如果没有长期持续的资金投入，如果没有长期的农机领域的科技创新，要想在农机领域占据优势竞争地位是不可能的。我们还要建立有利于科技进步和技术创新的激励机制，以更市场化的体制机制支撑和鼓励农业科技人员的技术创新。要从完善和改革技术管理体制与技术人员收入分配制度入手，使技术人员能够获得更大的内在激励从事农业技术革新。要建立多元主体参与的新型科技创新体系，以利益连结为纽带、以科技创新优势互补为导向，构建农业科技进步共同体,将农业科技管理部门、高等院校、国家级科研单位、农业企业技术创新机构等的科研力量进行整合,从而提高农业科技进步的效率。同时,农业科技推广体系的建立和完善是非常重要的一环,要建立功能综合化、系统网络化、职责明确化、服务信息化、组织体系多元化(包括农业生产经营组织、农业科研教学单位、群众性科技组织等)的农业技术推广体系。

建设现代化农业强国,要重视覆盖一二三产业的全产业链现代化农业体系构建。从良种研发到生产环节的生物技术的采用、从化肥农药的研发与供应到整个农资生产和供给体系的完善、从新型农业生产设施的研发到农业机械创新、从农业组织体系的升级到农业社会化服务体系的完善和农业管理体制的创新,在整个农业产业链上,都要注重产业的融合和整合。要通过一二三产业融合发展,构建新型的农业业态,调整农业产业结构。在互联网的支持下,农业电子商务、农业旅游文化、农业体验式营销和推广等新型业态会不断出现,一些基于互联网和物联网的农业平台将颠覆以往农业产业的传统形态。要通过引进社会资本和混合所有制改革整合产业链上下游的企业,实现优势互补,从而在全产业链上打造一个现代化农业产业集团,每个环节既突出产业优势,又兼顾上下游产业之间的衔接和优势互补,从而实现强强联合和产业融合。

建设现代化农业强国,还要特别重视生态农业建设,从而实现中国农业的可持续发展。从农业现代化的指导思想和顶层设计层面,要把保障粮食供给安全与保障生态安全置于同样的高度,要在顶层设计层面把促进人与自然和谐发展摆在优先的位置,把构建生态农业和可持续农业作为最高的指导思想。2023年中央一号文件指出,要加快农业投入品减量增效技术推广应用,推进水肥一体化,建立健全秸秆、农膜、农药包装废弃物、畜禽粪污等农业废弃物收集利用处理体系,同时要健全耕地休耕轮作制度,加强农用地土壤镉等重金属污染源头防治,强化受污染耕地安全利用和风险管控。当前耕地污染问题严重,我们要注重借鉴我国古代土地用养结合的经验,注重用有机生态模式加强土壤的养护和改良,这是保证农业可持续发展的重要前提。要大力发掘中国古代传统农业文化遗产,借鉴中国古代循环农业、立体农业的智慧,从而在提高土地综合利用效率的同时,有效保障整个农业生态环境。

建设现代化农业强国,还要发挥农业金融的重要作用。大力发展农业保险,为现代农业保驾护航。大力发展农产品期货市场,增强我国在重要农产品领域的定价权和话语权,增强抵御国际农产品价格风险的能力。国家要在信贷融资、上市融资、股权融资等方面对现代化龙头企业和高科技农业企业进行政策支持。国家政策性金融体系和开发性金融体系,尤其是中国农业发展银行和国家开发银行,要对现代农业企业给予大力支持,支持其进行大规模技术改造、产业升级、产品开发和整个农业产业链构建。国有商业银行体系和股份制银行体系也应该在商业可持续的前提下,支持现代农业企业的发展,在抵押担保等方面采取灵活的手段,用创新性的信贷产品支持龙头企业的发展。要通过多层次资本市场对现代农业企业给予全方面的资本支持。要鼓励建立或参与建立国家级的农业产业发展基金和省级的农业产业发展基金。笔者曾经倡议国家建立主权级的农业产业发展基金,以保障国家的农业安全,构建强有力的农业产业链,参与全球的农业市场竞争。

展望未来三十年,我国农业的产业化和集约化程度将大大提高,中国农业产业的国际竞争力也将大为提高,一批优秀的、在全球农业竞争中占据重要地位的国际化农业企业将在中国崛起。与此同时,我国的农业形态将转变为高效农业、高附加值农业,环境友好的生态农业将得到普及,这种农业对水和土壤的损耗和占用将降到最低限度,因此,中国的土壤污染、水污染情况将大为改观甚至消失,中国的生态环境将得到极大改善。传统农业文明在未来三十年将受到更高的重视,中国五千年的农耕文明将在更高层次上得到继承和复兴。

(作者系北京大学经济学院教授、博士生导师)

关于乡村产业振兴的几点建议

王大树　高珂塔娜

2023年《政府工作报告》部署了2023年要做的几方面工作,其中的重要任务之一是全面实施乡村振兴战略,促进农业稳定发展和农民增收。

乡村振兴包括产业振兴、人才振兴、文明振兴、生态振兴和组织振兴,这"五个振兴"中产业振兴是关键。我们认为,推动乡村产业振兴,要根据现代产业体系的基本内涵、农业农村发展的基本情况,重点围绕现代高效绿色农业、农产品加工业、农村服务业、农村新产业新业态、产业融合发展等方面,建设具有中国特色的现代乡村产业体系。

一、发展现代高效绿色农业

国家粮食和重要农产品的供给安全是乡村产业发展的第一要义,应从确保国家粮食安全的视角,重视大田作物的生产,巩固提升粮食等重要大宗农产品生产能力;与此同时,还要转变农业生产方式,调整和优化农业结构,推进农业供给侧结构改革,加快农业由增产导向朝着提质导向转变,突出绿色化、优质化、特色化、品牌化,并将一家一户的小农生产引入现代农业发展体系。一是进一步巩固永久基本农田划定成果,严格农用地分类管理制度,加快推进粮食生产功能区建设,建立精准、有效的粮食支持政策体系,充分调动农民的种粮积极性,保护和优化粮食产能。二是加强农业基础设施建设。三是推进标准化生产。四是推进生态循环利用。

科技创新是现代高效农业绿色发展的根本途径。深入实施创新驱动农业战略,推动农业科技创新重大工程建设,建设面向现代农业发展、具有国内领先水平和国际较强竞争力的新型农业科技创新体系,给农业插上科学技术的翅膀以引领农业高质量发展。明确农业科技创新的目标和方向,实施科技创新工程,增加农业科技创新投入。把握乡村产业振兴对科技创新的要求,以农村产业链、农业产业体系的科技需求为重点,建立产学研相结合的农业科技创新体系。制定农村科技政策,加快培养农村科技人才,建立农业科技推广体系,通过农业科技创新体系助推现代农业产业体系建设。

二、促进农产品加工业转型升级

农产品加工业承接着第一产业和第三产业,是农村三产融合发展的重要载体,对促进农村经济发展、拓宽农民增收渠道起着主导作用,在构建农村现代产业体系中也具有重要作用。

产业振兴要求增加对农产品加工业的政策扶持。一是加大财政税收扶持力度,落实国家税费减免政策,减轻农业企业的负担。二是强化金融支持。制定信贷优惠政策,引导和鼓励农产品加工业投资,建立农业担保基金,为农产品加工企业提供信用担保,鼓励金融机构贷款支持农产品加工业。三是扶持规模企业,特别是龙头企业。对龙头企业的技术改造、人才引进、基地建设、原料收购、质量管控、市场开拓等给予配套的资金补助、贷款扶持和专项服务。四是加大品牌建设扶持力度。五是完善多种类农产品质量检测,并以更低的价格为企业提供检测服务,减轻企业负担。

三、建设农村现代服务业

目前,很多地方已初步形成了以农业生产、农产品加工经营、现代流通、社区服务、农村金融为主体的农村服务业框架体系,但从总体上看,农村服务业仍然是产业体系建设的短板。构建现代乡村产业体系,需要补齐农村服务业这一短板。一是强化农业生产性服务业对现代农业产业链的引领支撑作用。加快构建覆盖广、布局合理的监测预警体系和疫情灾害应急处置体系,加强病虫害及动物疫病统防统治。健全农业技术推广网络,推动基层农机站、农技站等服务部门转型发展,打造一批为农民服务的综合平台和载体。加强粮食产后服务,构建安全高效、一体化运作的粮食物流网络。引导邮政、供销等骨干流通企业发挥其网络密、覆盖广的优势,开拓为农服务新业务。做大做强一批具有综合实力的农业服务业企业,构建全程覆盖、区域集成的新型农业社会化服务体系,带动农业产业链转型升级。二是发展农村生活服务业。培育发展类型多样的农村生活服务企业,完善农村服务业的基础设施,拓展服务领域,丰富服务内容,提高服务质量,尽量满足农民对美好生活的基本需求。

四、培植农村新产业新业态

大力发展农村电子商务。一是加强农村电商平台建设。改善信息网络、物流体系、仓储冷链等电商发展的基础设施。加快培育一批农产品电商平台企业和农村电商服务企业,推进供销社基层网点、村邮站、乡村农家店等改造成为农村电商服务点,加快与快递企业、农村物流网络的共享衔接,畅通工业品、消费品下乡和农产品、旅游纪念品进城的双向流通渠道。支持农业龙头企业以自主品牌为支撑,构建特色鲜明、产业链完整、服务链完善的门户商务网。二是加快农村电商示范县建设,推动农产品、农村工业品、乡村旅游及服务产品电商化,培育一批特色电商村、电商镇。三是建立符合电商行业特点和消费需求的农产品供给体系。四是加强农产品标准化生产和品牌建设,强化地域农产品公共品牌培育,提高农产品优质优价实现能力。

实施休闲农业和乡村旅游精品工程,打造乡村旅游品牌。推进乡村旅游创业创新创客工程,引导农民工、大学生等返乡就业创业。加快培育农家乐、休闲观光园区、森林人家、康养基地、乡村民宿、渔夫垂钓、旅游小镇等乡村旅游产品。发展智慧乡村游,联通旅游推介网络平台和自媒体平台,实现网上食宿预定、观光预约、招商引资、农产品买卖。发展体验农业、创意农业、光伏农业等新业态,鼓励发展工厂化、立体化的高科技农业。深挖乡村新功能、新价值,推动农业与科技、人文、康养、娱乐等元素深度融合,拓展和延伸农业价值链。发展农村新兴服务业,推行农业生产租赁、众筹合作等多种形式的互助共享经济,探索农产品个性化定制、会展农业等新业态。

五、实施农村产业融合发展

产业融合在农村是大势所趋。应把现代产业发展理念和组织方式引入现代农业,延伸产业链、提升价值链、打造供应链,让农村三次产业在融合发展中同步升级、一同增值、共享收益。

深入实施农村产业融合发展"百县千乡万村"试点示范工程,创建产业融合示范县、示范主体,打造一批百亿级、千亿级农村产业融合发展集群,创建一批国家级和省级农村产业融合发展示范园、先导区。引导二三产业向县城、重点乡镇及产业园区等集中,打造一批农村产业融合领军企业,培育一批农业特色小镇和田园综合体。

引入新型经营组织和社会力量。农村产业融合可以通过建立农民合作组织、家庭农场等新型农业经营组织来指导农民的日常经营活动,把千家万户的零散农民与全国大市场联系起来,覆盖农业的生产、流通、分配和销售全过程,并为农户提供金融服务。这种产业融合发挥新型农业经营组织的核心力量,为农村一二三产融合保驾护航,不仅将三产融合的理念引入农业经营组织的实践,以消费者所注重的食品安全、环保、高品质需求为导向,开发高附加值的农产品,同时加大对农村基础设施及配套物流加工设施的投入,利用多产业的相互融合来放大农业多功能性效应,持续不断地提供乡村振兴的经济活力,实现农业的可持续发展。

(王大树系北京大学经济学院教授;高珂系北京大学经济学院博士后;塔娜系北京大学经济学院博士后)

《政府工作报告》中的金融视角

李少然

2023年的《政府工作报告》再次提到了防范金融风险的重要性和发展数字经济的规划。此文将结合笔者自己的研究,基于金融视角,从宏观调控"沟通效果"的重要性、发展金融科技的必要性和健全股票市场的紧迫性展开讨论。

一、增强政策沟通,提振宏观调控效果

中国特色社会主义强调有效宏观调控下活跃的市场经济。2023年的《政府工作报告》中也多次提到了宏观调控要在经济发展中起到重要的作用,如"稳健的货币政策要精准有力""保持人民币汇率在合理均衡水平上的基本稳定"。有效的宏观调控,既充分考虑到人的非理性部分,可以限制资本的无序性和扩张性,又可以起到逆风向调节经济周期性的作用,规避经济运行大起大落带来的风险。与此同时,《政府工作报告》还要求充分发挥市场在资源配置中的决定性作用。这样可以避免一味追求凯恩斯主义中的"政府干预理论"而导致的资源错配和生产低效。下面笔者以近年中国宏观经济指标和人民币普通股票(以下简称"A股")市场为例,来阐述宏观调控是如何影响股票行情的,以及如何更好地发挥调控效果。

首先,央行的相关政策可以有效地调整投资者的预期,同时预防系统性的

金融风险。姜富伟等(2021)[①]发现货币政策报告的文本情绪的改善会引起显著为正的股票市场价格反应。与此同时,货币政策报告的文本情绪还与诸多宏观经济指标显著相关。所以我们可以发现,央行、国务院等国家重要职能机构与民众的沟通尤为重要。

其次,相关会议精神和政策的发布对于A股市场的影响可谓立竿见影。通过图1我们可以看出几乎每次重要会议的举办和相关事件的发生都会引起股市的大幅震荡。

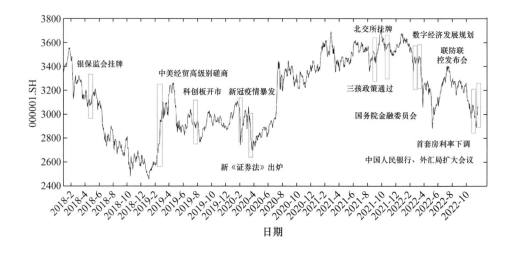

图1 A股走势与重要事件

导致这一现象的一个重要原因是,现阶段有关部门通过官媒与投资者的沟通不够充分,投资者的预期没有得到有效的更新。我们假设投资者对于股票价格 P_{t+1} 在 t 时刻的条件预期为:

$$E_t(P_{t+1} \mid I_t)$$

---

① 姜富伟,胡逸驰,黄楠.央行货币政策报告文本信息、宏观经济与股票市场[J].金融研究,2021,(6):95—115.

即投资者可以根据 t 时刻的相应信息来对之后的价格进行合理的判断。然而,如果信息集没有得到及时更新(若滞后了 j 期,则为 $E_t(P_{t+1}|I_{t-j})$),那么投资者无法准确调整对之后价格的预期,就会产生非理性行为,造成股票价格的大幅波动,既不利于构建投资者信心,也不利于维护金融稳定性。

党的二十大报告中也对如何深化金融体制改革做了明确的阐述,要求"加强和完善现代金融监管,强化金融稳定保障体系""守住不发生系统性风险底线"。A股市场作为我国金融活动的重要场所,自然也应该依照二十大精神加以监管。我国金融监管机构与投资者的权威、及时、有效的沟通就是调整投资者预期、防范金融风险的重要手段。希望有关部门能够更多地运用自媒体手段,向投资者发布最新的动态。

二、金融科技是数字经济的"血液"

2023年的《政府工作报告》再次强调了我国发展数字经济的决心,要求"大力发展数字经济,提升常态化监管水平,支持平台经济发展"。而金融科技就是这一课题的交汇点和切入点。

顾名思义,金融科技就是科技创新成果在金融领域的应用,如移动支付、小微借贷、量化投资、保险智能理赔等。图2列出了一些金融科技采纳率较高的国家和地区中,活跃型数字化人口中金融科技的使用率。通过统计数据我们可以发现,我国的金融科技采纳率于2019年居于首位,这很好地展现了我国在金融科技领域的领先地位。

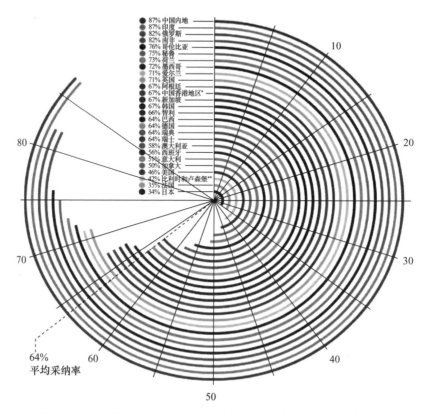

注:数据显示每个市场中金融科技采纳者在活跃型数字化人口中的占比,所有列示的平均值均未加权。

* 中国香港特别行政区

** 比利时和卢森堡

图 2 一些国家和地区中金融科技采纳者在活跃型数字化人口中所占比例

资料来源:安永 EY. 安永发布《2019 全球金融科技采纳率指数》:金融科技加速普及,中国领跑全球 [EB/OL].(2019-07-27)[2023-03-27]. https://www.sohu.com/a/329074525_676545.

如表 1 所示,就不同类别的金融科技来看,我国在各类别中的采纳率都名列首位,其中储蓄支付、理财和融资是我国金融科技接纳度、使用度最高的几个方面。相对而言,金融科技在保险领域的发展方兴未艾。

表 1 不同国家金融科技采纳类型占比

	储蓄支付(%)	理财(%)	融资(%)	保险(%)
中国	92	91	89	62
墨西哥	49	36	31	23
南非	47	43	34	26
英国	41	37	34	24
美国	52	49	41	31

资料来源:安永 EY.安永发布《2019 全球金融科技采纳率指数》:金融科技加速普及,中国领跑全球[EB/OL].(2019-07-27)[2023-03-27]. https://www.sohu.com/a/329074525_676545.

金融科技发展的利好与挑战主要有以下几点:

1. 金融科技有利于人民群众更好地参与金融活动,获得相应收益。投资的目的是通过放弃现阶段的一部分消费和承担一定的风险来获得相应的回报。而这部分回报最终又会以消费或者投资的形式进入生产消费活动中,从而为经济发展做出贡献。金融科技以更方便快捷的途径和科学的风险监控手段为人们提供更适合的投资渠道。

2. 金融科技有利于商业活动更加活跃地开展,同时也可以从一定程度上缓解小微企业融资难的问题,更好地促进民营企业,尤其是小微民营企业的成长壮大。党的二十大报告不但强调了非公有制经济的重要性,同时要求"支持中小微企业发展"。而现阶段中小微企业发展最大的难题之一就是融资难。金融科技在一定程度上可以缓解融资难的问题。

3. 金融科技作为数字经济的"血液",可以促进数字经济的发展。党的二十大报告在"建设现代化产业体系"部分明确了加快数字经济发展、促进数字经济和实体经济融合的重要性。而金融科技为数字经济的发展提供资金与消费,满足数字经济发展的流动性要求。

4. 金融科技同时面临着数据安全的挑战。无论是金融科技还是数字经济,数据都是一个绕不开的话题。我们在利用数据价值的同时,也应该充分考虑到对数据安全的保护。党的二十大报告中也对数据安全有明确的要求,把数据安全看作国家安全体系里面重要的组成部分。对于数据安全,应该做到早布局、早立法、严实施。

5. 防范金融科技带来的新型风险源。金融活动往往伴随着利益与风险，而科技创新使风险的形式更加多元化。这就更需要有关部门的监管，同时加强对民众的教育。正如党的二十大报告所言，要"依法将各类金融活动全部纳入监管，守住不发生系统性风险底线"。

三、健全 A 股监管，促进金融市场健康发展

我国政府高度重视股票市场的发展。在 2023 年的《政府工作报告》中就提到"推动金融监管体制改革，统筹推进中小银行补充资本和改革化险，推进股票发行注册制改革，完善资本市场基础制度，加强金融稳定法治建设"。另外，党的二十大报告也明确要"多渠道增加城乡居民财产性收入"。而股票二级市场就是人民群众投资的选择之一。我国股票二级市场主要有以下特点：

1. 市值庞大。截至 2018 年年底，市值约 6.9 万亿美元，稳居世界第二位，仅次于美国。这其中自然蕴含着巨大的机遇与挑战。

2. 参与者中散户数量较多。根据第一金融网的数据，截至 2020 年第三季度，在 A 股自由流通市值中，机构投资者合计占比 47.4%，个人投资者占比 52.6%。庞大的散户群体容易造成较高的换手率，例如，2017 年上海证券交易所和深圳证券交易所的换手率分别为 161.6% 和 264.54%，远超同期其他主要国家证券交易所。而换手率高一般是缺乏信心，投机心切导致的。

3. 波动较高。根据 Qiao et al. (2018)[①] 的计算对比，2000—2017 年，A 股市场年化收益率的波动率为 29%，是同期美国股市的两倍，也远高于同期其他主要发达国家和新兴市场国家的股市。过高的波动率不利于投资者积极参与，也不利于控制金融风险。

4. 收益率较低。根据 Allen et al. (2019)[②] 的实验，对比 1992—2018 年持

---

① Qiao, Fang, Lai Xu, Xiaoyan Zhang, and Hao Zhou (2018), Variance Risk Premiums in Emerging Markets, Working Paper.

② Allen, Franklin and Qian, Jun and Shan, Chenyu and Zhu, Julie (2018), Dissecting the Long-term Performance of the Chinese Stock Market, Working Paper.

有中国、美国、印度、巴西和日本的股票指数后的收益情况可知,中国市场的整体收益仅略高于日本。结合上述第3点,高波动低收益的中国A股市场不利于投资者获取相应的风险溢价。

基于中国A股市场的特点、党的二十大报告中关于金融工作的部署和2023年《政府工作报告》,笔者提出如下建议:

1. 认真贯彻落实党的二十大报告中关于金融工作的指示,"深化金融体制改革,建设现代中央银行制度,加强和完善现代金融监管,强化金融稳定保障体系"。我国的A股市场与其他主要国家的股票指数关联程度较低,对国外重大金融危机有着较好的抵抗力,这主要得益于我国金融体系有力的国家干预和宏观调控。

2. 加强与投资者的政策沟通,避免政策的突然性。如图1所示,每次A股指数的"大起大落",几乎都能找到"大新闻"的影子。有一些是突发情况,确实无法避免,然而有一些是因为政策出台得比较突然,出乎投资者意料,于是造成了投资者快速调整预期,导致股市出现大的波动。如果能够通过权威渠道及时更新投资预期,那么将很好地避免由于预期调整过快而导致的不理性投资行为。

3. 普及金融知识,开展投资教育。针对我国A股市场散户多的特点,推进普及投资知识已经变得刻不容缓。这项工作不但可以增强人民群众的理财能力,进一步提升其物质生活水平,还可以增强A股稳定性,培育更多的长期投资者。随着我国经济的进一步发展,尤其是在"脱贫攻坚战"中取得胜利,乡村振兴得到全面推进的当下,农民手中可投资资金将会越来越多。党的二十大报告要求"发展乡村特色产业,拓宽农民增收致富渠道"和"完善农业支持保护制度,健全农村金融服务体系"。由此可见,提升农民的投资能力,给予农民更多的投资机会,对全面推进乡村振兴有着重要意义。

(作者系北京大学经济学院助理教授)

充分发挥保险业保障功能[①]

锁凌燕

2023年中央金融工作会议强调，高质量发展是全面建设社会主义现代化国家的首要任务，金融要为经济社会发展提供高质量服务。在"完善机构定位"部分，指出要"发挥保险业的经济减震器和社会稳定器功能"，凝练概括了保险业工作的定位和方向。

减震器和稳定器，是我们日常生活中不可或缺的装置。而保险作为一项精巧的制度发明，通过提供风险保障、风险减量管理以及金融服务三大主要功能，发挥减缓吸收外部冲击、减轻震动带来的负面影响、提升安全感和体验感、稳定预期的作用，是重要的经济减震器和社会稳定器。

一是风险保障。保险以精算技术、法律体系为稳健经营基础，在全球范围内汇集和分散风险，以保障风险事故发生时个体可以按合同约定得到相应的确定性经济补偿，使得经济主体不至于因为偶然的风险损失丧失未来的发展能力，熨平意外损失可能带来的系统内部扰动。这是保险区别于其他金融产品的最本质的属性。伴随经济发展和社会进步，经济活动产出显著增加，人口及财富集聚、经济密度不断提升，意外事故造成的经济损失也不断扩大。据应急管理部公布的数据，2023年前三季度我国各种自然灾害就造成8911.8万人次不同程度受灾，直接经济损失3082.9亿元，保险作为经济安全网的重要

[①] 原文刊登于《经济日报》2023年11月13日05版。

性更为凸显。根据国家金融监管总局公布的数据,2019—2022年,我国保险业为社会提供保险保障金额增长111.4%,提供保险赔付金额增长20.1%,提供风险保障的能力持续提升,已经成为多层次社会保障体系中越来越重要的组成部分。

二是风险减量。保险作为企业和家庭的风险损失"埋单人",天然具有控制损失成本的功能,能够借助合同设计和专业能力,激励并帮助客户降低风险、规避损失,减轻风险事故致损频率和后果,形成保险业、消费者和社会多方共赢的局面,有效减少意外冲击。进入现代社会,随着社会功能分化、复杂性不断提升,风险种类不断增多,风险形成机制和传导机制日趋复杂化,风险管理的精细化、专业化要求不断提高。保险行业在经营中累积损失数据和风险管理经验,能够更好地理解风险发生及传导机理,对风险链条的关键环节进行积极干预,帮助家庭和企业不断提升风险控制能力。一个典型例证是,人身险行业积极向消费者提供健康教育、健康促进、健康体检、慢病管理、便民就医等服务,助力健康中国战略落地、降低医疗费用压力。据中国保险行业协会数据,2022年保险业投入防灾减灾资金约2.34亿元,发送预警信息约7574.74万人次,排查企业客户风险约11.78万次,预计减少灾害损失约22.77亿元。

三是金融服务。基于风险保障功能,保险业将大量小额资金汇集为巨额保险资金池,成为现代金融体系的重要组成部分。作为契约型金融机构,保险机构的资金来源由保险合同约定,相对稳定,且保险机构可以对未来年度中需要向受益者支付资金的规模和时间做出准确的预测,具备了更长期的投资视角、更稳健的投资目标和相应的跨期风险管理能力,是资本市场上重要的机构投资者。根据国家金融监管总局公布的数据,近十年来,我国保险资金平均收益率在5%左右,行业资金配置结构稳健,风险抵御能力较强,波动幅度远小于其他机构投资者;截至2022年,行业发挥保险资金长期稳定优势,累计为实体经济融资超过 21 万亿元,其中,乡村振兴战略、区域协调发展战略投资 5.2 万亿元。这既对于稳定消费者预期有积极作用,也对金融市场的结构完善与稳定具有重要意义。

作为经济减震器和社会稳定器,保险业被赋予了更加重要的历史责任。行业需聚焦主责主业,秉持系统观念,面向社会经济主战场挖掘增长潜力,释放增长活力,更好地履行社会责任。

(作者系北京大学经济学院副院长、教授)

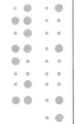

借鉴国际经验，促进保险资管行业健康发展

朱南军

保险始终是"两会"上的热门话题之一。保险行业作为现代风险管理的基本手段，是经济社会发展和人民群众生产生活的重要保障，而保险行业的稳健经营源于资产和负债的双轮驱动的动态平衡和发展。自 2003 年中国第一家保险资产管理公司，即中国人保资产管理有限公司成立以来，国内保险资管行业取得了突飞猛进的发展和令人瞩目的成绩，根据中国保险资产管理业协会数据，行业 33 家保险资管公司受托管理了 21.7 万亿元资产，近十年平均增速达 14%。然而，在当前中国经济面临百年未有之大变局的背景下，保险资管行业也面临着机遇与挑战。一方面，在国内经济稳增长、供给侧改革、居民财富持续增长的大背景下，在管制放松、监管完善的有利环境下，保险资管行业面临着宝贵的时代机遇。另一方面，保险资管行业也面临低利率、高波动、资产荒等困扰与挑战。

与此同时，在全球资管行业大发展的背景下，国际保险管理行业经历了多次变革，在发展过程中涌现出许多优秀的保险资管机构。国内的保险资管机构无论是从管理模式、业务规模、投资领域，还是业务构成上都与国际大型保险资管机构有一定的差距。在新的历史条件下，借鉴国际保险管理主要机构的发展历程和发展模式，实现保险资产管理业务的高质量、高水平发展，支撑保险行业双轮驱动，并在全球保险资管行业中占有一席之地是当前中国保险资管行业面临的重要任务。基于国内保险资管行业的发展现状，结合对国际资管机构发展的经验分析与思考，笔者提出如下相关建议：

一是保险母公司需要明确自身资管机构的战略定位,提升资管业务的战略地位,树立市场化发展理念。通过境外行业发展趋势,借鉴领先同业先进经验,将保险资管机构的发展明确定位为专业资产管理机构。我国的保险资管机构应从母公司资金的受托投资管理者回归市场化、专业化的资产管理机构本质,成为母公司的利润贡献者、竞争优势提供者,在资金端、产品端和资产端全面展开与国内其他资产管理行业的市场化竞争。

二是建立专业化、市场化模式下的独立性经营模式。保险资管机构应成为独立核算、具有盈利目标的市场主体。在盈利性约束之下,保险资管机构将充分参与市场竞争,提升投资能力,做大管理资产规模,改善盈利水平,向股东提供投资回报。在大资管市场竞争下,保险资管机构通过与其他资产管理机构同台竞技,不仅可以检验自身的能力与实力,亦能改变其在保险集团内部的地位和影响力。发挥主体专业优势,制定规模化或个性化、差异化的发展路线。未来保险资管机构也面临大而全或专而精的不同路径选择,前者汇集大量的复合型人才和多元化产品,并通过不断的收购合并等外延手段实现全球规模扩张,如安联、保德信、安盛等市场巨头;后者则擅长某类资金客户的资产管理,进行某个或某几个市场资产投资,在个性化发展中寻找机会。

三是把握养老金入市契机。国际大型保险资管机构基本都是养老金资产的重要管理人和受托人。保险资金拥有规模大、期限长、收益稳定、风险较低、资产负债匹配等特征,以及较为成熟的大类资产配置、风险控制和信用评级经验,这与养老金、慈善基金、家族信托资产等资金需求相契合,保险资管机构在这些机构资金管理方面具有天然优势。国内个人养老金账户和产品已经陆续推出,与之有着相近投资理念和丰富保险资金管理经验的保险资管机构势必要在竞争中发挥优势,争取更高的市场竞争地位。

四是以产品创新为业务拓展的抓手。保险资管应通过产品创新来实现行业转型,以及向全面资产管理转型。截至 2022 年 9 月,中国保险资管机构发行管理的各类资管产品已达 6.7 万亿元,已经逐渐形成基础设施投资计划、不动产投资计划、股权投资计划、项目资产支持计划、组合类产品等特色系列产品。保险资管行业发挥资产配置组合投资优势,行业组合类资管产品规模达4.67万亿元,成为国内大资管行业产品创新发展的亮点,保险资管机构应继续沿着保险资管产品创新这条路在大资产领域大力创新和发展。

五是发挥固收投资的传统优势稳步发展。保险资管以受托母公司长期限大规模资金为基础,在固收投资领域具备天然的投资经验和优势。参考国际保险资管机构的发展经验,我国保险资管机构应在强化固收投资能力的基础上总结优势,凭借自身差异化竞争优势在大资管行业发展中拓展基础空间。

六是大力发展国际业务。目前国内保险资管业务以境内为主,但近年来海外资产配置占比有所上升。因此,从发展路径上看,境外保险业务拓展需要时间的积累,境外资管业务依托负债端驱动的发展模式短期内难以实现,可以适当考虑资产驱动的发展模式,即以国际化资产配置为契机,拓展境外资管业务。在发展模式上,可以选择与海外资管机构合作,通过自设分支机构或并购等形式发展。不同形式的选择应根据保险资管公司及母公司的具体战略规划综合决定。我国保险资管机构在境外并购式发展过程中,要与自身业务形成协同和互补效应。

结合国际保险资管机构发展经验和资管业务管理经验,我国保险资管机构要以全能型的国际化资管机构为长期目标,需要有效加强国际化长期发展能力建设,制定科学发展策略,为国际化的发展方向奠定基础。在资管业务方面,保险资管机构需要从保险资金管理和第三方资产管理两个维度出发,全面提升资产管理能力。相信在不久的将来会有更多的国内保险资管机构出现在国际大型资管机构的行列中。

(作者系北京大学经济学院教授)

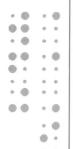

发展"新银保"要重视价值提升①

锁凌燕

国家金融监督管理总局日前公布的数据显示,2023年1月至6月,人身险公司寿险业务累计实现原保费收入1.87万亿元,同比增长16.9%。这样的成绩离不开银保渠道的贡献。不完全统计数据表明,2023年上半年,银保渠道期交保费已经超过2022年全年水平。

银保业务是典型的交叉销售模式,主要表现为保险公司与银行合作。保险公司借助银行完善的销售网络和庞大的客户资源营销保险产品;银行通过代理销售保险产品获取表外业务收入,即销售佣金和手续费,同时帮助客户完善资产配置。银保渠道已成为保险公司的重要营销渠道之一。

20世纪90年代中期起,保险业就开始了银保业务探索,结合银行客户看重理财功能的特点,逐步加大银保渠道产品的开发力度。银行保险业股权合作不断加深,这也促使银保业务快速发展。不过,部分商业银行和保险机构过度关注规模增速与短期效益,一些误导行为屡有发生。例如,将保险产品与储蓄存款、基金、银行理财产品等混淆销售,出现"存单变保单"的情况。银保渠道"主打"的短期快返型投资型险种为保险业埋下了不少隐患。

对此,银行保险监管部门此前多次出台政策文件,不断加强对银保渠道销

---

① 原文刊登于《经济日报》2023年8月16日05版。

售行为的管理和规范,也在"保险姓保"的监管背景下对中短存续期产品进行了限制、整改和规范。银保渠道也经历了持续调整,其对保险业人身险保费的贡献比重多有起伏,盛时可贡献人身险保费50%左右的份额,业务下滑时份额也会低至30%左右的水平。

2019年以来,寿险行业银保渠道保费再次呈现高速增长态势,"新银保"成为保险业的发展热词,这其中有多种原因。在存款利率下调、资本市场波动较大的背景下,具有长期刚兑属性、预定利率水平相对较高的寿险产品对居民产生了较大吸引力。受人身险产品预定利率下调预期影响,客户配置需求更显旺盛,银行代销保险产品的意愿也大幅提升。同时,近年来保险业在发展转型过程中持续深化渠道改革,主动"清虚提质",加之在疫情影响下,代理人展业难度提升,保险代理人队伍缩水,保险公司提高了对银保渠道的重视程度,与银行合作提升银保销售团队的业务能力,特别是提高销售复杂、长期期交保险产品的能力,助力银保渠道潜力不断释放。此外,随着监管日益完善,银保消费者的适当性管理机制、可回溯管理机制等审慎管理措施逐步落实到位,消费者权益保护体系日渐完善,客户信任度得以改善。

总体来看,这一轮"新银保"的发展,可谓"天时地利人和"。今后,银保渠道要实现可持续发展,还需看参与各方能否互利共赢、共创共享、提升价值。如果保险机构只是将银行简单地视为分销渠道,将保险产品迁移在银行渠道售卖,银行从事交叉销售业务也只是单纯希望赚取中间费用,那么一旦保险产品失去收益优势,银保渠道就很容易被取代。

未来,银行保险的可持续发展需要高度关注两方面。

其一,要致力于构建高质量的产品与服务闭环。只有让客户明显感到系统的、集成的产品服务组合或资产配置方案能提供更多价值,客户才会选择银保渠道。伴随财富的积累,居民的财富目标正日趋多元化,保险机构应借助其提供"保险保障+财富管理+关联服务"的比较优势,与银行提供的其他财富产品共同服务好居民的财富管理需求。

其二,要合理有效使用银保渠道沉淀的客户数据,以恰当的方式共享巨量的、多维度的用户使用习惯和行为数据,更好地为客户"画像",评估其需求与风险,不断改善产品方案设计,为客户提供更为全面的延伸服务,提高客户满意度。银保渠道处在互联网和保险的交叉路口,想要成功,就必须不断加深供需双方对彼此的了解。

(作者系北京大学经济学院副院长、教授)

把握人身险市场发展机遇[①]

锁凌燕

根据国家金融监督管理总局近期披露的数据,据测算,2023年1月至8月,我国人身险业务原保费收入同比增长13.1%,其中寿险业务同比增长17.0%,表现十分亮眼,这也意味着人身险市场发展正面临着一些重要的机遇。

一是居民风险偏好更趋稳健,财富管理需求日益多元。伴随经济社会持续快速发展,我国居民财富持续累积,21世纪前20年我国社会净财富的复合年均增速为16.2%,超过同期GDP增速,与之相伴的是,居民不再只重点关注财富的成长性,而更多开始考虑安全、传承等多元目标。同时,由于老龄人口占比与总量双升,加之宏观经济环境变化,居民整体风险偏好下行。寿险产品相对稳健,又具备遗产规划等理财功能,所以具有很好的配置价值。事实上,2023年以来寿险业快速增长的最直接原因在于,银行挂牌利率下行、理财产品收益不尽如人意,这使得储蓄型寿险在收益性和安全性方面相较于"竞品"表现出比较优势。

二是人口老龄化趋势加固,人身风险管理需求高涨。中国的老龄化速度快,65岁以上人口占比从2001年的7%上升到2022年的超过14%;相形之下,养老产业特别是老年人迫切需要的养老照护服务业、老年医疗卫生康复等健康服务业发展相对滞后,发展不平衡、不充分的问题比较突出。在这种背景

[①] 原文刊登于《经济日报》2023年10月23日05版。

下,个人要"病有所医、老有所养、老有所依",就不仅需要养老钱、看病钱,还需要有与养老健康相关的服务保障。近些年,我国人身保险业以客户需求为中心,围绕消费者生命的长度和质量,积极构建"保险+"生态圈,探索建立养老社区,提供健康管理、居家护理等保险关联服务,为人身风险管理提供了更有效的整合方案,在很大程度上促进了人身险主业发展。

人身险市场的快速增长,也带来一些隐忧。从提供的保障水平来看,据测算,2023年1月至8月,人身险保费规模同比增长13.1%,但新增保额同比增长只有7.9%,这一方面印证了这段时期行业规模的增长主要是储蓄型寿险的贡献,另一方面也说明人身险业提供的风险保障水平没能同步跟上。从险种结构来看,除了寿险增速强劲,2023年1月至8月,健康险保费规模同比增长5.0%,而意外险保费规模同比下降13.1%,这也暗示着人身险市场缺乏有质量的创新,尚未摆脱依靠产品迭代、渠道激励、价格比拼等方式来竞争的模式,消费者获得感有限,导致意外险市场增长乏力。此外,从业务风险水平看,之前热销的寿险产品预定利率水平相对较高,这对于消费者有较高吸引力,但对于保险业而言,这也意味着更高的负债成本,在当前市场利率中枢下行的环境下,可能隐含着较大的利差损风险。数据显示,2012—2021年,我国保险资金的年均财务收益率为5.28%;而2023年第二季度末,行业年化财务收益率为3.22%,资产端的压力也比较突出。正因为如此,2023年8月起,在监管部门的窗口指导下,在售寿险产品普遍调低了预定利率。

总体而言,人身险行业能否抓住机遇、化解风险以持续健康发展,还有赖于自身能力建设。一是提供高质量风险保障的能力。近期寿险的高增长更多依赖于较高的隐含收益率,但这种比较优势只是阶段性的。在做好"保障"本业的基础上去追求"派生"的理财功能,这个导向的重要性和必要性已经被反复论证过,国家金融监督管理总局发布的《关于优化保险公司偿付能力监管标准的通知》,也进一步明确了鼓励险企发展长期保障型产品的导向。更好服务老龄社会的长寿风险管理、医疗保障需求,是人身险行业的立身之基。二是更好的资产管理能力。截至2023年6月末,我国保险资金运用余额中近九成来自人身险业务。让逐渐增长的资金获取持续、稳健的投资收益,让企业资产负债在期限结构、收益和流动性方面更好地匹配起来,对行业长期发展尤为重要。三是更好地整合关联服务的能力。保险业要保持持久旺盛的生命力,越来越需要抛弃传统的经营模式,以敏锐的眼光、创新的思路,推动"保险+"能力的提升,以打造行业核心竞争力的新优势。

(作者系北京大学经济学院副院长、教授)

Part 4

动能培育：开拓出新，如日方升

抢占经济"新赛道",激发经济新动能[①]

董志勇

2023年5月,习近平总书记在听取陕西省委和省政府工作汇报时指出,"陕西要实现追赶超越,必须在加强科技创新、建设现代化产业体系上取得新突破""勇于开辟新领域、新赛道,培育竞争新优势"。习近平总书记的重要讲话为陕西也为全国的经济社会发展明确了战略定位,指明了前进方向和精准对策。全国各地要深入贯彻习近平总书记重要讲话精神,积极适应时代发展和国家战略趋势,充分发挥自身区位和资源禀赋优势,不断提高科技创新能力,持续培育富有活力的创新生态体系,为经济社会发展持续注入新动能。

抢占经济"新赛道"要加强科技创新,遵循科技创新规律,综合发挥原始创新、联合创新、二次创新在区域科技创新中的作用,不断提高科技创新能力。原始创新在新技术、新发明中发挥基础性作用,尤其是在作为整个科学体系源头的基础研究领域。抢占经济"新赛道",就要加快形成长效机制、强化基础研究,不断攻克与国家战略息息相关的核心技术,实现前瞻性原创性重大突破。当前,科学创新不再是"单兵作战",创新主体之间的协作日益紧密,基于自身比较优势开展跨区域联合创新是加快科技创新步伐的必由之路。一方面,要注重科技创新的国内合作。一些地区要加强与北京、上海、深圳等创新高地的合作,搭建科研院所、企业等创新主体的跨区域合作平台,形成激励相容的长效机制,共同瞄准国家战略方向和自身产业发展需要,推动联合创新。另一方

[①] 原文刊登于《光明日报》2023年6月5日第10版。

面,要注重国际创新合作,充分发挥好"筑巢引凤"作用,同时要强化区域内科技创新人才的国际交流,通过"引进来"和"走出去"不断增强科技创新能力。与此同时,实现追赶超越还要善于运用国外先进技术弥补自身创新短板,在自主创新的同时仍要重视在技术引进中不断学习吸收转化,通过二次创新打破经济社会发展中的技术瓶颈。

抢占经济"新赛道",要注重打造创新生态体系,充分发挥有为政府和有效市场的作用,持续激发科技创新活力。创新生态是持续发挥科技创新引领作用、激发经济新动能的关键。实现追赶超越就要加快完善科技成果转化应用机制,形成富有活力的创新生态体系。一方面,要充分发挥政府在重大科技创新中的引导作用,增强创新资金的引导作用,注重科技创新协作平台的建设,不断降低社会资本开展科技创新的成本,提高科技成果的转化能力,推动从创新要素到创新成果的有效转化,实现创新链与产业链的有效衔接。创新生态体系建设与发展的关键是持续优化的体制机制,充分发挥政府在创新市场搭建中的作用,通过制度建设和平台搭建不断丰富创新主体的多样性,构建自主演化环境,增强创新生态活力。同时,在关键共性技术领域,要充分发挥政府集中力量办大事的能力,集中科技资源攻克关键共性技术和前沿引领技术。另一方面,要充分发挥市场在创新资源配置中的决定性作用,充分发挥企业的创新主体地位,以市场为导向营造公平竞争环境,重点培育"技术经理人"等处于关键"生态位"的企业和组织,增强创新生态稳定性和竞争力。

抢占经济"新赛道"要牢牢把握时代发展和国家战略趋势,充分发挥自身区位和资源禀赋优势,在增强科技创新中激发经济新动能。一方面,抢占经济"新赛道"就要"顺势而为",契合数字化和绿色化的时代发展主题。数字经济事关国家发展大局,要充分借助数字技术赋能传统产业转型升级,加强数字基础设施和数字平台建设,充分释放数字红利,不断消除数字鸿沟,推动数字经济与实体经济深度融合,打造现代化产业体系。同时,要重点关注数字化与绿色化的协同机制,要努力探索协同推进绿色化数字化的地区模式。另一方面,抢占经济"新赛道"还要结合各地区自身比较优势。例如,陕西是西部陆海新通道的关键节点,要充分发挥自身区位优势,形成面向中亚、南亚、西亚国家的对外开放通道,更好发挥其在联通国内国际双循环和服务"一带一路"大格局中的战略作用。同时,推动战略落地还需结合自身资源禀赋。例如,陕西具有丰富的高教资源,在推动科技创新中具有天然优势,要充分盘活创新要素,不断释放经济新活力。实体经济是塑造高质量发展新动能的重点,近年来,陕西在做强做优实体经济方面初见成效,未来还需进一步推动传统产业转型升级,充分发挥数字化在赋能传统产业向高端化、智能化、绿色化方向发展中的作用。

察势者智,驭势者赢。培育壮大新动能,构筑发展新优势,是我们实现中国式现代化的必由之路。在变革浪潮中下好先手棋、掌握主动权,紧跟国家战略需求,立足自身产业基础,发挥资源禀赋比较优势,以科技创新为引领,以实体经济为重点,不断激发经济新动能,必将为经济高质量发展打造新引擎、添加新动能。

(作者系北京大学党委常委、副校长)

技术创新赋能产业融合发展

张 辉

当前,我国已进入高质量发展阶段,推动产业结构转型升级是实现经济质的有效提升和量的合理增长的必然要求。2023年5月举行的二十届中央财经委员会第一次会议指出,"加快建设以实体经济为支撑的现代化产业体系,关系我们在未来发展和国际竞争中赢得战略主动"。这要求我们深刻把握构建现代化产业体系的重要内涵,理顺传统产业和现代化新兴产业的关系,紧抓产业结构转型的重要战略机遇期,以技术创新带动传统产业的转型升级,有效推动不同产业间的融合发展,为经济高质量发展筑牢根基。

随着我国经济进入高质量发展阶段,我国中产群体逐步崛起,需求端也发生了深刻变化,消费结构的转型升级、消费需求的多样化和专精化特征逐步显现,而由于产能惯性和路径依赖等因素,传统产业出现了一定的脱节问题,国内生产链接消费出现了若干"堵点"。因此,以技术创新推动传统产业的效率升级、构建传统产业新的竞争优势,进而匹配国内需求的变化势在必行。

一方面,需要通过技术创新升级和改造传统产业,降低传统产业成本,提升效率,增强传统产业供给新消费产品和服务的能力。另一方面,要坚决贯彻供给侧结构性改革,加快生产端与消费端在新的高度上的融合发展,通过传统产业的创新升级弥合供需结构失衡,进而用强大旺盛的新兴市场需求弥补技术创新与产业升级的高昂成本,形成进一步加快产业结构升级的内源动力。

保持产业升级过程中的梯度有序,是构建现代化产业体系的务实之策。

当前我国经济发展的现状为劳动密集、资本密集、技术密集、知识密集产业并存。面向新阶段,不但需进行国际向国内、传统向新兴两重发展动力的转换,还涉及国内国外、传统和新兴之间融合发展,形成新竞争优势。因此,应当遵循我国产业发展的现实约束,从策略上依据产业升级对我国经济发展的重要性和难易程度依次攻关,重点展开,避免资源和既有优势的错配。

实现三次产业融合互促的发展路径,是构建现代化产业体系的核心要义。从目前三次产业对经济的拉动作用看,不能片面地强调发展任何一个产业,第一产业的比重下降能够有效提升资本、劳动力的利用效率,带动整体国民收入的提升;第二产业的比重上升有利于我国经济规模的扩大,提升实体经济效率,但资本有机构成的增加使得资本收益增长更快,不利于劳资收入差距的缩小;第三产业比重上升有利于就业增加,平抑收入分配差距的扩大,但会使增长规模受到限制。当然,由于第三产业效率一般低于第二产业,第三产业的过度超前发展容易导致经济结构的"鲍莫尔病",增加整体经济转型风险,并且抑制以实体经济发展促进内需增长的长效内源动力,实体经济脱实向虚的风险仍是我国经济顺利转型的重要制约点。

推动传统产业转型升级,实现三次产业融合发展,可从以下五方面着手:一是通过数字经济等新经济赋予传统产业新动能,重点提升传统产业应对新兴消费高质量、多元化和个性化等方面的能力,实现传统产业技术跃迁。二是进一步促进现代工业发展,推行让有效市场和有为政府更好结合的产业支持政策,充分调动实体部门创新积极性,依托研发创新实现技术进步。三是注重产业优化升级中的效能示范。优先鼓励最有效率的企业高端突破,通过集中资源的示范效应"以点带面"地带动行业整体转型升级,实现转型过程中经济的平稳发展。四是根据三次产业的产业结构和经济特征取长补短,探索发展新业态、新模式,实现三次产业互补共赢。五是深化完善教育公共服务体系,调整优化教育结构,合理分配三次产业的人力资源要素,使高素质人才成为三次产业融合发展的重要保障。

(作者系北京大学经济学院副院长、教授)

提高科技创新能力,赋能高质量发展

刘 怡

党的二十大报告将"实现高水平科技自立自强,进入创新型国家前列"纳入2035年我国发展的总体目标。党的二十届二中全会通过了《党和国家机构改革方案》,重新组建科学技术部,完善知识产权管理体制。此次改革强化了科技部战略规划、体制改革、资源统筹、综合协调、政策法规、督促检查等宏观管理职责,是党中央对科技工作高度重视的表现,是加快实施创新驱动发展战略的具体措施。当前,科技创新成为国际战略博弈的主要战场,围绕科技制高点的竞争空前激烈,科技管理体制的改革,有助于优化创新资源配置,统筹力量推动科技创新,赋能高质量发展。

一、加大基础研究支持力度

基础研究是科技创新的源头,是建设创新型国家的基础,是推动高水平科技自立自强的重要保障。创新过程既产生不确定性,又受到不确定性的影响,因此在研发创新活动中很难进行高效的资源配置,需要政府对科技创新所需基础研究的投入。在20世纪80—90年代,学者们通过论文数量和科学家数量构建知识存量的代理变量,研究知识存量和生产力增长之间的关系。然而近年来在增长理论的发展中,学者们也逐渐意识到,知识是有使用门槛的公共品,任何国家都不能"免费搭乘"世界科学体系。一个国家、地区或企业要想参与到这个体系中来,就必须具备理解他人所创造的知识的能力,而这种理解只能通过研究来发展。

根据科技部的数据,中国基础研究经费从2012年的499亿元增长到2022年的1951亿元,年均增长近15%,这体现了我国坚定不移加强基础研究的决心。未来应继续加大基础研究财政支持力度,全力保障国家重大科技专项、重大工程实施,加强科技工作的统筹力度,集中人力、财力、精力,对重点课题、重点方向、急需紧缺的项目重点攻关。同时也要大力支持基于学术好奇心和自由的长期知识积累,更加重视国家科技计划和国家重点实验室的投入,把国内人才留在基础研究领域,同时吸引海外人才到国内交流发展,把各方面优秀人才集聚到科学事业中来。未来可加大基础研究投入中稳定经费支持,提升竞争性经费的资助率,增加资助强度。

二、优化基础研究人员激励机制

高校和科研院所在经济社会中发挥着基础知识的生产和溢出作用。近年来,为了提升科研人员创新活力,我们进行了一系列改革探索:一是逐步提升项目经费中间接费用提取比例和间接费用中绩效支出的提取比例,为科研人员绩效工资的提高提供了合理的渠道;二是在国家杰出青年科学基金、优秀青年科学基金等项目中开展科研项目经费"包干制"试点工作,进一步扩大了科研经费使用自主权;三是改革绩效评价制度,实行中长期评价,破除唯数量论,降低易操纵指标的评价权重,形成轻获批数量、重完成质量、轻科研帽子、重学术能力的科学研究和人才培养氛围,鼓励科研人员潜心开展高质量研究;四是简化事务性工作,让科研人员将更多精力投入科学研究。这些都是优化科研人员激励机制设计的良好转变。未来如何使政策更好地以人为导向,营造良好的科研环境,激励科研人员安心、专心、潜心科研依旧是关键。

科研人员及科研机构受到多重因素的激励,经费分配、绩效考核、职称晋升、学科评估等全方位的竞争成为科研资源配置的主要方式,保障了科研资源配置体系的稳定运行。然而,近年来一些学科发展遭遇瓶颈期,学术界中越来越普遍的学术道德风险和科研不端的现象,引发了对科研人员激励问题的讨论。政策激励导向就是科研活动的"指挥棒"。在制定科研人员管理制度时,应警惕政策设计初衷与实际执行效果呈现事与愿违的逆向激励。实证研究发现,加大经费投入强度可以产生正向激励,减轻兼项过多导致的时间精力分配不足的问题,但同时也会产生反向激励,致使项目申请时人才团队操纵比例增加,科研竞争压力加剧。影响机制分析结果显示,兼项和挂名行为均对成果产出产生显著负面影响。科研竞争压力越大的依托单位和学科专业在资助结构改革后受到的正向激励越弱,负向激励越强,当竞争压力过大时,加大经费资助强度在边际上将无法对成果总数产生促进作用。

过去的科学评价普遍重视科学研究的科学价值,研究人员主要追求发表数、期刊影响力和个人研究成果的引用分数。新的评价体系应该考虑科学研究的社会价值,推动研究人员花更多的时间和资源将他们的发现转化为经济影响和社会价值,当然这可能意味着研究时间的减少。为了预防类似的行为,不仅需要谨慎设计高校和科研机构内部的激励结构,也需要优化资助机构和同行评议的相关规范,合理控制学术界的竞争压力,缓解头部科研院所由激烈竞争导致的激励倒错效应,促使各级单位形成真研究问题、研究真问题的科学研究和人才培养氛围。

三、加强国家技术转移体系建设

科学和创新之间的关系本质上是非线性的,复杂的结果可能因学科的不同而存在很大的差异,并受到相当大的时间滞后的影响。即使是"创新""科学""技术"和"研究与开发"这些在大众媒体上互换使用的术语,对科研部门和企业来说,也有着截然不同的含义。将"顿悟"的时刻转化为创新可能还需要一个协作良好的团队或组织、一个运转良好的专利系统、一个发展良好的企业生态系统,或合适的校企合作机制。经笔者统计,2007—2014年,我国高校和科研院所专利转化率平均在13%左右,且增长趋势平缓。而相关文献显示,美国1926—2010年的专利转化率为近70%。我国科技成果转化难的问题亟须解决。

产学研合作是最常见的科学知识商业化模式。然而,企业的利益与高校合作伙伴提供的价值之间的各种不匹配(如不同的知识背景、战略目标、知识产权管理协议等),可能会导致粗糙的互动联系。要解决我国科研成果转化问题,需要细致关注异质高校与企业之间的选择,尽量使双方在合作的能力、目标和组织方式上进行正选型匹配。

总之,推进科技创新政策扎实落地,是支撑国家发展和安全战略的重要保障。只有提高科技创新投入的效率,才能推动科技创新加快赋能高质量发展。坚持创新驱动,深化科技体制改革,是我国宏观经济实现质量变革、效率变革和动力变革的必要条件。

(作者系北京大学经济学院财政学系主任、教授、博士生导师)

保险助创新企业解"成长烦恼"

锁凌燕

企业兴则产业兴,产业兴则经济强。在加快建设现代化产业体系进程中,发展"专精特新"企业,对强化科技创新、提升产业链供应链韧性、推进实体经济发展具有重要作用。为"专精特新"企业量身定制专属综合保险,并通过再保险机制共担风险,是保险业服务国家现代化产业体系建设、助力经济高质量发展的重要举措。

与大中型企业和成熟企业相比,"专精特新"企业大多处于初创期和技术研发阶段,其面临的风险管理挑战更大。

首先,风险结构相对复杂。此类企业多在新经济、新产业领域或新技术、新工艺、新模式等方面寻求创新突破、获取自主知识产权,一般具有人才密集、技术密集等特点。2021年,专精特新"小巨人"百强企业的发明专利数量中位数为131个,显著超过A股上市公司中位数。正因为如此,"专精特新"企业不仅面临人财物损失的传统风险,还面临更多与数据资产、知识产权相关的新兴风险;不仅面临研发生产过程可能中断的风险,还面临成果落地、推广、产业化过程被阻滞的风险;等等。

其次,风险管理难度相对更高。一方面,"专精特新"企业具有内在脆弱性。其产品或服务多针对特定市场、需求,具有经验积累较少、试错成本较高的特点,下游企业不敢用、不愿用的问题比较突出,这种"创新悖论"导致企业在成果转化、稳定产业链等方面面临更大挑战。另一方面,"专精特新"企业多

---

① 原文刊登于《经济日报》2023年6月13日05版。

为中小企业，抵御风险能力较弱。此类企业资产和自有资本规模相对较小，其价值更多体现在知识产权和技术力量等方面，这限制了企业的融资能力，而企业迫切需要对可能的风险损失作出融资安排，保险潜在需求很高。

长期以来，保险业不断探索"专精特新"企业全生命周期的风险管理需求。以知识产权保险为例，保险至少发挥了三大作用：一是损失补偿。针对申请知识产权未获授权或注册的费用损失、实施知识产权失败的投入损失、知识产权被侵权造成的损失等各环节的风险损失予以补偿，使企业减少经济损失，维持较好的现金流。二是风险减量。知识产权风险等新兴风险影响因素多且易变，风险波动性强，保险机构为企业提供风险评估、隐患排查、监测预警、整改建议等全生命周期的风险控制服务，降低企业整体风险水平。三是创新促进，即促进企业创新资源向知识产权转化运用集聚，通过提供专利质押融资保证保险等产品，解决企业融资难题，激发创新活力，促进创新活动。

新近推出的"专精特新"企业一揽子组合保险方案，实际是在前期经验探索基础上的一次保险服务"升级"。一是丰富保险产品类型。针对"专精特新"企业业务发展潜力和风险特征，提供涵盖财产损失、研发中断费用损失、雇主责任等多种类型风险、覆盖企业经营全过程的保险。企业结合自身需求既可"一站购齐"完善保障，也可"量身定做"灵活选择。二是优化保险经营模式。一揽子组合方案创新地将再保险"前置化"，即在前端承保时就引入再保险机制。再保险机构一方面可以帮助保险公司分析创新产品的风险因素、制定保险条款费率及核保策略，引入与新产品相适应的风险转移手段，增强保险公司经营稳定性；另一方面也可以发挥其整体把握风险状况的优势，协助保险公司提高风险管理水平，降低经营风险。

作为一项人类精巧的制度发明，保险对促进创新活动具有不可替代的积极作用。推动"专精特新"企业高质量发展，需要保险业持续关注当前存在的关键问题，不断创新经营模式、丰富保险产品与服务，提升风险管控能力，为企业的创新发展之路保驾护航。

（作者系北京大学经济学院副院长、教授）

推动数字经济发展,加快构建数字中国

曹光宇

2023年《政府工作报告》指出"数字经济不断壮大,新产业新业态新模式增加值占国内生产总值的比重达到17%以上",并强调要继续大力发展数字经济。2023年3月,中共中央、国务院印发《党和国家机构改革方案》,组建国家数据局,旨在进一步完善数字经济管理体制。国家数据局的成立将强化数据基础制度建设、数据资源整合共享与开发利用等方面的政府管理能力,并能更高效地统筹推进数字经济、数字中国、数字社会规划和建设等方面的工作。当前,新一轮科技革命和产业变革深入发展,全球经济数字化转型已日渐成为主流趋势,发展数字经济、构建数字中国是我们把握这一机遇的重要战略选择。

一、大力推进产业数字化与数字产业化

《"十四五"数字经济发展规划》对数字经济发展目标作出要求,至2025年,数字经济核心产业增加值占GDP比重将达到10%。数字经济进入加速发展的全面扩展期,数字经济与实体经济将实现深度融合,并催生出各类新产业新业态新模式,这需要产业数字化转型迈上新台阶,数字产业化水平得到显著提升。

我国经济已进入高质量发展阶段,产业数字化将有效促进我国现代化产业体系建设,延伸拓展产业链价值链。数字经济的发展可利用信息技术优势,有效牵引重点产业生产与服务体系智能化升级。产业数字化转型需立足于不同产业的特点和差异化需求,以提升全要素生产率为目标,实现全链条、全方位的转型

升级。在工业领域,需加快建设工业互联网平台和大力推动智能制造工程,实现研发设计、生产制造、经营管理、市场服务等重点环节数字化转型。在农业领域,需创新发展智慧农业,提升农业生产经营和管理服务的数字化水平。在服务业领域,需大力发展数字商务,进一步培育新零售、智慧物流等新增长点。产业数字化的实现还在于企业,特别是中小企业的数字化转型。可通过推行"上云用数赋智"的普惠性行动,建立市场化服务与公共服务多措并举的支撑体系,降低企业数字化转型的壁垒,解决企业"不会转、不能转、不敢转"的症结。

数字产业化是我国打造数字经济新优势的工作重点。一方面,优势的基础源于关键技术的创新应用。在人工智能、高端芯片、量子信息等关键领域,我们通过发挥新型举国体制优势和超大规模市场优势,取得了令人瞩目的成绩。但另一方面,也应清晰地认识到数字产业核心竞争力仍存短板。在部分核心零部件领域还尚存被"卡脖子"的情形,在创新体制机制方面还不够灵活。由 OpenAI 训练的大型语言模型 ChatGPT 颇受各界关注,呈现出了较高的多模态智能水平。这提示我们在实现关键技术后发赶超的过程中,不仅需要集中技术力量着力提升关键产品的自主保障供应能力,也应面向多元化的应用场景进行技术融合与产品创新,推动创新资源的共建共享,打造多元化、网络化、市场化的创新体系,以进一步提升数字产业核心竞争力。

二、强化数据要素高质量发展

数据作为新型生产要素,其高质量发展是经济数字化、网络化和智能化的基础。与土地、资本等传统生产要素相比,数据要素在产权、交易和技术安全方面具有鲜明的特性。2022 年 12 月,《中共中央 国务院关于构建数据基础制度更好发挥数据要素作用的意见》围绕数据要素市场建设的基本框架、未来方向和工作重点进行了系统部署,对实现数据要素的高质量发展具有重要的指导意义。

数据要素的高质量发展需处理好数据产权与数据使用的关系。数据产权的复杂性源于其产生过程中存在多个主体,但其结构性又更容易进行分制,可通过资源持有权、加工使用权和产品经营权进行区隔,从而能够清晰界定数据生产流通和使用过程中各方主体应享有的合法权利,使得利益分配基础符合数据要素的自身特点。

数据要素的高质量发展需处理好交易成本与交易规则的关系。交易是促进数据要素市场流通,形成定价机制的重要前置条件。在交易形式上,数据交易又可分为集中于交易所进行的场内交易和各企业直接自主进行的场外交易。场内交易利于对交易的监管,能提升数据资产定价的透明程度,但也可能导致更高的交易成本。场外交易形式虽更灵活,但可能出现违规行为,并给数据安全带来潜在隐患。因此规范数据交易管理体系,培育规范的数据交易平台和市场主体,将是探索优化数据交易的主要方向。

数据要素的高质量发展需处理好数据共享与数据安全的关系。由公共部门、平台企业收集获取的数据往往涵盖大量的微观信息,具有较高的使用价值。数据开发运用应坚持开放共享的主基调和保障数据安全的底线原则。在数据的共享使用中,可以使用脱敏、核验等方式进行提供,满足合理的使用需求。特别是对于不涉及个人隐私信息与公共安全的数据应加大提供力度。对于数据安全的保障,区块链、加密计算等新兴技术为解决安全问题提供了可选项,应积极予以采用。此外,数据使用与安全保障还应树立国家安全意识,特别是涉及国内居民个人信息、地理特征信息等方面的数据,需避免原始数据泄露出域。

数据要素高质量发展还需深化供给侧改革。除了优化数据分析的技术工具,还应对数据资源的基础处理能力予以关注,聚焦数据标注、清晰、脱敏、聚合等环节,培育壮大数据服务产业,着力提升数据质量,释放数据红利。在数据资源标准体系建设方面,应加快推动各领域数据协议的兼容统一,打破技术与标准的壁垒,实现数据互通,更好地发挥超大规模国内市场的优势。

三、提升数字公共服务效能,完善数字经济治理体系

我国政府是提供公共服务的重要主体。随着数字时代的到来,政府治理

也迎来了新的机遇与挑战,政府数字化转型成为治理能力现代化的必由之路。在人口大规模流动的背景下,政务服务的数字化办理已成为人民群众的必要需求。2018—2022年,数字政府的建设已取得了显著成效,90%的政务服务可网上办理,户籍证明、社保转接等常办事项实现跨省通办,政府数字化服务水平大幅提升。在公共卫生、自然灾害等突发公共事件中,数字技术亦起到了重要的辅助决策作用。为进一步增强数字政府公共服务水平,应从数据开放层面与政务信息化共建共用两方面继续着力。通过建立健全国家公共数据资源体系,梳理数据资源目录和责任清单,推进数据在部门间、地区间的汇聚融合与深度利用,并有序扩大公共数据的开放,重视使用定量化的公共政策评估结论。政务信息的共建共用可构建企业、社会公众多元参与、有效协同的新格局。以企业"爱泊车"为例,其通过与北京市交通管理部门合作,发挥自身在人工智能图像识别方面的技术优势,降低了交管部门对违停的执法成本,改善了公共交通管理效率,这一合作思路也可为其他领域的公共服务所借鉴。

数字经济的治理是为了引导数字经济的规范发展,需坚持发展与规范两手抓。在制度层面,要探索与数字经济持续健康发展相适配的治理方式,制定灵活且有效的政策措施。在数字经济的治理过程中,一类关键且特殊的对象是平台企业。平台企业以互联网平台为主要载体,以数据为关键生产要素,依托于新一代信息技术与网络信息基础设施开展经济活动。平台企业具有两方面特性:一是网络效应,即平台带给用户的价值随着使用人数的上升而增加;二是多栖性,即用户可同时使用多个功能相近的平台。这其中存在权衡取舍,如果放任网络效应扩大则有可能造成平台垄断,反之则可能导致行业的无序发展和资源的低效配置。对平台企业的治理一方面需要健全完善反垄断法、数据安全法、个人信息保护法等治理规则,同时提升数字化的监管能力。另一方面也要不断优化发展环境,推动平台企业的合作,构建兼容开放的平台生态。

(作者系北京大学经济学院财政学系助理教授)

加强政府有效监管，大力推动数字经济发展

杜丽群

作为现代化产业体系的一个重点发展方向、高质量发展的一个重要抓手以及推动中国经济增长的主要引擎之一，数字经济已经成为改变全球竞争格局的核心力量。2023年的《政府工作报告》中提出发展数字经济，要"提升常态化监管水平，支持平台经济发展"，这阐明了今后一段时间政府部门的一个工作重点就是要通过出台支持平台经济规范健康发展的具体措施，引导数字经济健康有序发展。

习近平总书记在2023年1月31日中共中央政治局就加快构建新发展格局进行第二次集体学习时强调，加快建设网络强国、数字中国，打造具有国际竞争力的数字产业集群。中共中央、国务院印发的《数字中国建设整体布局规划》指出，建设数字中国是数字时代推进中国式现代化的重要引擎，是构筑国家竞争新优势的有力支撑。加快数字中国建设，对全面建设社会主义现代化国家、全面推进中华民族伟大复兴具有重要意义和深远影响。

一、数字经济发展的现状与问题

数字经济正在成为重组全球要素资源、重塑全球经济结构、改变全球竞争格局的关键力量，它的发展速度之快、辐射范围之广、影响程度之深前所未有。数字技术的发明创新推动了数字经济的发展，而技术进步推动了数据要素的普及应用，由此带来了要素市场的快速成长成熟。随着市场体系的不断完善，与数字经济相关的一系列制度体系不断建立健全，促进并最终实现了数字经

动能培育：开拓出新，如日方升

济与数字社会的高度融合。

数字经济催生了大量新产业、新业态,以互联网、人工智能5G技术为代表渗透到了社会经济生活的各个方面,与传统产业融合促进了数字经济转型,为经济社会发展注入了新的活力。根据中国信息通信研究院的数据显示,2012—2021年,我国数字经济规模从11万亿元增长到45.5万亿元,多年来一直稳居世界第二,数字经济占GDP比重由21.6%提升至39.8%。2021年,我国数字经济发展取得了新突破,其规模达到45.5万亿元,同比名义增长16.2%,高于同期GDP名义增速3.4%,数字经济在国民经济中的地位更加稳固、支撑作用更加明显。预计2023年我国数字经济规模将达54.6万亿元。

虽然我国数字经济取得了快速发展,但仍然存在一系列潜在问题或风险。第一,数字经济与互联网高度相关,数字经济的发展可能会受到互联网潜在的网络安全、数据安全等问题的制约。目前以密码学为主的信息安全行业在系统安全上仍存在较大风险。第二,数字经济的发展使得信息和数据的搜寻成本降低、可得性提高,但新的知识产权问题也随之而来。传统的知识产权可能因此受到侵害,而且作为新型知识产权的数据,如何界定其所有权？如何管理其使用权、许可权？诸如此类的问题亟待解决。产权的明确界定可以加速数字经济发展,但过度界定产权范围,又可能导致一些基础性的数据被垄断。由于数据技术的发展,数据创新的难度将进一步加大,这可能形成互联网行业的进入壁垒和发展壁垒。第三,在推动数字经济发展的大背景下,信息不对称问题可能会加剧,由于有些企业形成和掌握了大量信息,具有相对技术优势,其用户也将成为其谋利的工具。个人信息的潜在商业价值驱动了部分企业的超范围甚至非法违规收集用户信息的不良行为。此外,在电商平台上,用户的利益也会由于"二选一"和"千人千价"的做法直接受到损害；一些强隐蔽性、高危害性的互联网会计舞弊现象也时有发生。第四,数字经济发展中,由于大型企业"赢者通吃"的属性,市场垄断问题不可避免会产生。平台经济领域中,由于数字经济的正外部性,本身具有资源优势的平台在资源获取和发展上的优势将不断扩大。由此形成的一些大平台可能利用技术、数据、算法等进行合谋或限价,通过轴辐协议、排他性协议等抑制其他竞争者的进入和发展,从而影响市场的公平竞争。第五,数字经济营商环境有待优化。优化数字经济营商环境是一项复杂的系统工程。我国数字经济位居全球前列,很大程度上得益于国家大力推进"放管服"改革,优化营商环境。虽然我国已在优化营商环境方面做出了诸多有益尝试,取得了巨大成效,但随着我国及全球数字经济步入快速发展阶段,如何进一步优化有利于数字经济发展的营商环境,使之成为数字经济发展的强劲推动力,是目前亟待解决的现实问题。

二、加强数字经济监管的必要性

2021年10月18日,习近平总书记在中共中央政治局第三十四次集体学习时强调,要规范数字经济发展,坚持促进发展和监管规范两手抓、两手都要硬,在发展中规范、在规范中发展。由此可见,数字经济的发展离不开政府的有效监管,而政府的有效监管有助于数字经济的发展,只有将"有为政府"与"有效市场"更好地结合在一起,平台经济才能健康发展。

近年来,随着我国数字经济的蓬勃发展,数据滥用、算法歧视等风险频繁出现。规范和监管数字经济是推动数字经济健康有序发展的内在要求,必须坚持促进发展与监管规范两手抓,为了保护公众权益和促进行业有序健康发展,必须通过合理设定政策范围,完善技术手段,寻找促进发展与规范监管的平衡点,在动态调整和完善中推动数字经济发展。

数字经济是新生事物,它出现时所面临的是包容审慎的宽松监管环境,随着资本无序扩张、限定交易、垄断等现象的层出不穷,亟须规范事中事后监管。由于数字经济的快速发展,传统产业的业态和运行规律逐渐被打破,无论在基础设施、权益保护,还是消费模式、税收方式等其他方面,这种新业态新模式与传统产业活动都存在较大的不同,需要加强规范监管。

逐利助长"数据垄断",不正当竞争风险不断加大。随着科技发展,生产者已不再单纯关注资本、土地、劳动力等传统生产要素,而是将注意力逐渐转移到数据、流量等新生产要素。作为信息的重要载体,数据是要素核心,是数字经济实现管理科学化与决策的重要手段。随着信息时代的到来,未来企业之间的竞争是对数据的争夺。数字经济属于数据驱动型经济,这意味着在实现规模效益的前提下,数据将会转化为集中控制的稀缺资源,伴随而来的是由市场逐利演化为围绕数据制高点的争夺战。由此而产生的市场要素分配、竞争秩序、监督管理甚至是国家安全等问题已经凸显。

随着数字平台的快速发展,一方面,一家独大、赢者通吃的市场格局逐步形成,市场垄断、税收侵蚀、数据安全、隐私泄漏等问题难以避免;另一方面,数字经济具有快捷性、高渗透性、自我膨胀性、边际效益递增性、外部经济性、可持续性、直接性等特征。如果继续沿用传统反垄断规则对其进行治理,效果显然不会理想。

三、对数字经济进行有效监管的政策建议

(一) 加快出台数字经济规范发展的基础性制度

建立健全市场准入制度、公平竞争审查机制、数字经济公平竞争监管制度等数字经济基础性制度。为了营造公平公正、规范有序的发展环境,应构建适宜数字经济发展的规则体系,提升我国对数字经济的监管和治理能力。同时,还要健全数据产权交易、争端仲裁等机制,推动数据资产评估、交易撮合等市场运营体系的健全发展;建立相应法规条例以规范互联网平台、数据交易平台和相关市场主体行为,避免垄断、不正当竞争、数据滥用或信息泄露等不良现象的发生。

(二) 采取线上线下相结合,实现一体化监管

根据业务类别和企业功能,对照传统经济活动、新业态新模式里面的市场功能部分,仍然可以采用市场化监管,鼓励自由竞争;企业功能部分采用科层式监管,如公共研发、大数据中心、地理定位技术、云计算,可转为公共基础设施进行公共规制。也就是说,应在已有监管规范基础上结合数字经济发展规律和趋势做出优化调整,把营商环境建设从线下延伸覆盖到线上。通过线上营商规则的规范,改善并优化营商环境,促进数字经济长期发展。此

外,还要提升一体化监管的技术水平和能力,从"人力监管"向"技术监管"转变。

（三）注重监管的常态化、前瞻性和动态性

无论是在政策制定还是公共服务的提供上,政府都需要提前了解和预测社会变化与公民需求,并及时回应社会关切。在积极开放数据、公开信息、解决问题的同时,还要根据数字经济的特点和发展阶段,考虑相应监管内容的优先等级、先后顺序等因素,实时动态调整监管的目标和手段,使监管步入制度化、常态化阶段。而相对温和的、常态化的监管方式,主要是优化营商环境。

同时,还要针对数字经济发展的不同方面,施行差别化的监管政策,包括遵循数字经济发展规律,厘清政府、企业、行业协会等相关主体的责权利关系,进行分类施策、精准监管等。

（四）建立完善信用监管机制,构建数字治理体系

习近平总书记强调,"建立健全以信用为基础的新型监管机制"。完善数字经济治理体系,离不开信用监管机制建设。这就需要推动数据安全立法,加大反垄断力度,加强科技伦理建设,对大型平台企业依法进行监管与规制。相较传统商业形态,平台企业参与的交易活动呈现很大不同。在平台企业发展过程中,需要监管者、平台企业、供需双方等共同参与,协力构筑系统性的信用监管机制,涵盖诸如身份认证、数据加密、信用评价、失信惩戒、争议解决等各个方面,维护数字经济参与各方的合法权益。

传统的治理体系、机制与规则难以适应数字化发展带来的变革,无法有效解决数字平台崛起带来的市场垄断、税收侵蚀、安全隐私、伦理道德等问题,需尽快构建数字治理体系。数字治理体系的构建是一个长期迭代过程,其中,数据治理体系的构建要先行。数据治理体系建设涉及国家、行业和组织三个层次,包含数据的资产地位确立、管理体制机制、共享与开放、安全与隐私保护等内容,需要从制度法规、标准规范、应用实践和支撑技术等方面多措并举,多管齐下,提供支撑。在逐步完善相关法律法规的同时,可以通过行业自律更好地

应对数字经济发展带来的问题。特别是,需要大力推动、组织不同行业制定平台企业的自律准则,鼓励第三方机构对企业进行信用评价评级。随着行业自律机制的不断完善,让失信无信者寸步难行,必将促使更多平台企业合法合规经营。

(作者系北京大学经济学院教授、博士生导师)

数字时代下的算法合谋与监管新思路

吴泽南

2023年《政府工作报告》中指出,五年以来"新产业新业态新模式增加值占国内生产总值的比重达到17%以上""实物商品网上零售额占社会消费品零售总额的比重从15.8%提高到27.2%"。数字经济在我国经济活动中的地位愈发重要。同时,与之相伴而生的算法黑箱与平台垄断为经济的良性健康发展带来空前挑战。2023年《政府工作报告》特别强调在大力发展数字经济的同时需要"提升常态化监管水平,支持平台经济发展"。因此,激活科技引擎,推动平台经济健康持续发展需着重关注数据治理与监管。

目前已有至少三类数据治理问题引发人们的关注与讨论:第一类为个人隐私的保护与数据安全问题;第二类是企业收集消费者行为数据对消费者实施价格歧视问题;第三类是算法合谋所带来的市场效率损失问题。相较于在大数据时代伊始便颇受关注的前两类问题,算法合谋及其潜在风险直至近期才逐步进入公众视野。事实上,相较于隐私保护与价格歧视,合谋行为更是打击垄断势力、维护市场秩序的重点问题。因此很有必要对这种新型合谋行为深入了解、关注与应对,警惕算法合谋泛滥可能带来的潜在问题。

依据定义,算法合谋是以计算机程序为主要形式的算法代替人类的决策参与市场反竞争行为的合谋行动。与其他合谋方式类似,算法合谋主要可分为明示合谋与默示合谋两大类:前者主要是指合谋者之间存在明显的主观故意,经营者通过口头、书面等途径达成垄断协议,算法则主要充当实现合谋行为的工具;后者主要是指在经营者之间不存在书面或者口头协议的情形下,经营者放任特定算法参与市场活动而维持地位的做法。若按照实现合谋方式进一步划分,算法合谋又可分为信使类合谋、轴辐类合谋、预测代理类合谋与自主学习类合谋四种主要类型。

(1) 信使类合谋。在信使类合谋情境中,计算机算法作为实现人类合谋的工具为共谋企业所用,合谋的意图来自算法的使用者(如企业);算法的主要作用是监督合谋企业之间的行为是否出现偏离。该类算法合谋一般存有企业之间维持卡特尔的协议,与传统合谋的主要区别是监督、维持卡特尔成员行动的主体不再是自然人或法人,而是计算机程序。

(2) 轴辐类合谋。轴辐类合谋通常出现在纵向联系的企业中,由一个共同上游企业为众多下游企业提供相同的定价软件或算法策略。横向下游企业之间不存在明显/直接的合谋协议,而是分别与纵向上游企业就价格、数量达成协议。这种以算法为载体的"协议"一致性使得下游企业间接实现横向合谋结果。轴辐类算法合谋存有较明显的一致性同意行为。很多国家均将此种合谋形式以"本身违法"(per se)的执法原则定义为一致行动,认定为违法合谋行为。

(3) 预测代理类合谋。在预测代理类合谋情境中,企业各自独立开发计算机算法,但由于每家企业所面临的市场竞争情况相似,给定企业所预期到的其他企业开发的市场行为算法亦较为类似,因此其在算法设计中通常会包含价格跟随行为及偏离惩罚措施。此类型相似算法的大量采用会导致使用这些算法的经营者行为之间存在高度依赖性,进而排除竞争,危害市场秩序。

(4) 自主学习类合谋。自主学习类合谋情境下的主观动机隐蔽性更强,经营者在算法设计中可能会采用机器学习、自主实验等算法工具,计算机通过"试错""迭代"等黑箱过程实现企业利润最大化的目标,企业执行计算机所习得的最优策略。在这种情境下,经营者之间不仅没有合谋协议,甚至没有表露出明确的"合谋意图",仅仅只是因为使用人工智能工具而产生合谋行为。

信使类合谋与轴辐类合谋行为与传统企业合谋无实质区别,监管机构仍然能够通过既有的监管与甄别方法规制经营者的反竞争行为;而在预测代理类合谋与自主学习类合谋情境中,企业均可能在缺乏明确沟通与协议的前提下,因使用相近算法而产生合谋行为及后果,这种新型的默示合谋在案件构成上可能缺乏明确的主观故意,给数字经济时代下的合谋监管不论从理论还是技术上均带来了巨大的挑战。

算法合谋的存在不论是在实验室还是在现实世界中均已有确凿的证据。部分学者通过使用计算机模拟商业定价行为,设定目标函数并将简单的机器强化学习算法输入后,计算机所模拟的定价策略在经过一段时间学习后便达成垄断高价。在全过程中,计算机之间既没有任何信息的沟通,也没有人类合谋意志的植入。在现实生活中,2015年美国司法部诉亚马逊某商家的电子主管David Topkins案开算法合谋监管之先河,而同年发生的Spencer Meyer诉Uber案也是算法合谋的典型案例。鉴于数字技术革新周期短、技术迭代快,人工智能与深度学习技术的广泛采用在不久的将来很可能将算法合谋形式的隐秘性和复杂性提升到前所未有的高度。若无视算法合谋的潜在危害,忽视相应的理论研究与政策应对,未来有可能算法合谋泛滥,危害市场的公平与效率,给经济发展带来巨大的效率损失。

使用法律手段监管算法合谋风险需明确算法合谋的法律责任主体。由于算法的中立性,当前人工智能算法并不具备法律主体地位。因此,在以算法为载体的算法合谋中,理清企业合谋与机器合谋的边界便尤为重要。面对算法合谋带来的风险与规制挑战,需着重对算法合谋的取证难点进行技术与制度攻关,可考虑从以下三方面入手:

第一,注重培养建设跨学科司法监管队伍,促进法学、经济学与计算机科学等领域人才通力协作,打造跨学科的监管团队及常态化监管体系。迎合时代需求的跨学科高素质人才队伍是建立常态化监管体系的重要基石。同时,可进一步建立完善相关的社会举报人奖励制度,集合多方力量实现全方位的动态市场监督，维护市场公平。

第二，重视对现有《中华人民共和国反垄断法》及相关司法解释的修订，及时调整出台符合数字经济发展特征的法律法规。针对以算法为载体的合谋行为，可供参考的相关法律手段主要包括研制算法禁用清单、延伸取证环节，将取证判定落实到计算机代码的解读，若代码或者其运行逻辑呈现出明显的合谋动机，则从法律上认定为算法使用者存在合谋动机。具体而言，代码层面的解析可分为静态解析审查和动态解析审查。静态解析审查是指监管机构直接检查其算法的源代码，根据事先设定的算法禁用清单进行比照判定是否存在合谋动机。动态解析审查则可通过模拟市场环境来运行企业的定价等算法，检查其是否存在反竞争市场表现来判定企业合谋行为。

第三，突破常规思路，创新监管工具。随着机器学习与人工智能的发展，主动监管与执法所伴随的代码解析成本日渐攀升，因此监管部门需要拓展思路，创新低成本、高效率的监管手段。例如，可从制度设计上引导企业主动向监管部门提供其合谋行为的相关证据，制定完善数字经济反垄断相关的"宽恕政策"，鼓励平台与算法设计者在启动调查前与市场管理者合作，共同打击算法合谋行为。早在2007年，我国颁布《中华人民共和国反垄断法》时便已引入"宽恕政策"："经营者主动向反垄断执法机构报告达成垄断协议的有关情况并提供重要证据的，反垄断执法机构可以酌情减轻或者免除对该经营者的处罚。"但是，上述条例仍需针对动机更为隐秘的默示合谋等新型合谋形式作出细化与调整。同时，监管机关应循序渐进地转换监管思路，将有限的监管资源从监督审查等环节转向改善"宽恕政策"的执法成本，创造利于"宽恕政策"引入与执行的司法坏境。

随着互联网、大数据、云计算、人工智能、区块链等技术的不断革新和发展，数字经济发展为时代大势所趋。培养跨学科监管团队；推进《中华人民共和国反垄断法》的修订，及时调整出台符合数字经济发展特征的法律法规；突破常规思路，创新常态化监管工具，全面健全市场竞争体系，使配套上层建筑适应新形势,解决新问题,是"全面落实公平竞争审查制度"、巩固反垄断执法体制改革成果的重要举措。面对科技时代的新挑战,需努力夯实人才基础、完善激励机制、实现算法常态化监管,为数字经济的腾飞保驾护航。

(作者系北京大学经济学院经济学系长聘副教授)

数字化提升保险理赔服务质效[1]

锁凌燕

2023年夏天,受台风和强降雨影响,我国东北、华北、华南等地频降暴雨,多地发生严重洪涝地质灾害,造成严重的经济损失。作为灾害"减震器"和社会"稳定器"的保险行业积极发挥其功能,助力灾后恢复与重建;多家保险机构启动理赔绿色通道,数字化理赔的广泛应用也显著提升了理赔效率,助力实现能赔快赔、应赔尽赔,受到广泛关注。

所谓保险理赔,是在保险标的发生风险事故导致损失后,消费者提出索赔请求、保险人进行调查并作出赔付决策的过程。之所以需要设置理赔流程,主要原因在于确保赔付符合约定的范围和标准,不存在保险欺诈等现象。同时,还要确认赔付金额充分合理但不"超额",被保险人不会因为保险而额外"获利",以免诱发道德风险。此外,要调查分析损失发生的原因,依规进行代位求偿、损后处理等程序,合理控制风险损失,为未来风险管理提供经验基础,保障经营可持续性。

长期以来,保险理赔都依赖于人工查勘、人工定损,导致传统理赔过程不可避免地具有一些缺陷。一是人工理赔大多需要手动收集相关资料、现场查勘、人工比对审核,受时间空间人力所限,耗时较长。二是人工查勘和定损更多依赖于理赔人员的个人能力和经验,现代社会中风险成因越来越复杂,对理赔人员的专业能力要求也就越高,因此推高了人力成本。相应地,如果理赔人

---

[1] 原文刊登于《经济日报》2023年9月7日05版。

员专业水平有限,又会影响理赔结果的合理性和准确性。三是保险企业一般参照常规业务量配备理赔人员,若遭遇重大保险事件,受损标的多且地域集中,此时社会各界对理赔时效关注度更高,人力短缺、理赔能力短期难以快速扩容的弊端就会凸显。作为重要的风险保障提供者,保险业具有"雪中送炭"的重要职能,理赔也成为消费者最在意的服务环节,但也因为传统理赔的缺点,实际上加深了消费者的"理赔难"印象。

数字化可以使保险企业在线上完成理赔环节各个部分,突破了时间、空间、人力限制,大大提升了保险服务质效。目前,多家险企借助自有App、第三方平台等网络入口,便利客户线上报案登记。在很多场景下,还可以通过在线上传文件、图片、视频等资料证明损失,保险企业借助图像识别等技术分析数据、确认损失原因与程度等,这就大大降低了对理赔人员经验的依赖程度。一些公司还通过建立智能理赔系统实现理赔审核及赔付的自动化,显著降低理赔成本。就我国保险业实践来看,大部分业务的平均理赔时效已降到两天以内,一些简单案件甚至快至秒级,这对于改善行业形象、提升消费者福利大有裨益。

保险业经营的数字化可能带来的益处毋庸置疑,但数字化并非万能的,其发展过程中也会出现数据泄露或被滥用而侵犯消费者权益、竞争秩序有待规范等各类问题,也会面临专业人才短缺、前期投入高等诸多限制。因此,保险企业的数字化转型、保险科技的成熟应用需要经历较长的时期,需要"试错"的过程。从国际保险业实践来看,"技术中性"的态度显得非常可贵,也就是数字化转型不是单纯为了数字化,而是要以改善消费者福利、创造价值增量为目的。基于此,保险企业转型战略和实施进程要与机构自身经营发展需要、技术实力、风险控制能力相匹配,在提升数据能力和科技能力的同时,要格外关注提升网络安全、数据治理和消费者保护水平。

(作者系北京大学经济学院副院长、教授)

基础教育从信息化到数字化：政府、学校、科技企业的使命与合作

袁 诚

没有教育的现代化，就没有国家的现代化。伴随着互联网的迅速普及和信息技术的飞速发展，用教育信息化推动教育现代化已成为当今世界教育改革与发展的主要趋势。以 ChatGPT 为代表的生成式人工智能技术的崛起，给教育领域带来诸多未知的挑战与契机。早在 1978 年，《关于电化教育工作的初步规划（讨论稿）》发布，我国的基础教育就开始了教育信息化的进程。通过四十多年的努力和巨大的教育财政投入，我国中小学信息化教学已经普及，城镇学校课堂教学中的信息技术基础应用达到常态化，并出现各种创新性的探索；此外，即使是贫困偏远地区的农村学校，也均已完成信息化基础环境的搭建和教师信息技术的培训。

党的十八大以来，我国出台了多项加速教育信息化进程的相关政策，教育信息化步入新的升级阶段。2022 年全国教育工作会议提出实施教育数字化战略行动，这一战略提议是对 5G、人工智能、大数据等新一代信息技术进入教育领域的积极回应，并在党的二十大报告中得到进一步明确和强调。党的二十大报告在第五部分"实施科教兴国战略，强化现代化建设人才支撑"中指出，要办好人民满意的教育，"推进教育数字化，建设全民终身学习的学习型社会、学习型大国"。这一指导方针无疑将会推动我国基础教育在下个阶段从信息化到数字化转型的进度和深度。

对于基础教育而言，财政资源是其建设数字教育平台的主要资金来源，中小学校是数字化技术应用的重要场景，老师和学生是开展和接受数字化教育

的主体。基础教育数字化意味着新一代数字技术在中小学的全方位融合与高水平应用,如丰富海量的数字教育平台和内容的轻松访问,以及建立在大数据基础上的教学反馈系统和交互性、个性化的学习环境等。不过这些技术都是政府和学校无法提供的,必须倚赖信息技术公司,特别是教育科技企业,只有它们才能不断研发并产出具有创新和实用功能的硬件和教育应用程序。因此,在基础教育数字化的进程中,政府、学校与教育科技公司之间的紧密合作尤为重要。在教育数字化的战略引导下,以下几个问题需要深入探讨。

首先,政府采购和教育PPP模式无疑是教育数字化转型过程中需要大力规范和推广的模式(政府—学校—技术公司深度合作)。事实上,在基础教育信息化的阶段,公立学校的计算机、网络等硬件设施和教学服务、资源平台、软件产品有90%是通过政府采购的。一直以来,政府教育信息化建设相关采购项目主要集中于硬件设备,个性化的软件服务不足,无法满足教师教学和学生学习的需求,与数字化的蓝图远景有着很大的差距。教育信息化1.0侧重于通用的信息与通信技术(ICT)硬件设施设备的建设,实现信息化教学应用基本普及;2.0阶段则需更加关注师生个性化、差异化的需求,充分发挥学生自主学习的主动性、积极性,推动师生从技术应用向信息素养、信息思维等能力素质拓展,实现教育与信息化深入融合。政府采购的项目和内容也应该向数字资源平台、数字教学场景和应用工具方面侧重和倾斜,采购订单也应该更多转向能够研发和提供应用软件、平台和工具的科技公司。

相对于政府采购,PPP的合作模式在基础教育数字化转型中更值得推行和实践。数字化产品研发成本和固定成本极高,同时,知识、教学模式和技术的不断更新,加大了该行业的投入风险。PPP模式下,政府和数字教育市场上的科技公司不仅仅是买方和供方的交易伙伴,同时也是风险共同分担的深层次合作者。PPP模式提供了政府与教育科技企业长期、深度合作的约束与激励,也提供了政府—学校—技术公司三方共赢的机制和保障。在数字化转型过程中,数字化产品通过PPP合作项目得以被开发并走进校园,这要比简单的购买合同走进校园,在产品质量、用户服务、更新维护上更有保证和效率。

全国PPP综合信息平台项目库连续多年的项目月报显示,我国教育业的PPP项目在所有行业中所占比重较低,不到5%,同时重硬件、轻软件、轻服务的情况非常突出,这些问题在数字化转型中需要予以重视并认真思考。

其次,在基础教育数字化转型过程中,学校不再是简单的教学场所,它也成为数字技术、人工智能集中应用的重要场景,校园中的教师和学生则成为信息化与数字化产品的使用者、受益者和评价者。但是在教育信息化硬件和软件建设快速推进的同时,教师的信息化能力和ICT应用能力的提升则较为滞后,教师对信息化产品的使用频率与使用深度并没有与大量的硬件和软件投入相匹配,这成为大多数国家信息化教学推广工作中的最大问题。一方面,教师缺乏资源应用的相关培训,这导致其ICT素养和教学能力没有提升;另一方面,教育信息化的需求者缺乏更直接和更广泛的需求反馈渠道,企业无法快速广泛地满足教师和学生对于教育信息化及数字化的需求。因此,应该进一步提高市场企业主体的参与程度,畅通企业与教师的沟通和反馈渠道。教师数字化素养的提升、产品使用能力的培训需要企业方的支持;而来自教师和学生等使用端的反馈意见、需求则可以促进企业产品的研发和改进。特别是人工智能科技企业,基于与学校共享的产品后台的大数据,可以分析并理解教师、学生对其数字产品的使用习惯和个体差异,评估并探索产品的优化和推广方案,从而真正助力学校提升教师教学效果和学生学习能力,实现数字时代创新人才的培养。

再次,弥合城乡之间的数字鸿沟,要继续依靠政府和财政支持的主导性地位,同时也要发挥教育技术市场和企业的参与积极性。基础教育资源在地区间的不均衡,在信息时代突出表现为数字鸿沟,借助互联网的发展推动线上资源的共享,已经成为促进基础教育均衡充分发展、推动教育创新的重要举措。国家一直在为农村地区的教育信息化建设投入大量资金,2010—2013年,中央财政通过"薄改计划"(农村义务教育薄弱学校改造计划)累计下拨45.35亿元,地方配套资金50.69亿元,为中西部农村薄弱学校配备多媒体教学设备;2014年和2015年,中央财政分别投入310亿元和330亿元,用于"全面改善贫困地区义务教育薄弱学校基本办学条件"工作。在国家的重视下,我国农村地区的教育信息化快速发展,"三通两平台"(宽带网络校校通、优质资源班班通、网络空间人人通,教育资源公平服务平台、教育管理公共服务平台)建设工作快速推进。与此同时,我国主要的电信运营商、在线教育机构和公益组织主动为农村地区信息化基础设施建设不断添砖加瓦。除了在硬件设施上捐赠共建大量的多媒体教室、捐赠信息化物资,还在软件设施方面通过信息技术支持的双屏互动、双师教学、机构联盟等方式,深入农村地区,让师生们不仅在信息化、数字化教育教学中有实际收获,还能积极参与优质资源创生的过程。

在前期以硬件铺设为主的教育信息化建设中,企业多以公益捐赠的方式参与落后地区的信息化工程。在数字化转型阶段,教育数字化产品和资源的研发、落地、推广、应用成为主要的任务。而教育数字产品本身具有高固定成本、低边际成本甚至边际成本接近于零的特征,这使得科技企业在参与偏远落后地区的教育数字化转型时具有更低的成本和更高的积极性。政府在与教育科技公司在城市和发达地区建立政府采购、PPP等合作关系的同时,可以引导它们主动承担社会责任,为欠发达地区的学校设计、改造符合当地教学水平和现状的个性化教学产品,探索并完善具有创新性和个性化的产品体系,增强其产品的市场竞争力。

最后,教育数字化离不开教育技术的创新和应用,必然离不开数字化教育市场、行业和企业的发展与进步。在基础教育领域,一方面要警惕教育资本化,杜绝资本对基础教育方向的把持和误导,另一方面也要承认教育技术市场和行业是客观存在的,并在教育数字化的战略实现中是不可缺少的供给方。在线教育机构和教育科技公司在"双减"(减轻义务教育阶段学生过重作业负担和校外培训负担)政策下,基本失去了面向家庭和学生个体的 to C 业务,因此保留下的面向学校的 to B 业务对于该市场、行业和企业的生存意义极大。

通过政府采购、PPP 模式,政府可以给进入基础教育领域的科技公司业务上的支持,同时也可以考虑必要的行业扶持、出台优惠条件、制定公平透明的规则,吸引优质企业参与中小学的数字化工程,提供优质的数字化产品和服务,并进行有序的市场竞争,保持科技企业应有的创新和活力。政府还可以考虑股权投资等更多的方式,以有限的资金或者其他资源的投入,带动更多的创新资本进入数字教育行业。

目前,教育部已启动《教育信息化中长期发展规划(2021—2035年)》和《教育信息化"十四五"规划》的编制工作,落实《中国教育现代化2035》具体战略部署。在强有力的政策支持下,中国教育信息化市场快速增长。根据观研天下的数据,2019—2023年,中国教育信息化市场规模由4 368.4亿元增长至5 869.83亿元,年均增速超过7%。该行业包括网络服务提供企业、系统集成企业、产品供应企业、内容供应企业等。数字教育行业技术水平的提高,将进一步提升数据资源的获取和分析运用能力,给教育发展带来巨大的想象空间。以知识图谱、图像识别、语音识别为代表的人工智能技术的发展,将进一步改变传统教育教学。数字化产品将改进课堂教学模式,提高教学质量和教师素质,促进地区间的教育公平。相对于其他更高的学段,基础教育领域所需要的数字资源投入较少,但数字化转型的意义格外重大。在这个过程中,政府、学校和科技企业的角色定位和合作模式,将深刻影响整个教育领域数字化的未来成果和进程,值得学界深入探讨。

(作者系北京大学经济学院财政学系长聘副教授、博士生导师)

大力发展职业教育，构建多层次劳动力体系，助力高质量发展

王耀璟

国家发展既依赖于高精尖科技人才的引领，也离不开大量的技能型、服务型人才的配合。职业教育是与产业发展结合最紧密的教育类型，能够有效支持国家的制造强国、乡村振兴、应对老龄化社会等各项重大战略需求。2023年的《政府工作报告》也继续强调要"大力发展职业教育"。回顾历史，我国在改革开放后对职业教育发展十分重视，出台了多项支持性指引性政策。1978年，邓小平在全国教育工作会议上提出发展职业教育；1980年，《关于中等教育结构改革的报告》中提出"要使各类职业（技术）学校的在校学生数在整个高级中等教育中的比重大大增长"；1985年，《中共中央关于教育体制改革的决定》明确了目标完成的时间——"力争在五年左右，使大多数地区的各类高中阶段的职业技术学校招生数相当于普通高中的招生数"。1991年的《国务院关于大力发展职业技术教育的决定》更是将对招生数的要求推广至在校生数目，表明发展职业教育的力度进一步增强。由于政策的导向，且当时职业教育发展适应了时代需求，所以我国职普比自改革开放初到20世纪末，一直呈上升趋势。直到1998年《面向21世纪教育振兴行动计划》发布并指出，"到2000年，积极稳步发展高等教育，高等教育毛入学率达到11％左右"，这表明国家开始实行高校扩招政策，同时受外界各种因素的影响，职普比开始下降。为扭转下滑趋势，2004年9月颁布的《教育部等七部门关于进一步加强职业教育工作的若干意见》中提出了"大体相当"的要求，"从现在起到2007年，在高中阶段教育中，要加大结构调整工作力度，进一步扩大中等职业教育招生规模，使中等职业教育与普通高中教育的比例保持大体相当"。政策落地后取得一

动能培育：开拓出新，如日方升

定效果,职普比在2010年左右回升至约1∶1。随后颁布的《国家中长期教育改革和发展规划纲要(2010—2020年)》又指出,"根据经济社会发展需要,合理确定普通高中和中等职业学校招生比例,今后一个时期总体保持普通高中和中等职业学校招生规模大体相当"。这一政策给地方政府赋予了一定的职普比调整权。政策更加灵活,同时也有普通教育职业化、职业教育普通化的趋势。2010年至今,职普比略有下滑但总体较为稳定。改革开放以来,职业教育政策的制定实施一是为我国工业化发展输送专业技能人才,二是平衡人口波动带来的入学问题。经笔者测算,我国的普通高中学位多年来稳定在800万左右,因此职普比的波动主要由人口波动造成。例如,20世纪80年代初和1990年前后出现的生育高峰就在1995年和2010年前后体现出职普比的波峰(见图1)。

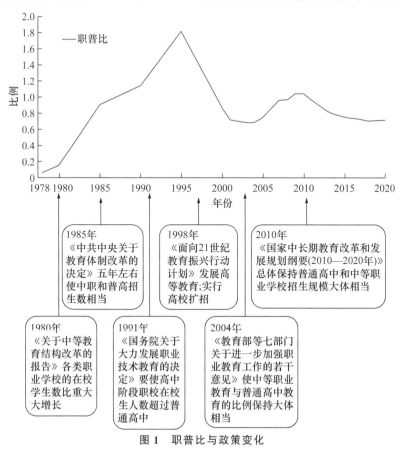

图 1　职普比与政策变化

世界发展进入工业化轨道之后,全球各国都注重培养各行各业的职业技术人员。分流方式主要分为自愿分流、强制分流和不分流。芬兰是自愿分流的国家,学生可基于兴趣和特长自由选择,其余大部分国家实行基于选拔测试的强制分流,德国实行基于双向选择的强制分流,而美国是极少数的几乎无普职分流的国家。值得注意的是,各国在职业教育和高等教育之间的通道是不同的,西班牙和荷兰普职融通,职业高中学生同样可以报考大学本科,其他国家的职业学校学生均不可直接报考大学本科。我国的职业教育在体系设置上与南欧国家(如西班牙)较为类似,即在初中毕业之后根据学习能力进行选拔分流。根据《全国教育事业发展统计公报》,2019年全国中等职业学校和普通高中招生的比例约为0.72。在职普融通的制度设计上我国与芬兰高度一致,中等职业学校学生可以报考高等职业学校或者普通本科院校。高等职业学校也可以通过专升本考试接受普通本科教育,继而通过研究生考试攻读硕士学位。但实际上,初中毕业生在中考分流进入职业教育体系之后,因为多方面因素能够真正回流普通高等教育的比例非常低。现在中职教育仍存在招生难,相对于普高在市场回报上无明显优势,从而导致招生更加困难的恶性循环。而这些问题将随着出生人口的减少而更加突出。国家统计局公布的数据显示,2003年开始,我国每年出生人口基本稳定在1600万左右,2020年开始,出生人口急剧下降,2022年的出生人口已跌破1000万。从人口结构推算,职普比将继续稳定到2035年左右,之后会出现较大幅的下降。根据教育部统计的数据,我国2022年拥有947万普高学位和1328万本专科学位,到2037年,这些数量即使不再增加也能满足绝大部分初中毕业生的需求。如果职普分流延续现状,拥有627万学位的中等职业学校可能将面临严重的生源不足问题。因此,要做到让年轻人按兴趣爱好自愿选择职业教育,还需要在客观条件成熟的基础上进行进一步的职业教育改革,实现真正的职普融通。

纵观全球主要国家的职业教育体系,芬兰被誉为"职业教育典范"。尽管芬兰是少有的自愿分流体系,但是世界上职普比最高的国家,达到了0.93,即职校学生和普校学生数量大体相当。芬兰的年轻人愿意选择职业教育的主要原因是大学学位充足及工资水平较为均衡。芬兰的大学录取率超过90%,进入职业教育体系的年轻人转入普通高等教育的门槛较低。而接受过高等教育的人与未接受高等教育的人收入之比仅为1.4,巴西则高达2.5。充足的大学学位、发达稳定的社会经济结构和二次分配体系构成的较为均衡的收入结构是实现真正按兴趣爱好自愿分流的基础。相较而言,我国的大学录取率由于近年来的扩招,已接近75%。随着出生人口进一步减少,大学录取率会进一步提高,劳动力价格上涨也是大势所趋。服务业、制造业领域技术工种的工资节节攀升。2020年的数据显示,本科毕业生与高中毕业生薪资之比仅为1.49,学历溢价进一步缩小。因此,我国将很快具备职普均衡发展的客观条件。

笔者从职业教育的供给质量、需求偏好、出口和回报四个方面提出职业教育改革的思路。首先,针对预期下降的招生规模,要集中力量将已有中职学校逐步建设成为少而精的优质中职教育学校。专业课程设置要具有就业市场前瞻性,以适应未来社会职业岗位的需求变化。其次,因地制宜,考虑在普高学位充足、经济发达等具备条件的地区将普职分流推迟到高等教育阶段。同时适当在中小学教育阶段引入职业教育课程及职业实践活动,使学生从小建立起自主自愿的职业观。再次,在普通高中、普通高等教育学位充足的客观基础上,以学分互换、课程互通等方式降低职业教育和普通教育之间的选拔性门槛,实现真正的职普融通。最后,进一步完善二次分配制度,形成更合理的再分配格局,这样才能吸引高素质人才进入职业教育体系。中华人民共和国人力资源和社会保障部在2021年宣布将大力推动高级工以上的"蓝领"参加职称评定,着力解决技能人才相较于专业技术人员待遇不高、获得感不强、成长空间不大等问题。从长远来看,提高职业教育质量,培养高素质职业技能人才,构建多层次劳动力体系,能够助力国家高质量发展和人民幸福感的提升,建立起共同富裕的和谐社会。

(作者系北京大学经济学院助理教授、博士生导师)

Part 5

政府有为：施政有方，发展有序

做好六个统筹,确保货币政策精准有力

宋芳秀

2023年《政府工作报告》对货币政策着墨不多,主要延续了2022年12月中共中央政治局会议和中央经济工作会议的表述,提出"稳健的货币政策要精准有力。保持广义货币供应量和社会融资规模增速同名义经济增速基本匹配,支持实体经济发展"。这一提法确定了2023年货币政策的总基调。

回顾过去几年《政府工作报告》对货币政策的表述,2019年为"稳健的货币政策要松紧适度",2020年为"稳健的货币政策要更加灵活适度",2021年为"稳健的货币政策要灵活精准,合理适度",2022年为"稳健的货币政策要灵活适度,加大政策实施力度"。2023年的定调"精准有力"明显有别于过去几年的表述。

2023年《政府工作报告》对货币政策取向的定调显示了我国政府对当前中国经济发展所面临复杂内外部环境的精准判断。2023年国内经济正在稳步恢复较高增长速度,但是仍存在较大程度的不确定性,同时国内的改革发展稳定任务仍然艰巨繁重。我国经济发展的外部环境更加复杂严峻,新冠疫情、地缘政治冲突、供应链挑战形成对经济的多重冲击,主要经济体的通货膨胀高企引发货币当局持续加息,全球经济存在较大的下行风险。在此背景下,货币政策需要"有力",以充分发挥金融支持实体经济的作用,确保复杂环境下经济增长速度保持在较高的水平。与此同时,货币政策必须"精准",这一方面要求中国人民银行(以下简称"央行")保持合理的货币供应量和社会融资规模增速,避免经济中出现通货膨胀和货币贬值风险;另一方面要求货币政策必须做到精准滴灌,让资金准确流向准备支持的重点领域和薄弱环节。

确保货币政策的"精准有力"是 2023 年央行面对的重要课题。施策者需要综合考虑货币政策目标、货币政策工具、政策传导机制等多个方面,来制定、实施和调整货币政策,提高货币政策的有效性和精准度。具体来说,应该做好以下几个方面的统筹:

一是统筹考虑货币政策的长短期目标。央行的长期目标通常包括价格稳定、经济增长、充分就业等方面,而短期目标则更多关注当前的经济状况和市场波动。从长期来看,央行应坚定不移地支持实体经济有序恢复,统筹稳增长、稳就业、稳物价、防风险等多个最终目标,根据经济发展情况的变化和需要适时适度调整货币政策工具。从短期来看,央行应密切关注金融市场状况和经济运行数据,尽量熨平经济和市场的短期波动。货币政策的实施应统筹好短期目标和长期目标,强化跨周期调控和逆周期调节,精准控制货币政策的规模和变化幅度,做到不大水漫灌、不大收大放。

二是统筹兼顾内部均衡和外部均衡。目前我国正处于疫后经济复苏、经济结构调整和转型升级、防范化解金融风险的关键时期,我们应该立足国内,以国内均衡为主要目标进行调控。从外部环境看,我国经济面临多重冲击和挑战,主要经济体的货币政策因应对通货膨胀而处于紧缩阶段,这可能会削减国内货币政策在经济复苏和增长方面的促进作用。另外,随着人民币国际化程度的提高,人民币出境和回流的规模增大,在很大程度上增加了货币政策精准调控的难度。在此背景下,货币政策需要将国内目标放在首位,同时密切关注国际环境发生的变化,兼顾好内部均衡和外部均衡,在稳增长、保就业、调结构、防风险、控通货膨胀、促出口等多重目标中寻求动态平衡。

三是统筹使用总量工具和结构性工具。"有力"意味着央行应适当使用降准降息等总量政策工具来为经济发展提供低成本的、较为充裕的资金来源,以释放稳增长、扩内需的明确信号,提振经济主体的信心。同时,央行应控制降准降息的力度和频率来控闸控流,把握好货币政策的力度和节奏,让货币供应量与社会融资规模和经济增长速度相适应。"精准"则意味着结构性货币政策工具仍将在2023年发挥重要甚至关键的作用,央行可能会适度增加中期借贷便利(MLF)、常备借贷便利(SLF)、抵押补充贷款(PSL)及定向再贷款等工具的实施量,以引导金融机构加大对小微企业、科技创新、绿色发展等国民经济薄弱环节和重点领域的精准投放和定向支持,优化银行的信贷结构。

四是统筹使用数量型工具和价格型工具。目前中国的货币政策正处于从数量型调控到价格型调控转变的过渡阶段。为积极支持扩大内需战略,恢复经济发展活力,央行在实际操作中应灵活选用数量型或价格型货币政策,或合理有序搭配两类货币政策工具,做到不仅维持货币信贷数量的总量适度和节奏平稳,还能保持稳定偏低的利率环境。2018—2022年,央行累计14次降低存款准备金率,释放的长期流动性超过11万亿元;企业贷款利率由2018年高点的5.60%降至2022年12月的3.97%,个人住房贷款利率从5.75%降至4.26%。以上数据说明过去五年货币政策从量和价两个方面有力支撑了实体经济的发展。

五是统筹运用货币政策操作和预期管理手段。预期是宏观调控部门实施政策时需要关注的重要变量。2018年以来,央行和公众沟通的频率大幅提高,预期管理手段也更加立体化、多元化。央行在货币政策制定和实施的过程中,应该通过发布信息和公告保持货币政策的透明度和一致性,使市场参与者能够正确理解与预期货币政策的方向和内容。央行如在实施货币政策操作的同时配合以高效的预期引导,就可以维护市场参与者对货币政策预期的稳定性,并通过预期管理影响市场主体的预期和行为,从而疏通货币政策的传导机制,提高货币政策的有效性,更加精准地实现货币政策目标。

六是统筹使用财政政策和货币政策。财政政策和货币政策可以作为互补的手段来实现共同的目标。二者的配合需要有时机、力度、方向等方面的精准把握和有效协调,以确保二者的作用效果相互弥补、互相支持。货币政策可以缓解企业受到的融资约束,但它只是帮助解决企业融资端的问题,企业能否渡过难关还取决于是否有合适的投资机会。因此,货币政策的实施需要能够促进消费、提振需求的财政政策配合发力。

就结构性货币政策而言,此类政策注重结构性调整,和财政政策的作用方式非常相似。结构性货币政策和财政政策应该共同发力还是分别作用于不同的领域、二者的领域如有重合应如何协同发挥作用、财政政策和货币政策的作用范式和效率差别等问题值得进一步探究。在政策的实施过程中,各级政府和央行应密切协作,及时共享信息和数据,协调政策行动以最大化政策效果。

(作者系北京大学经济学院金融学系教授)

完善地方政府债务管理体系

平新乔

2023年《政府工作报告》中指出,要"完善地方政府债务管理体系"。这不仅关系到地方经济发展过程中的公共品供给是否稳定,也直接影响国家金融体系的稳定。需要理论工作者和决策部门的领导与专家高度重视,认真研究,切实加以解决。

中国地方债分为"显性债"与"隐性债"。所谓"显性债"是指地方政府直接发行、直接负有偿还责任的一般债和专项债余额。据财政部数据,截至2022年年底,全国地方债(一般债加专项债)余额为35.1万亿元,其中一般债余额为14.4万亿元,专项债余额为20.7万亿元。所谓"隐性债"是指地方融资平台(一般是从事地方基建投资的地方国有企业)所欠的城投债余额、对商业银行所欠的信贷余额和各种非标融资余额。这是由地方融资平台直接负有偿还责任的债务,但一旦暴雷,地方政府就负有担保、救助责任,实质上具有间接偿还责任,故称为地方政府的"隐性债"。对于隐性债规模的计算。现在有些版本,据光大债券研究,截至2022年年底,中国城投债余额为13.91万亿元。而地方融资平台所欠的商业银行信贷加上各种非标融资(如信托、贷管、保理、部分融资租赁)总额,有人估算为56万亿元。根据我们自己在2021年的研究,截至2020年年底,中国地方融资平台的城投债余额为19.14万亿元,所欠的商业银行贷款余额为21.35万亿元,两者相加为40.49万亿元。即使按我们这个对2020年年底地方政府隐性债余额规模的保守估算,又假定2020年年底至今该余额没有增加,则到 2022 年年底,中国地方政府的显性债和隐性债的余额之和会达到 75.59 万亿元。这与社会上流传的"中国地方债(显性债加隐性债)现有规模为 80 万亿元"的说法,也相差无几。

中国 2022 年的 GDP 总额为 121 万亿元,按地方债总额为 75.59 万亿元的小口径,则中国地方政府的债务率也达到了 62.5%,超过了国际警戒线。而且,这还未算入中国中央政府所欠的债务。这样巨大规模的地方债,光是每年的利息就是一笔巨大开支,就算把地方政府每年的土地出让金收入全部用来支付地方债的利息,也可能不够。更不必说隐性债会将地方财政风险与银行风险、金融市场风险相互交叉感染,其后果是相当严重的。

中国地方债规模之所以越来越大,有深刻的制度原因:

第一,地方融资平台以地方政府专项债为资本金,在承担地方政府所委托的地方基建项目的过程中,衍生出许多商业性投资项目,往往是一元钱的专项债资本金会生出几元钱的投资生意。这是由于政府融资平台本身是商业机构,其有盈利目标;其从事的商业项目与具有公共品性质的基建项目混在一起搭配融资,会加大融资平台融资规模。一旦发生投资风险,又可以以承担政府委托的基建项目为理由要求政府担保和救助,这有巨大的道德风险,这种道德风险又会进一步让地方融资平台的债务规模具有扩张倾向。尽管这几年中央政府下达许多文件加强对于地方融资平台的分类管理,希望切割地方政府所委托的基建投资与融资平台自己"搭便车"所从事的一般性商业投资项目,但是在实际中因缺乏实施机构和实施机制,收效甚微。

第二,在各种"政府与社会资本合作"(PPP)项目中,从项目回收偿还的角度看,也存在"搭便车"现象。据我们研究发现,截至 2021 年 10 月底,中国在库的 PPP 项目达到 9 081 个,投资总规模达到 14.16 万亿元。但项目回收并不见好,大多数项目并不具备仅依靠使用费收回前期投资的盈利能力。这样一来,PPP 项目就需要政府兜底。在全部的 PPP 项目里,需要政府付费或者由政府对可行性缺口进行补助的项目投资占到 PPP 投资总额的 90%。这就说明,目前的PPP项目可能成为地方政府债务规模扩张的又一个根源。

第三,地方政府以地方债支持基建投资项目作为其拉动GDP增长的手段,这也是地方债规模居高不降的一个原因。我们通过研究发现,在中国,越是经济不发达的西部地区,其人均负担的地方债规模反而越高。至少在2016—2019年,中国省级人均GDP与人均地方债负担之间的相关关系显著为负。这可能说明,越是在土地相对不稀缺的西部地区,其产业发展的机会少,其人均GDP水平越是低,地方政府就越是有动力以地方债为基础融资,来支持地方基建投资,从而拉动地方GDP的增长。但是,这样的行为就有可能引发"越贫困的地区,地方债负担越重"的怪圈,从而让地方债更加难以偿还。

因此,为了完善地方债的管理体系,制止地方债尤其是地方隐性债的过分扩张,我们应该从制度上加以改进完善。

首先,应该切实切割接受地方政府委托从事公共基建项目的城投公司与从事商业性投资的企业,让政府委托的完成基建任务的国有城投公司只从国开行地方分行融资,地方政府发行的专项债资金可以只通过国开行地方机构贷款给这类专门从事地方基建项目的公司,这类公司所发行的城投债可以考虑通过国开行地方机构来代理发行,也可以设计让国开行系统成立专门系统,监督专门承担地方政府基建项目的投资公司的金融债券的发行。由国开行地方机构专门监督这类专业从事地方公共基建项目的城投公司完成其基建任务,对其债务规模加以严格控制和管理。这样考虑的目的是在地方政府与执行地方政府委托的基建项目的城投公司之间设立一个金融中介,专门监督承担公共投资的城投公司的债务行为。另外,地方政府与从事其他投资业务的地方融资平台彻底断绝资金联系。

其次,地方政府要进一步清理地方融资平台投资项目和PPP项目,对于公共品属性不明显的投资项目,可以考虑卖掉一部分,回收的资金用来偿还地方债。甚至对于那些已经完成的城建项目,也可以考虑出卖有限期的经营权,以回收资金,偿还地方债。

最后，中央政府和金融监管机构应该切实加强对地方政府利用地方债为基础资金、以基建投资拉动 GDP 的项目可行性与效益进行科学评估，管控地方政府的投资冲动。对于贫困地区或者那些经济不发达地区的基建项目，要特别注意其项目资金的回收可能性和地方债的可偿还性。

（作者系北京大学经济学院梓材讲席教授）

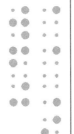

财政政策加力提效,化解地方债务风险

刘 冲

2023年的《政府工作报告》提出5%左右的GDP增长目标,符合政策资源的可承受力和经济发展的可持续性,为推动高质量转型预留了空间。2023年《政府工作报告》提出,"积极的财政政策要加力提效。赤字率拟按3%安排""今年拟安排地方政府专项债券3.8万亿元"。提高财政赤字预算表明,在经济复苏的背景下,财政继续加力提效,可以为确保2023年的经济复苏保驾护航,增强经济稳定性。与此同时,《政府工作报告》还提出,"防范化解地方政府债务风险,优化债务期限结构,降低利息负担,遏制增量、化解存量"。

当前我国财政工作面临收支矛盾、绩效不足、债务风险隐患等多项难题,处于紧平衡的运行状态。如何在这种状态下实现财政收入可持续增长、统筹发展和安全?笔者不揣浅薄,对这一问题有一些初步的思考,以就教于各位专家读者。

一、完善现代税收制度 理顺央地财政关系

(一)进一步优化税制结构,继续提高直接税比重

首先,应进一步完善个人所得税自行纳税申报和汇算清缴制度,扩大综合所得范围,探索将利息、股息、红利和财产租赁收入等财产性收入纳入个人综合所得,将财产性收入从适用于20%的固定比例税率调整为3%—45%不等的超额累进税率,降低低收入人群取得财产性收入的边际税率,提高高收入人群取得财产性收入的边际税率,在扩大税源的同时,缩小财产性收入不平等带

来的收入分配差距。

其次,积极稳妥推进房地产税立法和改革,明确试点城市名单和征收办法,稳定房地产市场预期,通过合理设置房地产税的起征标准与税率,提高刚性需求者和合理改善性需求者的购房意愿,抑制投机性购房,坚持实现"房住不炒"。另外,应将房地产税明确为地方税,一方面可以为地方财力提供有力支持和补充,降低其对"土地财政"的依赖度;另一方面也有利于激励地方各级政府积极配合,努力促成房地产税改革的落地生效与良好运行。

(二)完善央地财权事权划分,大力培育地方税源

首先,继续深化财权划分改革。在现有税种中,探索将消费税的征收环节从生产环节后移至消费环节,并将其部分或全部划归消费行为发生地的地方财政;通过理论测算、地区试点等办法,评估增加企业所得税地方分成比例的可行性。进一步推进省以下财政体制改革工作,通过制度建设明确并适当提高基层地方政府的分成比例,从而增强地方政府改善营商环境和公共服务的财税激励,推动财政政策更好地促进基层市场主体的健康发展。

其次,坚持推进事权划分改革,按照《关于推进中央与地方财政事权和支出责任划分改革的指导意见》的部署,在已有的基本公共服务、医疗卫生、科技、教育、交通运输、生态环境等领域改革方案的基础上,推进公共安全、民政、水利、农业农村、社会保障、退役军人、邮政、电信等剩余领域的央地事权划分,并加快推进相关立法工作,将央地事权划分法定化。此外,还需要根据地方政府实际财力的变化情况,动态调整按比例分担共同财政事权的分档名单,适时增加对遭受重大自然灾害等突发困难地区的中央专项转移支付。

二、强化国资挖潜增效　拓展财税政策工具

(一)盘活低效国有资产

首先,聚焦盘活存量资产的重点方向。一是重点盘活存量规模较大、当前收益较好或增长潜力较大的基础设施项目资产,包括交通、水利、清洁能源、保障性租赁住房、水电气热等市政设施、生态环保、产业园区、仓储物流、旅游、新

型基础设施等。二是统筹盘活存量和改扩建有机结合的项目资产,包括综合交通枢纽改造、工业企业退城进园等。三是有序盘活长期闲置但具有较大开发利用价值的项目资产,包括老旧厂房、文化体育场馆和闲置土地等,以及国有企业开办的酒店、餐饮、疗养院等非主业资产。

其次,优化完善存量资产盘活方式。规范有序推进政府和社会资本合作(PPP),对社会资本方通过创新运营模式、引入先进技术、提升运营效率等方式有效盘活存量资产并减少政府补助额度的,地方人民政府可采取适当方式通过现有资金渠道予以奖励。积极推进产权规范交易,充分发挥产权交易所的价值发现和投资者发现功能,创新交易产品和交易方式,协助开展咨询顾问、尽职调查、方案优化、信息披露、技术支撑、融资服务等,为存量资产的合理流动和优化配置开辟绿色通道,推动存量资产盘活交易更加规范、高效、便捷。支持兼并重组等其他盘活方式,积极探索通过资产证券化、混合所有制改革等方式加强存量资产优化整合,提升资产质量和规模效益。

(二)创新财税政策工具

首先,合理安排地方政府专项债券规模,适当扩大投向领域和用作资本金范围,持续形成投资拉动力,撬动更多社会资本。2022年,专项债券资金用作重大项目资本金比例约为7%。而根据政策规定,对于专项债券支持、符合中央重大决策部署、具有较大示范带动效应的重大项目,允许专项债券用作资本金的比例上限为25%;未来这一比例仍可继续上调。

其次,在全国范围内进一步做好消费券发放活动的推广优化。面向终端消费者的消费券活动有助于促进短期消费、恢复消费信心,同时也有利于增加商家短期收入、缓解经营压力。各级政府可在合理设计、严格监管的基础上,适度发放一定数量的全国和地方消费券,特别是汽车、家电等产业链较长、产值较大的重点行业,以及住宿、餐饮、零售、旅游等2022年受疫情影响较大的行业,确保财政资金可以直接流入消费环节拉动内需,为相关行业的市场主体纾困,同时推动消费升级,提升居民的获得感和幸福感。

三、保证财政支出强度　优化财政支出结构

(一) 加大支出强度,保障重点领域

2023年的整体赤字率进一步提升到3%,为财政支出强度扩张提供了有力的资金保障。对科技攻关、乡村振兴、区域重大战略、教育、基本民生、绿色发展等领域,财政要予以重点支持,以促进经济的高质量发展。通过财政奖补、贴息贷款、政府采购等财政政策工具,扶植高科技企业、绿色企业和符合国家区域重大战略的企业,加快高污染、高能耗、低附加值的落后产能淘汰,促进产业升级,保障国家战略的顺利实施;继续按照"只增不减"的原则,安排衔接推进乡村振兴补助资金预算;合理界定基本民生范围,推进基本公共服务均等化。

(二) 压减行政运行成本

党政机关要继续过"紧日子",从严控制一般性支出,加强"三公"经费预算管理,实现"三公"经费只减不增。相比于2020—2022年,2023年因公出国和外事接待任务将大量增加,因此更应当对相关开支严格审核,压减非必要、不合理的开支。继续严格控制公务接待和公车购置数量,做到非必要不公务宴请、非必需不增购公车。

四、统筹发展兼顾安全　增强财政可持续性

(一) 优化中央转移支付结构

中央转移支付的目的之一是实现基本公共服务的均等化,因此应当以人口普查的常住人口数为基准,核算人均财政支出,通过转移支付缩小人均财政支出差距,并适当向中西部地区倾斜,增强基层公共服务保障能力。另外,继续提高一般性转移支付的比重,适当增加地方政府的财政自主权,为地方政府化解本地财政风险留出一定的资金空间。

(二) 防范化解地方融资平台债务

进一步加强问责,硬化预算约束,杜绝增量隐性债务,让金融市场建立地

方政府不为新增城投债隐性担保的认识；对于存量债务，与金融机构合理分担风险，通过市场化谈判降低成本、优化期限结构，以时间换空间，避免集中到期引发资金链断裂问题；审慎推出隐性债务置换，探索发行地方债置换城投债，兼顾道德风险，债务置换的同时要区分该部分债务形成的责任归属；引导城投平台向国有实业企业转型，建立规范的公司治理架构，探索新的业务模式。

（三）清晰界定地方政府支出责任

明确地方政府对本地房地产市场的救助责任应以保障购房居民合法权益为限，可以利用少量财政资金，成立纾困资金，撬动社会资本投入烂尾楼盘，保证其完工，而对本地的房地产企业不具有救助责任，引导其债务重组或破产清算。严格限制地方国有企业和城投公司进入本地的土地招拍挂市场进行"托底"和"抬价"，禁止财政资金流入和变相流入土地市场。明确地方政府对本地城商行和农商行的救助责任仅以其出资额为限，分离金融风险和财政风险，各级财政不能为本地银行隐性担保；大型国有银行和不良资产管理公司要及时介入和接管风险较大的城商行和农商行，通过资产置换、债务重组、债转股、收购承接等方式，力求市场化解决各地的金融风险问题。

（作者系北京大学经济学院长聘副教授、博士生导师）

坚持"房住不炒",加强房地产市场分层调控

李 博

住房问题是目前中国社会经济生活中最突出、最受关注的问题。它既是民生问题也是发展问题,既关系千家万户的切身利益,又关系经济社会发展全局。2023年的《政府工作报告》中,关于房地产的表述共有五处:

出台金融支持措施,支持刚性和改善性住房需求,扎实推进保交楼稳民生工作。

坚持房子是用来住的、不是用来炒的定位,建立实施房地产长效机制,扩大保障性住房供给,推进长租房市场建设,稳地价、稳房价、稳预期,因城施策促进房地产市场健康发展。

房地产市场风险隐患较多,一些中小金融机构风险暴露。

有效防范化解优质头部房企风险,改善资产负债状况,防止无序扩张,促进房地产业平稳发展。

加强住房保障体系建设,支持刚性和改善性住房需求,解决好新市民、青年人等住房问题。

针对房地产市场的特点,我们建议加强分层调控政策,做到保障好低端住房需求,放开和适度刺激中端市场,控制和长效管理高端需求。

第一,引导住房回归居住属性,坚持"房住不炒"定位,有效防范化解优质头部房企风险。2016年12月中旬,中央经济工作会议首次提出"房住不炒",并在之后的《政府工作报告》中多次提及坚持这一定位。一方面,要鼓励并支

持商品房市场更好满足购房者的合理住房需求,但面对当下的经济形势,要保持定力,不应将房地产作为短期过度刺激经济的手段;另一方面,加强房地产供给侧管理,保障住房供给适应需求变化,熨平房地产和经济周期波动。继续加强房地产业资金监管,防止资金抽逃导致新的交楼风险,扎实做好保交楼、保民生、保稳定各项工作,让人民群众放心购房。政府要加大对优质房企的支持力度,有效防范化解房企和部分金融机构风险,防止大起大落导致的系统性金融风险加剧,从而促进房地产业平稳发展。

第二,打破"居者有其屋"的传统观念,推进保障性租赁住房建设,保障居民基本居住需求。党的二十大报告指出,要加快建立多主体供给、多渠道保障、租购并举的住房制度。各级政府要高度重视、全面布局住房保障政策,解决城市居民尤其是解决新市民、青年人等群体的居住问题。保障性租赁住房不仅保障了青年人的住房需求,更为重要的是保障了其实际可支配收入,让青年人敢消费、愿消费,拉动该群体的消费意愿,释放消费活力,增强国内大循环的韧性。同时,保障性租赁住房减轻了青年人的住房压力,有利于激发其创新活力,并促进青年人力资源在大城市的聚集达到空间优化配置的效果,这能为我国未来一段时间的高质量发展提供人才活力释放的制度保障。因此,政府要加大保障性租赁住房的覆盖面,进一步发展并完善房屋租赁市场,降低租赁住房税费负担,增加公租房、廉租房供给,租金要低于同地段同品质市场租赁住房租金,加大对年轻人租房的补贴力度。在要素市场端,一方面要盘活存量土地,增加用于建房的土地供应;另一方面,要充分发挥市场机制作用,引导多主体投资、多渠道供给,鼓励投资模式多样,政府要做好财政支持。

第三,满足中等收入家庭对美好生活的向往,鼓励改善性住房需求。中产家庭是社会稳定的基石,是社会财富创造的广大群体。根据中国家庭追踪调查(CFPS)的数据,2018年我国高收入、中收入、低收入群体的边际消费倾向分别为0.384、0.626、0.722,中收入群体和低收入群体一样具有很高的边际消费倾向。习近平总书记在《当前经济工作的几个重大问题》文章中指出,"消费是收入的函数,要多渠道增加城乡居民收入,特别是要提高消费倾向高、但受疫情影响大的中低收入居民的消费能力。要合理增加消费信贷,支持住房改善、新能源汽车、养老服务、教育医疗文化体育服务等消费"。因此,要降低房屋交易、房屋置换的费用,鼓励有改善性住房需求的家庭,置换更宽敞更舒适的房子。数据表示,2020 年我国城镇人均住房建筑面积达 38.6 平方米,若按套内面积计算仅约 30 平方米,按最新可得数据,美国、德国、日本的城市人均住房面积分别为 62.4 平方米、40.3 平方米、33.8 平方米。我国的人均住房面积不到美国的一半,与主要发达国家相比,还存在较大增长空间,尤其是中国特大城市的人均住房面积,甚至低于全国平均水平。同时,随着全面三孩政策的推进,我国或将步入多孩化时代,二孩及多孩家庭将占主导。在需求端,鼓励生育等政策与实施住房补贴相结合,释放改善性需求;在供给端,目前间数在两间以内的房屋不适应多孩化趋势,房屋供给无法满足需求,因此存在一定的房屋重建需求。

第四,出台房地产市场长效管理机制,适时推出房产税,抑制投机性住房需求。既要考虑高收入群体的投资性需求和资产配置的避险需求,也要遏制市场上过度的投机性需求。因此,要建立长期有效的政策,提高持有过多住房资产的成本,有必要推动房产税改革进程。出台房产税对经济财政将产生积极影响,笔者研究发现,房产税改革将优化居民的资产结构,刺激消费,降低房价并显著提振实体经济。而房产税收入的流向和使用也是值得关心的话题。其一,房产税收入增加地方政府长期税源,能够补充地方政府的财政收入,进而缓解地方政府的财政压力。其二,用房产税收入支持保障性租赁住房建设或租赁住房的补贴,完成房地产市场的再分配,从而达到调节收入分配、实现共同富裕的目标。其三,在减税降费的背景下,开征房地产税的同时调整其他税种税率使其下降,使社会平均税负水平基本不变,优化税制结构。需要注意的是,房产税改革涉及中国最广泛的纳税人群,政策的复杂性和执行难度远高于其他税制改革,应深化并加强试点工作,循序渐进、稳妥推进房产税全面征收。同时,为保障好刚性和改善性需求,政府应结合家庭和住房信息给予抵扣面积或税率上的优惠,比如对于首套房或人均住房面积低于 60 平方米的家庭免征房产税。

第五，要丰富房地产市场的调控工具，加强房地产市场预期引导，向新发展模式转型。面对当前房地产市场低迷的情形，各城市要因城施策放松地产管控，探索降低房贷利率、降低公积金贷款门槛、下调首付比例、有序放松限购限售等政策措施。然而，从2022年开始实行的降利率、解限购、减交易成本等房地产刺激政策的市场效果并不明显，房地产销售数据并没有显著回暖。背后的原因在于，居民对房地产市场修复的信心不强，恒大等房企的"暴雷"也引发居民对于房屋能否如约交付的担忧。因此，稳定市场预期并加强预期引导十分重要。不仅要保证居民购房信心，修复市场情绪，加速销售回款；也要进一步增强企业信心，适度调整房地产金融宏观审慎政策，帮助优质房企渡过难关，带动房地产行业上下游产业链消费进入正循环。同时，加快房地产业向新发展模式转型。房企应积极地预判未来，主动转型升级创新，降低过剩产能，服务城市更新需求，如城镇老旧小区改造、住宅绿色化和智能化等。

作为国民经济的支柱产业，房地产业规模大、链条长、牵扯面广，压舱石地位长期稳定。当前房地产市场仍在磨底，房企金融风险严峻，居民购房能力和预期尚在恢复。因此，各级政府要坚持"房住不炒"定位，加强房地产市场分层调控。既要做到保障好低端住房需求，放开和适度刺激中端市场，控制和长效管理高端需求，也要加强房地产供给侧管理和市场预期引导，有效防范化解金融风险，探索房地产业新发展模式。

(作者系北京大学经济学院助理教授、博士生导师)

防范和化解后疫情时代的房地产市场风险

冯 科

2023年的《政府工作报告》指出,过去五年政府"稳地价、稳房价、稳预期,因城施策促进房地产市场健康发展",但仍然面临着"房地产市场风险隐患较多,一些中小金融机构风险暴露"的困难和挑战。因此,2023年政府工作的重点之一就是"有效防范化解优质头部房企风险,改善资产负债状况,防止无序扩张,促进房地产业平稳发展"。2023年的《政府工作报告》把房地产相关内容放在"有效防范化解重大经济金融风险"的框架下表述,充分说明房地产市场风险已经上升到新的高度,防范和化解风险将成为2023年房地产市场的重要工作。特别是新冠疫情暴发以后,房地产市场受到较大冲击,至今仍处于阵痛过程中。因此,如何有效防范和化解后疫情时代的房地产市场风险,成为亟待探讨的重要问题。

一、中国房地产市场的发展现状

房地产是国民经济的支柱产业,能够有效带动国民经济其他产业的发展,对经济增长、就业、财税收入、居民财富、金融稳定都具有重大影响。国家统计局数据显示,2022年,房地产业增加值为77.38万亿元,占GDP的比重达到6.1%,建筑业增加值为8.33万亿元,建筑业和房地产业两大产业增加值合计占GDP的比重达13%。此外,房地产业还影响上游钢铁、建材、工程机械、化工,以及下游家电、家具、乘用车等众多行业,合计占GDP比重或超30%。正如住房和城乡建设部部长倪虹在2023年"两会部长通道"答记者问时所说,房地产业相关贷款占银行信贷的40%,房地产的相关收入占地方综合财力的50%,居民财富的60%体现在住房上,房地产业"牵一发而动全身"。

房地产的生产过程和周期是一个准金融行为,金融资源大量配置到房地产行业,房地产与金融市场的联动使得房地产风险可能向金融市场传导,引发金融风险。而房地产市场的下滑将导致地方政府基金性收入减少,进而可能触发地方政府债务风险。因此,防范和化解房地产风险是化解重大经济金融风险的关键一环。2016年中央经济工作会议首次提出"房子是用来住的,不是用来炒的",以弱化房地产投资属性。此后以"房住不炒"为主线和指导原则,以"稳地价、稳房价、稳预期"为政策目标,房地产市场调控持续深入,金融政策总体趋紧,"房住不炒"执行的深度、广度和坚定度都超出预期,房地产金融化泡沫化势头得到了一定程度的遏制。

但同时,2020年开始,国家陆续出台"三道红线"及房贷管理等政策,叠加疫情管控及需求疲软的影响,房地产市场也面临着前所未有的压力。根据国家统计局的数据,从供给端来看,2022年房地产开发投资13.9万亿元,比上年下降10.0%,出现1998年以来的首次同比下降;房地产开发投资占固定资产投资的比重为22.9%,比去年下降4.1个百分点;2022年,房地产开发企业到位资金148 979亿元,比上年下降25.9%;部分房企因长期"高杠杆、高负债、高周转"经营,资产负债表持续处于高风险状态。从需求端来看,2022年全国商品房销售额为13.3万亿元,与2017年基本持平,比去年下降26.7%,增幅创历年新低;中国人民银行的数据显示,2022年个人住房贷款余额38.8万亿元,同比增长1.2%,个人住房贷款占金融机构新增人民币贷款的比例为2.3%,比去年下降17.1个百分点。尽管随着调控政策优化和疫情形势好转,房地产市场已逐渐开始恢复,但在后疫情时代,房地产市场仍然处于调整修复的磨底期,存在较多有待于化解的风险隐患。

二、后疫情时代的房地产市场风险

后疫情时代,我国房地产市场面临着以下风险。

第一,房地产企业的流动性风险。长期以来,房地产企业发展主要通过"高杠杆、高负债、高周转"来实现,极度依赖连续顺畅的融资和债务工具。受疫情影响,房地产企业销售回款受阻,现金流承受巨大压力,叠加房地产调控政策的影响,融资端和需求端两端运行不畅,使负债较高、库存现金较少的房地产企业面临很大的流动性风险和资金链断裂的压力。而在后疫情时代,银行贷款的延期已经不再具有可持续性,金融机构面临坏账损失。房地产金融具有系统性,房地产企业的流动性风险很容易转化为银行机构的经营风险,处置不当就可能形成区域性或系统性风险。

第二,房地产需求下降的风险。居民收入增长预期是影响房地产消费的关键因素,只有居民收入水平提高才能使得潜在需求转变为实际需求。近几年受疫情影响,叠加经济下行压力,居民收入提高受到严重影响。一些家庭的收入大幅降低,甚至已经无力按时偿还房地产按揭贷款,导致停贷断供,产生居民债务危机。而居民收入下降导致的房地产需求下降,使房地产企业的销售及回款下滑,面临债券到期偿还的压力,产生流动性危机。可见,居民债务风险与房地产风险息息相关,二者会形成互溢关系。在后疫情时代,疫情期间针对企业的贷款延期政策将取消,企业仍然面临经营压力,刚需人群支付能力下降和对未来预期的降低仍会持续,房地产风险仍在积累。

第三,房地产政策执行不畅的风险。随着房地产调控政策的推进,房地产金融审慎管理制度在政策执行层面引发了一定的叠加效应,一些金融机构政策执行力度过强,影响了房地产企业的正常经营,如房企正常的贷款发放受到限制、按揭贷款发放周期拉长等。在后疫情时代,房地产作为支柱产业的地位继续巩固,但银行体系的反应比较迟缓,大部分银行对房地产的未来形势是谨慎,甚至是不看好的。尽管在当前的政策体系下,银行对于保交楼大力支持,但对于新增房地产开发贷依然谨慎,房地产企业现金流"拐点"未至,流动性风险仍在积累。

三、政策建议

为了有效防范和化解后疫情时代的房地产市场风险,本文提出以下政策建议。

第一,按照市场经济规则,果断处置坏账。前几年疫情对房地产市场所造成的影响已无法逆转,当前要做的是防止进一步的次生风险。可以允许一部分房地产企业进入破产清算程序,也允许一部分家庭处置住房,让房地产市场轻装上阵。要积极配合做好受困房地产企业风险处置,做好房地产项目并购金融支持,积极探索市场化支持方式,提高资产处置效率。建立全国性地产纾困机制,推进"保交楼、稳民生"工作。

第二,充分授权地方政府。在政策执行层面,目前地方政府在保交楼方面得到了充分授权,然而银行在房地产开发贷款的发放方面没有充分的授权,从而行动迟缓。应充分授权地方政府,实现地方政府、金融监管机构、财政部及国资委等多部门的共同协调,真正做到"夯实城市政府主体责任"和"因城施策",促使银行迅速行动,有效满足房地产企业合理融资需求,确保房地产企业资金流动"正常化",使信贷端和需求端的政策调整发挥应有的作用。

第三,持续创新金融产品。不断创新金融产品,以分散房地产企业融资渠道潜在的金融风险。对资质优良的房地产企业增加直接金融支持,通过债券融资、信托融资、股权融资、资产证券化(ABS)、供应链金融、不动产私募基金投资等金融产品,以及合理运用房地产投资信托基金(REITs)夹层融资等创新方式,来优化房地产企业融资结构,拓展房地产企业多元化资金来源,用金融产品创新赋能房地产新模式。

第四,从长远来说,应促进产业升级和科技创新,逐步降低房地产对国民经济的影响。在产业升级和科技创新过程中,应充分发挥资本市场的作用,更大力度支持高水平科技自立自强。进一步健全多层次资本市场体系,完善资本市场功能、丰富融资工具,通过提供风险投资、私募股权投资等方式帮助企业创新创业,辅导企业进入资本市场促进科技、资本和实体经济高水平循环,最终实现产业升级,使科技创新成为国民经济的主体。

(作者系北京大学经济学院金融系教授)

中国式现代化需要构建有利于物价稳定的经济体系

李连发

中华人民共和国成立七十多年来,中国从"一穷二白",到完成脱贫攻坚、全面建成小康社会,实现了第一个百年奋斗目标,这是历史性的飞跃。2021年,中国GDP占世界经济的比重为18.5%;与2012年相比,提升了7.2%。尤其是2017年以来,外部环境异常复杂,中国经济的全球占比依然提升了3.3%。

未来的外部环境具有不确定性,国内也存在经济增长和生产率提升速度放缓的挑战。实现中国式现代化的目标,需要以新发展格局推进高质量发展。为此,需要构建有利于物价稳定的经济体系。

一、加强宏观上整合和动员资源的能力,在关键领域适度超前发展

加强资源配置和动员能力,在具有全局意义的关键领域适度超前发展,这是以往宏观经济调控的一条宝贵经验。党的二十大报告提到中国"建成世界最大的高速铁路网、高速公路网,机场港口、水利、能源、信息等基础设施建设取得重大成就"。

在当下我国人均收入水平达到81 000元、人均GDP达到世界平均水平的阶段,中国超前建成世界最大的高速铁路网、高速公路网,机场港口、水利、能源、信息等基础设施,有利于提高城乡之间的要素流动性、实现城乡之间基础设施均等化,体现了中国宏观上整合和动员资源的能力。

二、将生产率提升、经济持续增长作为财政收入长期稳定的保证

在经济持续增长、生产率提升的基础上保持财政收入的稳定,这是以往宏观经济调控的又一条宝贵经验。从根本上,财政支出需要有财政收入的支撑,将支出债务化的合理性仅存在于一个特殊阶段——从生产率提升转换为财政收入增长的过渡阶段。

经过长期的努力,中国式现代化已经发展到了一个特殊的阶段,经济增长已经具备了坚实的技术和生产率基础,特别是已经初步具备了生产率未来持续提升的基础。中国式现代化的乐观前景在于它符合生产率提升的规律。生产部门生产率的提升不是一蹴而就的,而是发展达到成熟的表现。生产率提升是不断投入、不断积累、符合严格科学规范的持续过程。这是中国政府财政收入稳定的最重要保证。

三、建立有利于保持物价稳定的对外投资体系和供给体系

增加国际市场对中国商品的需求,提高获取外汇的能力,在国际经济大循环中主动进行差异化发展,为建立保持物价稳定的供给体系创造条件。中国的对外投资结构经过系统的调整和优化,将对保证中国的物价稳定和汇率稳定发挥更大的作用。

以往我们认为,中国与发达国家会在同质贸易品交易上直接面对面地竞争,但实际情况可能不完全如此,中国式现代化可能更多地体现为经济发展和产业结构方面的"换赛道"。根据中国汽车工业协会发布的数据,2021年1—11月,中国汽车整车出口192.8万辆,同比增长100%;出口金额313.8亿美元,同比增长120%;2022年1—9月,中国汽车整车出口211.7万辆,同比增长55.5%。新能源汽车最近的海外热销只是中国经济这种发展方式的开始,以后出现的"新赛道"会更多。新能源汽车制造业的快速增长契合了中国式现代化的发展方向。

四、各国现代化进程中的货币和价格变化情况

中国式现代化和西方的现代化都是基于全球市场与货币交易的现代化。全球市场和货币交易状况通过各国的货币与价格数据得到一定程度的反映。本文将人均GDP达到4万美元作为发达国家的参照水平。中国2023年的人均GDP为12 614美元。以下考察美国、德国、日本和韩国等国家从人均GDP 1万美元到4万美元的现代化实现进程中的货币和价格等状况。(样本国家达到人均GDP 1万美元和4万美元的两个年份间的货币和价格变化被本文定义为该国现代化进程中的货币和价格变化,因此每个样本国家标注出来的均是该国达到人均GDP 1万美元和4万美元的年份。)

美国:根据世界银行数据,美国人均GDP于1978年首次超过1万美元(10 564美元),2004年首次超过4万美元(41 712美元),间隔26年。根据美联储发布的广义货币供应量(M2)经季度调整的月度数据,美国1979年12月M2为1.37万亿美元,2004年12月为6.42万亿美元,后者是前者的4.69倍。美国劳工部发布的消费物价指数环比数据显示,1978—2021年,美国一般物价水平总体稳定。世界银行计算的美国出口数量指数,2004年是1980年的2.81倍。

德国:根据世界银行数据,德国人均GDP于1979年首次超过1万美元(11 281美元),2007年首次超过4万美元(41 640美元),间隔28年。根据德国统计局发布的M2经季度调整的月度环比变化率数据,1999年1月欧元发行以来,德国的货币发行量环比变化率一直稳定在较低的水平。德国统计局发布的消费物价指数环比数据显示,两德统一后德国的一般物价水平环比变化率一直稳定在较低水平;2022年3月和5月消费物价指数坏比数据分别为2.5%和0.9%。

日本:根据世界银行数据,日本人均GDP于1981年首次超过1万美元(10 583美元),1994年接近4万美元(39 933美元),1995—2020年均在4万美元附近波动,2020年达到40 040美元。1981—1994年这短短的13年,日本实

现了人均 GDP 增长 4 倍;1979—1994 年,日本人均 GDP 从 9 301 美元到 39 933 美元,后者是前者的 4.29 倍。兰健和龚敏(2002)将 1980 年 11 月到 1989 年 4 月定义为日本货币政策的扩张阶段,并根据因果检验发现,1980 年第一季度至 1991 年第四季度,货币供应量的变化先于名义 GDP 的变化,并影响名义 GDP 的变化。[①] 根据日本统计局数据,以日本 2020 年 7 月为 100, 1981 年 7 月和 1994 年 7 月的消费物价指数分别为 76.8 和 95.4。

韩国:根据世界银行数据,韩国人均 GDP 于 1999 年首次超过 1 万美元 (10 672 美元),2020 年尚未超过 4 万美元(31 721 美元),间隔 21 年。根据韩国银行发布的 M2 的月度期末数据,韩国 1999 年 12 月 M2 为 672.5 万亿韩元,2022 年 4 月为 3 673.7 万亿韩元,后者是前者的 5 倍。韩国银行发布的消费物价指数数据显示,以 2015 年为 100,1999 年 7 月至 2022 年 7 月韩国的消费物价水平分别为 61.14 和 108.74。世界银行计算的韩国出口数量指数以 2000 年为 100,1999 年和 2020 年分别为 83.41 和 424.57,后者为前者的 5.09 倍。

2024 年,中国进入现代化新征程的人均 GDP 起点是 12 614 万美元(2023 年)。美国人均 GDP 达到 1 万美元是 1978 年,德国人均 GDP 达到 1 万美元是 1979 年,日本人均 GDP 达到 1 万美元是 1981 年,韩国人均 GDP 达到 1 万美元是 1999 年。40 年前人均 GDP 1 万美元与当前人均 GDP 1 万美元的可比性有误差,因此以上对各国现代化期间的结论存在一定的偏误;然而这一偏误并不影响我们将以上比较分析作为一种近似的参考。

通过以上国别比较,可以得出各国现代化共性的初步结论:在基于全球经济和货币交易的现代化过程中,各国均重视国际市场,出口换回的外汇有利于各国保持物价稳定。在开放的经济环境中,各国宏观经济管理部门在增加货币供应的同时,形成了以物价稳定为目标的宏观经济管理体系。

[①] 兰健,龚敏. 日本货币政策效应的实证分析:1980[J]. 世界经济文汇,2002,(05):54.

五、结论：保持和增强经济结构的抗通货膨胀功能

现代化进程既需要货币金融的充分保障，又不能出现通货膨胀。发达国家在现代化进程中都实现了两个目标——充分的货币金融保障与物价稳定。在各自的现代化进程中，发达国家的货币总量均出现了幅度不小的增加，同时物价又保持了长期的稳定。相比其他依赖进口的国家，中国的经济结构更能够抵御输入性通货膨胀。中国的经济结构决定了中国具备物价稳定的物质基础和条件。

中国式现代化需要构建抗通货膨胀的经济循环格局。除了需要具备稳定的财政收入基础、发展生产，以及增强获取外汇的能力，中国的对外投资体系应系统地为保证中国的物价稳定和汇率稳定服务。在宏观经济管理方面，建议管理部门在"稳"和"安全"的基础上追求高质量发展，在控制通货膨胀、保持人民币汇率稳定、保持合适规模的外汇储备、构建维持物价稳定的供给体系等方面加以统筹和权衡。

(作者系北京大学经济学院教授、博士生导师)

深入实施区域重大战略和区域协调发展战略

张 辉

2023年的《政府工作报告》提出"扩大国内有效需求,推进区域协调发展和新型城镇化""大力实施乡村振兴战略"。这对于以合理区域、城乡经济布局推动经济高质量发展、构建新发展格局、统筹发展和安全、建设社会主义现代化强国具有重大意义。

深入实施区域重大战略和区域协调发展战略需要增强区域发展平衡性协调性。自2000年左右,我国在继续鼓励东部地区率先发展的同时,陆续实施西部大开发、东北振兴、中部崛起战略,形成了以"四大板块"为基础的区域协调发展政策框架。截至2012年,东部地区生产总值占全国比重降为50.4%,中部、西部和东北地区生产总值占全国比重分别为21.3%、19.6%、8.7%,区域相对差距略有缩小,但不平衡不协调的矛盾依然突出。党的十八大以来,面对区域经济发展新形势新任务,党中央统筹推进西部大开发、东北全面振兴、中部地区崛起、东部率先发展,进一步完善"四大板块"政策,提出推进西部大开发形成新格局,推动东北振兴取得新突破,开创中部地区崛起新局面,支持东部地区率先实现现代化,支持特殊类型地区加快发展,区域协调发展的平衡性协调性得到显著增强。中部和西部地区生产总值占全国比重分别由2012年的21.3%、19.6%提高到2021年的22%、21.1%,东部与中西部地区人均地区生产总值比分别从2012年的1.69、1.87下降至2021年的1.53、1.68。

深入实施区域重大战略和区域协调发展战略需要以城市群为主载体,培育更多经济增长动力源。我国推进的京津冀协同发展、粤港澳大湾区建设、长

政府有为：施政有方，发展有序

三角一体化发展、推动长江经济带发展、黄河流域生态保护和高质量发展，作为三大动力源地区和两大流域生态经济带，在实践中逐步形成了重点的"3+2"区域重大战略格局和"19+2"城市群主体形态。截至2020年，我国城市群地区承载了全国约3/4的常住人口、贡献了近85%的地区生产总值。京津冀、长三角、珠三角三大城市群的国际竞争力显著增强，成渝地区双城经济圈建设势头强劲，长江中游、北部湾、关中平原等城市群加快一体化发展，一批跨省域、跨市域的现代化都市圈加快培育，新的增长极、动力源正在加快形成。创新大江大河治理模式，推动长江、黄河流域走出生态优先绿色发展新路子。长江经济带的生态环境发生了转折性变化，长江干流全线达到Ⅱ类水质，实现了在发展中保护、在保护中发展。黄河流域生态保护和高质量发展取得阶段性重要进展，能源保供和绿色发展水平持续提升。2021年，黄河流域Ⅰ—Ⅲ类水质断面占81.9%，比上年上升2.0个百分点，劣Ⅴ类占3.8%，比上年下降1.1个百分点。

深入实施区域重大战略和区域协调发展战略需要注重新区建设、释放城市创新活力。党中央着眼全国"一盘棋"，坚持系统观念、守正创新，鼓励各式各样的新区、开发区、试验区先行先试，推进体制机制的改革创新，打造区域增长极。截至2022年年底，全国共有7个经济特区、19个国家级新区、21个自贸试验区、230个国家级经济技术开发区、23个国家自主创新示范区、173个国家级高新技术产业开发区、12个国家综合配套改革试验区、5个国家级金融综合改革试验区。这些开发新区的涌现为全国经济发展带来了蓬勃动力与积极的示范效应，为全国城市高质量协调发展释放了创新活力。

深入实施区域重大战略和区域协调发展战略需要注重县域发展、推进城乡融合、大力实施乡村振兴战略。党的十九大提出乡村振兴战略以来，探索形成"以工促农、以城带乡、工农互惠、城乡一体"的新型协调发展路径。推进县城建设对促进新型城镇化建设、构建新型工农城乡关系具有重要意义。截至2021年年底，我国城镇常住人口为9.1亿人。其中，1 472个县的县城常住人口为1.6亿人左右，394个县级市的城区常住人口为0.9亿人左右，县城及县级市城区人口占全国城镇常住人口的近30%,县及县级市数量占县级行政区划数量的约65%。推进区域重大战略和区域协调发展战略,还要持续推进以人为核心的新型城镇化,完善城市功能,开发县城资源潜力,增强综合承载力。以县域发展为基本推动点,完善强农惠农政策,持续抓紧抓好农业生产,加快推进农业农村现代化,助推城乡协调发展。大力推动县域发展,逐步推进城乡融合,争取实现农民在家门口就业、在家门口享受现代生活的目标。

区域重大战略和协调发展战略是推动经济高质量发展的系统策略,已经取得了显著成效,但区域发展仍面临新情况新问题,具体表现为:区域经济发展分化态势明显,发展动力极化现象日益突出,东北、西北地区发展仍然相对滞后,促进区域协调发展的政策和机制还需进一步完善,部分地区的比较优势有待充分发挥。蓝图已经绘就,奋斗正当其时。要把深入实施区域重大战略和区域协调发展战略作为推动党的二十大精神落地落实的具体行动,坚持系统思维和问题导向,注重空间精准化和政策连续性,久久为功,在发展中促进相对平衡。一是持续优化四大板块区域发展格局。坚持国家四大板块区域发展大格局,逐步改善区域发展桎梏,循序消除区域发展障碍,渐进释放区域发展禀赋,持续优化四大板块区域发展格局。激发中西部地区区域发展潜力,把握向西开放战略机遇,提升中西部地区公共服务均衡性。充分发挥连南接北、承东启西的区位优势,推进制造业转型升级,着力推动内陆高水平开放,促进中部地区加快崛起。从维护国家国防、粮食、生态、能源、产业安全的战略高度,激发市场主体活力,推动东北全面振兴取得新突破。二是更好发挥动力源地区引擎作用。进一步提升京津冀、长三角、粤港澳大湾区等动力源地区的国际竞争力,更好地发挥"带动全国高质量发展"的重要作用。依托中心城市,培育建设现代化都市圈城市群,构建大中小城市协调发展格局。在明晰特色优势与主体功能定位的基础上,合理规划区域主体功能取向,释放动力源辐射带动作用,发挥新区创新功能优势,释放城市创新活力,促进区域优势互补。三是完善区域协调发展体制机制。通过推进东西、南北结对帮扶合作,健全区域战略统筹、市场一体化发展、区域合作互助、区际利益补偿等机制,更好地促进发达地区和欠发达地区、东中西部和东北地区共同发展。完善区域协调发展机制,也需要着力促进区域间公共服务均等化。切实改善公共服务水平均等化,促进要素流动、平衡人力资源分布,为区域经济高质量发展赋能。四是推进县域发展、打造和谐城乡发展关系。将乡村振兴战略和新型城镇化战略统一协调起来,有效推动城乡融合发展。加强对农村基础设施建设、公共事业服务支出、人才吸引培育的倾斜,持续整治提升农居环境,加大对农村长期建设的投资,推动实施种业振兴行动。积极发挥城市对周边县城、农村发展的带动作用。因城施策,形成城市产业对农村经济发展的有效支撑,积极培育各类新型农业生产主体,加快推进农业农村现代化。

(作者系北京大学经济学院副院长、教授)

Part 6

民生为本:增进福祉,民康物阜

深化社保改革 夯实民生之本

锁凌燕

2023年的《政府工作报告》从促进教育公平和质量提升、提升医疗卫生服务能力、加强社会保障和服务、丰富人民群众精神文化生活方面回顾了过去一年和五年的民生重点工作,并从多个方面对民生保障制度的建设提出了建议。《政府工作报告》指出,过去五年间,各级政府坚持过紧日子,腾出的资金千方百计惠企裕民,全国财政支出70%以上用于民生,折射出新时代、新征程上的民生之重。

统筹城乡的民生保障制度,是中国特色社会主义制度的重要组成部分,是实现"民生七有"——幼有所育、学有所教、劳有所得、病有所医、老有所养、住有所居、弱有所扶的重要依托,是推进中国式现代化的重要抓手。而提及民生保障制度的重要内容"保险",《政府工作报告》主要涉及三个方面:

一是基本养老保险。《中华人民共和国2022年国民经济和社会发展统计公报》显示,我国65岁以上人口占总人口的比重高达14.9%,这标志着我国已经进入老龄社会,老有所养成为国家面临的"大题目"。过去五年我国基本养老保险参保人数增加1.4亿,养老保险单位缴费比例从20%降至16%,全国社保基金得以充实,储备规模从1.8万亿元增加到2.5万亿元以上,退休人员基本养老金连续上调,城乡居民基础养老金最低标准也显著提高,还建立了基本养老保险基金中央调剂制度,在扩面、提待、降负的同时,在改革的深水区迈出了坚实步伐。

二是基本医疗保险。病有所医是我国卫生事业发展的根本目的,医疗保险在筑牢民生底线、防止因病致贫、因病返贫等方面具有不可替代的基石作用。过去五年我国基本医保水平稳步提高,城乡居民医保人均财政补助标准从450元提高到610元,增加35.6%;更多群众急需药品纳入医保报销范围,药品和医用耗材集中带量采购降低相关医疗费用负担超过4000亿元;住院和门诊费用实现跨省直接结算,惠及5 700多万人次,更好地满足了跨省流动人口的医保结算需求,医保服务不断优化,助力实现应享尽享。

三是失业保险。近几年来,外部环境不确定性加大,世界经济和贸易增长动能减弱,国内经济增长企稳向上基础尚需巩固,稳就业任务艰巨。国家综合使用失业保险的收入替代功能和稳岗扩就业功能,除了全力保障参保失业人员的基本生活,还对困难行业企业社保费实施缓缴,以减轻企业即期成本压力,同时大幅提高失业保险基金稳岗返还比例、增加稳岗扩岗补助以"稳就业",使用失业保险基金等资金支持技能培训以"防失业",对于保持就业形势总体稳定起到了重要作用。

总体来看,面对疫情等国内外多重超预期因素的冲击,社会保险保障民生、暖及万家,彰显出普惠性、基础性、兜底性的制度特色,有效地承担了社会保护网、稳定器的职责;同时,社会保险体系还保持了"小步快跑"的改革发展节奏,各项重点改革任务扎实推进,为未来发展奠定了坚实基础。目前,我国已经建成了超大规模的社保体系,覆盖人口超过13亿人,年度社保基金收入超过10万亿元,已经成为民生之依;但保障和改善民生只有连续不断的新起点。进入中国式现代化新征程,社会保险还需不断优化,实现系统集成、协同高效发展,以持续提高民生保障水平与品质,促进共同富裕。

一是要注重夯实社会保险的底线思维。由于中国社会保险制度的改革发展是伴随经济体制改革的推进逐步展开的,其目标和模式是在实践中不断调整、逐渐明确下来的,也因此积攒了庞大的转轨成本待持续消化,叠加国内国外经济增速放缓、人口老龄化、人口红利消失等多重结构性因素,以及近期社保费"减免缓"等政策的影响,社会保险体系面临巨大的财政压力。所以在未来相当长一段时期内,社会保险改革都将会面临的重要任务是,在有条件地推进社保降费的条件下,在收支之间寻找新的平衡点。《中共中央关于制定国民经济和社会发展第十四个五年规划和二〇三五年远景目标的建议》中明确提出,要"实施渐进式延迟法定退休年龄",这对于社会保险的"开源""节流"将会发挥重要作用。但在待遇水平适度调整的同时,仍应更加注意将有限的资源更多向"底线保障"倾斜,增进社会包容,差异化地提高对老人、儿童、残障人士等弱势群体的保障水平,包括更注重提升低收入群体的基本养老保险替代率,降低其医疗保险年度自负费用限额、降低共付比例等。

二是要注重与第二、三支柱协同发展。从全球来看,各国为了适应人口结构变化和就业形态演化,一直在积极地推进社会保险体系改革,三支柱建设就是其中的重要部分。国际社会的普遍认识是,社会保险有助于消减贫困、降低收入不平等,所以对其投入在持续增加;而市场化安排有助于激励储蓄、缓解第一支柱压力,并促进资本市场发展,因此也需要积极关注、鼓励参与。需要指出的是,虽然是多支柱并行,但任何一个支柱都不是一个独立的制度安排。我们需要考虑不同支柱保障的加总保障水平是否合意,并在此基础上统筹安排税收优惠等政策激励;我们需要考虑不同支柱对不同群体、个人不同状态下的覆盖程度,并在此基础上安排不同支柱保障的衔接机制。例如,伴随新经济发展,灵活就业形态的重要性在持续提升,我们可能需要探索跨支柱的个人账户,以便个人更及时有效地了解未来可能获得的各类保障总和,等等。

三是要注重与关联服务体系协同发展。从我国社会保险制度改革发展的进程来看,前期的工作重点是构建制度框架、"立柱架梁",从"广覆盖"进展到"全覆盖";之后通过重要领域和关键环节的改革,从多元制度并立发展到并轨统一,显著改善制度公平性。伴随改革进入深水区,社会保险的关注重点也就需要转移到提升改革整体效应、服务民生保障目标上;换言之,要促进社保制度与其他各项民生保障改革举措在政策取向上相互配合、在实施过程中相互促进、在改革成效上相得益彰。例如,2023年《政府工作报告》在对未来工作提出建议时提到,要保障基本民生和发展社会事业,加强养老服务保障。这可谓敏锐地关注到了巨量人口快速进入老龄社会过程中养老保障工作的重点和痛点。基本养老保险制度的改革发展,关注的是养老钱的问题;但如果养老服务体系准备不足、供给相对短缺,养老的综合成本就会持续上涨,严重侵蚀养老钱的购买力;如果居民手中空有养老钱,却买不到价格和质量都恰当、数量也充足的养老服务,所谓的老年经济安全就是空谈。养老保险与养老服务齐抓并举,才是积极应对人口老龄化之道。过去五年间,国家积极应对人口老龄化,通过税费、用房、水电气价格等方面的政策支持,发展社区和居家养老服务。根据民政部数据,截至 2021 年年底,全国共有社区养老服务机构和设施31.8 万个,五年间平均年复合增长率高达 20%。但即便如此快速的调整,也很难适应我国人口结构转换的速度,养老服务设施数量少且远未实现社区全覆盖,护理人员队伍年龄偏大、职业技术水平偏低等问题也十分突出。因此,广泛动员社会多元力量,充分提供各类政策支持,持续增加养老服务供给、积极提升服务质量、合理控制成本水平,构建和完善兜底性、普惠型、多样化的养老服务体系,以不断满足老年人群体日益增长的多层次健康养老需求,也成为关于社会保险改革大局的关键性工作。再如,《政府工作报告》还提出,要推动优质医疗资源扩容下沉和区域均衡布局,这实际也关乎社会医疗保险的可持续发展与协调发展。中国的经济发展战略深受非均衡发展理论的影响,加之地域资源禀赋的差异,医疗卫生资源也呈现出失衡格局,在区域之间、城乡之间、不同级别医疗机构之间、预防与治疗之间配置失衡,这成为"看病难""看病贵"的重要原因。因此,基本医疗保险制度的可持续发展,势必要以医疗资源的优化配置为基础,其待遇补偿机制也应与医疗资源组织体系协同起来。

民之所需,政之所行。民生问题是人民群众最关心,也是其面临的最直接、最现实的问题,事关国家发展大计、事关人民幸福安康,我们必须要注重通过"集成式"的综合努力,夯实民生之本,不断提升群众的获得感、幸福感和安全感。

(作者系北京大学经济学院副院长、教授)

完善社会保障体系，增进民生福祉

赵留彦

2023年的《政府工作报告》中多次强调社会保障问题，要求贯彻以人民为中心的发展思想，切实保障和改善民生，在发展中不断增进民生福祉。这也是党的二十大精神的贯彻和体现。习近平总书记在党的二十大报告中提出中国式现代化是人口规模巨大的现代化，是全体人民共同富裕的现代化。

人口规模巨大的现代化，意味着我们要满足14亿人民日益增长的美好生活需要。迄今为止，世界上已经实现现代化的总人口规模不超过10亿。我国整体迈入现代化将彻底改写现代化版图，是人类历史上有深远影响的大事。全体人民共同富裕的现代化，是中国式现代化的目标，不仅要求我们在现代化过程中消灭贫困、消除两极分化，还有更为丰富的内涵，如缩小地域差距和城乡差距、提高劳动在收入分配中所占的份额等。以中国式现代化全面推进中华民族伟大复兴，是基于中国近代以来，特别是改革开放以来社会转型和经济发展经验的总结。

共同富裕是社会主义的本质要求。从过去五年的工作和新时代十年的伟大变革来看，我们实现了小康这个中华民族的千年梦想，打赢了人类历史上规模最大的脱贫攻坚战，为全球减贫事业做出了重大贡献。我们建成了世界上规模最大的教育体系、社会保障体系和医疗卫生体系。

共同富裕包括两个方面的内涵：一方面是不断做大蛋糕，发展生产力；另一方面是分好蛋糕，提升公平正义。二者本质上是效率与公平的关系，忽略任一方面都将造成共同富裕理论与实践的缺陷。公平与效率既对立又统一，只有符合社会公平正义要求的机制才真正有利于提高和维护资源的配置效率与劳动效率。中国的发展经验表明，实现共同富裕的物质前提是解放和发展社会生产力。没有强大的生产力就无法创造出巨大的社会财富，人民也就无法在社会分配中获得更多的物质与精神财富。若忽略做大蛋糕，共同富裕必然变成平均主义，最终社会生产效率降低，出现共同贫穷。不过，生产力发展过程中，如果缺乏合理有效的分配制度和社会保障制度，社会财富分配不均的矛盾就会凸显。收入分配格局的改善不是朝夕之功，基尼系数在短期内大幅上升或者长期维持高位的情况比较常见，因为一旦收入格局形成，往往会形成力量强大的既得利益群体，从而很难实现利益格局重塑。

"涓滴经济学"认为，在经济增长的过程中，财富会自上而下自发地流动。换言之，优先追求经济整体上的快速增长，可以为持续减少贫困、增进民生福祉创造条件。正是基于这一理念，很多发展中国家会施行高积累、低消费政策，进行快速资本积累，希望在尽可能短的时间内缩小与先发国家的差距。但是，这种导向往往难以产生我们所希望看到的增进民生福祉的效果。首先，经济增长的成果向下"滴流"的渠道并不是天然畅通的，市场自发机制难以惠及绝大多数普通百姓。其次，国家生产能力的增长快于普通民众消费能力的增长，长期必然会导致总需求不足的问题，进而导致投资和消费长期失衡，消费率偏低，从而固化收入差距格局。一味强调社会总产出的增长，有可能导致社会经济资源更多地向精英阶层流动，从而加剧社会结构的分化和阶层间的对立，这种制度不仅有违社会公平，不得人心，还会危及长期的经济效率，导致经济增长不可持续。

增进民生福祉不能完全靠市场的自发调节，还需要发挥政策的作用，建立完善的再分配制度，健全社会保障体系，通过财政手段、金融手段等调节收入差距。其中，社会保障因其下列基本功能在其中居于关键地位：第一，预防和减少贫困；第二，减少不平等，特别是在基本公共服务权利等方面的不均等，保证所有人享有公平机会；第三，增进社会包容，关照弱势群体，避免人格排斥、设施排斥和制度排斥。新时代十年来，我国社会保障体系建设进入快车道，我

民生为本：增进福祉，民康物阜

国在实现共同富裕方面取得的显著成效离不开在"民生七有"方面的持续发力,离不开世界最大规模社会保障体系、教育体系和医疗卫生体系的建设。党的二十大报告在"增进民生福祉,提高人民生活品质"部分中特别指出"健全社会保障体系""健全覆盖全民、统筹城乡、公平统一、安全规范、可持续的多层次社会保障体系""扩大社会保险覆盖面"。这是针对社会保障、社会保险可及性和均衡性的要求,把社会保障作为增进民生福祉和实现共同富裕的重要工具。

随着城镇化、老龄化、就业方式多样化加速,我国社会保障发展的环境发生了深刻变化,面临诸多新的风险挑战。社会保障作为治国安邦的重器,是现代化国家建设的重要支撑。谋划新时代社会保障发展应当把握科学的方法论,包括系统观念、战略眼光、风险意识、国际视野和规律认知,以高质量的中国特色社会保障为现代化建设提供支撑力量。多层次社会保障体系建设是对传统政府负责的单一保障制度的改革,充分调动市场、社会力量及个人积极性共同建设不同层次的保障项目,满足人们多样性的社会保障需求。目前我国老龄化进程正在加速,2012—2021年,全国65岁以上老年人口抚养比从12.7%上升至20.8%。社会保障的财政压力不断上升,单一的保障制度难以承受。另外,随着经济社会发展,人们个性化的福利保障需求日益增加,迫切需要多层次的保障供给。多层次的社会保障体系全面调动政府和市场主体、社会力量和个人力量,壮大了社会保障制度的物质基础,使政府和市场、社会和个人的权责配置更加合理,更好地满足人民不断增长的福利需要,使社会保障制度的责任分担方式更趋合理化。我们应积极借鉴国际有益经验,推动我国多层次社会保障体系的建设。

这并不意味着社会保障体系的建设不需要关注效率问题。"不患寡而患不均"的心态下,不平等容易导致社会不安,过度担忧不平等而"泛福利化"则是因噎废食。从各国经验中可以看到,由于信息不对称,泛福利化往往会在客观上形成"养懒罚勤"的逆向激励效果。家计调查能力越弱,越容易出现转移支付错位的情况。伴随大数据科技和社会征信体系的发展,精准扶助将会改善社会公平保障体系的运行效率,互联网教育和医疗技术的发展也有利于改进优质教育卫生资源分布区域不均衡的局面。不过,在资源有限的条件下,任何一国的基本公共服务和社会保障待遇水平势必都不能超越经济发展水平,所以,社会公平保障体系的建设改革不能一味地给政府责任"做加法",而是要合理限定政府的财政责任。历史经验也充分表明,要保证社会保障体系长期可持续发展,必须树立"底线思维",要将有限的公共资源向弱势群体倾斜,并通过市场来满足具有相应支付能力群体的保障需要,形成"造血式"的多层次社会保障体系。可以说,未来的社会保障体系一定是政府、社会、市场和个人共同负担的多元保障模式。

(作者系北京大学经济学院教授、院长助理)

关注"缺失的中间层"

郑 伟

民生保障是历年《政府工作报告》关注的重点之一,2023年的《政府工作报告》也不例外,《政府工作报告》中的过去一年工作回顾、过去五年工作回顾和今年几项重点工作等部分,都谈到了一定篇幅的民生保障问题。做好民生保障工作,一方面最重要的是兜住困难群众基本生活保障网,另一方面也要关注"缺失的中间层"。

"缺失的中间层"(missing middle)是近年来国际社会保障领域出现频次较高的一个词,指既没有被社会保障体系上端的"社会保险"所覆盖,又没有被社会保障体系下端的"社会救助"所覆盖的群体。因为这部分群体在社会保障体系中(或社会保障体系的某类保障项目中)上下都够不着,处于保障缺失的状态,所以被称作"缺失的中间层"。他们大多在非正式经济部门工作,与雇主之间的关系并非典型的劳动关系,这给基于劳动关系的传统社会保险的扩面带来很大挑战。在就业方式多样化的背景下,如何将"缺失的中间层"纳入社会保险的保障范围,成为一个世界性难题。

近年来,我国社会保险扩面工作成效显著,但发展不平衡不充分的问题依然存在。一方面,基本养老保险和基本医疗保险覆盖面较高,基本养老保险参保率达到91%以上,基本医疗保险参保率稳定在95%以上;另一方面,工伤保险和失业保险的覆盖面仍有相当大的缺失,2022年,参加工伤保险的人数(29 111万人)仅占城镇就业人员(45 931万人)的63.4%,参加失业保险的人数(23 807万人)仅占城镇就业人员(45 931万人)的51.8%。同时,因为全国社会救助覆盖人群相对有限（2022年全国有4 467万困难群众被纳入低保或特困供养，全年实施临时救助1 083万人次），而且城镇就业人员中属于社会救助对象的人群更加有限，因此可以推断，在未被工伤保险和失业保险覆盖的城镇就业人员中，有很大一部分人就属于"缺失的中间层"。

新冠疫情让我们意识到社会保障对保持社会韧性的重要性，以及解决社保领域"缺失的中间层"问题的紧迫性。要解决这个问题，既需要治标的应急举措，也需要治本的长效机制。过去几年，在推出应急举措和建设长效机制方面，社会保障部门不断开拓创新，做出了积极的努力。

在推出应急举措方面，2020年5月，《人力资源社会保障部 财政部 关于扩大失业保险保障范围的通知》（以下简称《通知》）发布，这是社保体系快速响应的典型案例。在突如其来的疫情冲击下，大龄失业人员、领取失业保险金期满仍未就业的失业人员、不符合领取失业保险金条件的参保失业人员、失业农民工等脆弱群体是已存在或潜在的"缺失的中间层"，《通知》加大了失业保险对这些人的保障力度。例如，延长大龄失业人员领取失业保险金的期限，对领取失业保险金期满仍未就业且距法定退休年龄不足一年的失业人员，可继续发放失业保险金至法定退休年龄。又如，阶段性实施失业补助金政策，在规定期间，领取失业保险金期满仍未就业的失业人员、不符合领取失业保险金条件的参保失业人员，可以申领六个月的失业补助金。此外，还实施了阶段性扩大失业农民工保障范围、阶段性提高价格临时补贴标准、畅通失业保险待遇申领渠道等政策。这些政策举措，对于在疫情期间保障失业人员基本生活、维护社会稳定发挥了重要作用。

在建设长效机制方面，始于2022年7月的新就业形态就业人员职业伤害保障试点，是社保体系努力将"缺失的中间层"纳入广义工伤保险框架的重要探索。近年来，灵活就业逐渐成为普遍的就业方式。截至2021年年底，我国包括个体经营、非全日制和新就业形态等在内的灵活就业人员有2亿人左右，其中大部分未被传统工伤保险所覆盖，属于典型的"缺失的中间层"。以新就业形态中的平台就业人员为例，一方面，他们与平台企业之间缺乏典型的劳动关系，将他们纳入传统工伤保险存在较大困难；另一方面，如果不把他们纳入保险保障，那么当遭遇职业伤害时，他们作为劳动者所拥有的获得职业伤害保障的权利又无法落实。面对这一新的两难问题，需要用改革的办法和创新的思维去破解。职业伤害保障试点，正是在广义工伤保险的框架下，针对出行、外卖、即时配送和同城货运等行业中的新就业形态特点进行的大胆探索。

道阻且长，行则将至；行而不辍，未来可期。覆盖全民是我国社会保障体系建设的基本目标之一，解决"缺失的中间层"问题是健全覆盖全民的社会保障体系的关键一环，它呼唤社保领域与时俱进的战略设计、制度创新和管理提升。

(作者系北京大学经济学院教授)

小险种大智慧
——厘清关键点,有效发挥失业保险作用

蒋云赟

2023年《政府工作报告》非常平实低调地总结了政府过去一年和五年的工作,在社会保障方面我们建立基本养老保险基金中央调剂制度,住院和门诊费用实现跨省直接结算,对困难行业企业社保费实施缓缴,大幅提高失业保险基金稳岗返还比例。这些是我们在遇到疫情等国内外多重超预期因素冲击下取得的来之不易的成就。2023年《政府工作报告》指出2023年是全面贯彻党的二十大精神的开局之年。党的二十大报告和《中华人民共和国国民经济和社会发展第十四个五年规划和2035年远景目标纲要》一致,我们在社会保险体系建设方面方向明确,具体思路清晰且一脉相承。

失业保险是宏观经济的自动稳定器之一,在经济下行时期向失业人员发放失业金,一方面保证失业人员的基本购买力,另一方面防止失业人员增多带来的社会失序。失业保险在我国近年来的减费降税中发挥了较为重要的作用。根据《中国统计年鉴2023》,2015年实施社会保险费降率减费政策以来,失业保险的费率已经从2015年的3%下降到2017年的1%,失业保险的当年基金结余也由2015年的631.4亿元下降到2021年的基金赤字40亿元,失业保险基金的累计结余由2015年的5082.97亿元下降到2021年的3313亿元。2022年年末,全国参加失业保险人数为2.4亿人,向1058万失业人员发放失业保险待遇887亿元。但是,失业保险制度运行当中也有一些问题值得注意。

第一,失业保险参保率高的人群和失业率高的人群出现错配。2021年年末全国城镇就业人员46773万人,参加失业保险人数为22958万,占2021年城镇就业人口的49.1%。依据我国现行《失业保险条例》的规定，失业保险覆盖城镇企事业单位及其正式职工，近几年部分省（自治区、直辖市）根据当地实际情况，把农民合同制工人、中小微企业职工等流动性大的群体纳入失业保险参保范围，但参保率并不理想。另外，各地尚未把灵活就业人员纳入失业保险的覆盖范围。正规企事业单位的员工参保率高但失业风险很低，而真正有高失业风险的农民合同制工人和灵活就业人员的参保率较低。

第二，失业保险金的受益率较低。2021年年末全国城镇登记失业人口为1040万人，而2021年年末全国领取失业保险金人数为259万，只有城镇登记失业人口的25%。失业保险金受益率低的原因，除了高失业风险人群参保率不高，还有失业保险金领取条件严格和失业保险待遇不高等。领取失业保险金的条件较为严格，只有失业者在满足非自愿失业、依法参加失业保险并达到规定的缴费年限和办理失业保险登记这三个条件后才能领取。新冠疫情暴发后，我国一定程度上放宽了失业保险金的领取条件。但我国失业保险金的待遇较低，在城市最低生活保障水平和最低工资标准之间，由于领取程序繁杂且有领取时长限制，所以一些失业人员不愿意领取或者索性去申请最低生活保障补贴。

第三，我国失业保险更加强调对企业的返还，但这些返还对企业帮助有限，企业并没有领取失业保险费返还的动力。由于失业保险金受益率低，失业保险基金累计结余较多，各地鼓励失业保险金用于留工补贴和稳岗返还等支出。新增失业保险支出项目基本以服务和补贴为主，重企业轻个人，并且经常采用企业免申即享的方式。但这些失业保险费返还由于金额较低，对企业帮助有限，往往需要政府主动推送或者送上门企业才会领取。

2015年失业保险减费降率以来，目前我国失业保险基金收支基本平衡，费率进一步下降的空间较小。失业保险下一步可考虑提高统筹层次，扩大覆盖面和落实待遇发放。使得失业保险金真正补贴到人，更有利于发挥失业保险宏观经济稳定器的作用。

第一，进一步扩大失业保险的覆盖范围并提升失业保险的参保率。近年来，新就业形态大量涌现，灵活就业正在成为一种重要的就业模式。应该考虑将灵活就业人员纳入失业保险覆盖范围，并大力提高农民合同制工人、中小微企业职工和灵活就业人员等对失业保险需求更高的人群的参保率。灵活就业人员的就业形式导致其工资待遇不稳定，因此，建议根据实际情况对其缴费形式进行灵活管理。因特殊情况而未能连续缴纳失业保险费的，建议可按年、月或季度等不同方式缴费，同时配套建立灵活就业人员失业保险关系转移程序。

第二，推动农民合同制工人、灵活就业人员和城镇职工同等参保同等享受待遇。根据《失业保险条例》的规定，农民合同制工人本人不缴费，失业后如果满足领取条件只能领取一次性生活补助费，而不能按月领取失业保险金，补贴标准相对较少且保障期限短、范围窄，总体保障水平低于城镇职工。部分城市统一城乡失业保险政策，农民合同制工人与城镇职工同等缴纳失业保险费，同等享受失业保险待遇。目前我国失业保险个人缴费压力小，而且农民合同制工人失业风险更高，建议全国范围内统一城乡失业保险政策，统一农民合同制工人和城镇职工的失业保险待遇，农民合同制工人失业达到领取条件后也可以按月领取失业保险金，这样农民合同制工人与城镇职工在失业保险政策上实现城乡均等化，享受待遇水平将大幅提升。

第三，适度提高失业保险金待遇支付，强化失业保险对个人的保障和补贴。目前我国失业保险金更强调对企业的补助，多数资金以稳岗返还等形式补贴给企业，但失业保险金资金规模较小，难以对企业形成有效激励。各地失业保险金待遇在最低生活保障标准和最低工资水平之间，有些地方和低保标准非常接近，这就降低了失业保险的吸引力。应该考虑适度提高失业保险金待遇支付，发挥失业保险金对个人的补贴，真正发挥失业保险的作用。

第四，考虑跟随养老保险一起，提高失业保险的统筹层次，早日实现全国统筹。目前四个直辖市及广东、吉林、青海和安徽等省实现了失业保险的省级统筹。失业保险不推行全国统筹，会影响失业保险的迁移和领取，降低失业保险的吸引力。为了解决这个问题，2021年11月发布的《人力资源社会保障部

办公厅 财政部办公厅关于畅通失业保险关系跨省转移接续的通知》规定,不符合申领失业保险金条件的人员办理转移,需要按失业保险金总额的1.5倍计算转移费用。由于我国目前失业保险缴费较少,失业受益率低,如果参保人员在当地连续参保领取失业保险金的数额较低,但跨省转移则会带走更多的失业保险费用。随着经济形势的变化和人员流动的进一步加剧,广东等以前吸纳大量灵活就业人员的省份会承担较大的失业保险金转移接续支出压力,这可能会进一步降低这些省份提高失业保险参保率的积极性。失业保险全国统筹推行的难度并不大,如果失业保险全国统筹,会增加人们对失业保险这个小险种的关注度,也有利于提高失业保险的参保率,有利于失业保险真正发挥作用。建议利用养老保险全国统筹的契机,做实失业保险的全国统筹。

(作者系北京大学经济学院教授)

积极应对人口老龄化，完善三支柱养老保险体系

陈 凯

2023年的《政府工作报告》中提到，在过去的五年中，中国的人民生活水平不断提高，基本养老保险参保人数增加1.4亿人，共覆盖10.5亿人，基本医保水平稳步提高。在制度层面，建立了基本养老保险基金中央调剂制度，连续上调退休人员基本养老金，取得了优秀的成绩。然而，近年来，我国的老龄化进程明显加快，根据第七次全国人口普查的数据，2010—2020年，60岁及以上人口比重上升了5.44个百分点，65岁及以上人口比重上升了4.63个百分点。与上个十年相比，上升幅度分别提高了2.51个百分点和2.72个百分点。人口老龄化是社会发展的重要趋势，也是今后较长一段时期我国的基本国情，这既是挑战也是机遇，尤其在养老保险体系的建设方面。

在我国目前的三支柱养老保险体系中，第一支柱为政府提供的基本养老保险，包括城镇职工基本养老保险和城乡居民基本养老保险。近十几年来，我国基本养老保险的给付一直保持上调趋势，可以为居民提供基本的退休收入保障。第二和第三支柱均采用积累制，但发展比较缓慢。尤其是作为第二支柱的企业年金和职业年金，其发展近年来进入瓶颈期，参与人数增速缓慢，央企及大型国有企业已有的企业年金市场容量逐渐饱和，中小企业建立企业年金的动力不足。作为第三支柱的个人养老金制度才刚刚建立不久，仍处于试点探索阶段。2022年推出之后虽然开户数很高，但实际缴费人数有限，实际缴费金额低于预期。在完善养老保险体系的道路上，我国未来仍有很多工作要做。事实上，不仅中国如此，放眼全球世界多数国家的养老保险制度都在受

低生育率和人口年龄结构改变的影响。这些国家大多也在根据各自的国情尝试着调整养老保险制度,试图缓解老龄化所带来的养老困局。结合我国实际情况,个人认为有三点改革要尽快抓紧启动。

首先,继续推进第一支柱全国统筹,提高城乡居民养老保障。

我国中西部地区的青壮年流动到东部沿海地区打工是常态,因此部分城市老年人多、年轻人少,导致参保缴费收不抵支;而经济发达地区则是收大于支。养老金收支极度不平衡,需要统一协调调度。2018年,我国建立养老保险基金中央调剂制度,其主要目的就是解决各省份之间养老保险基金不平衡的问题。目前,推进比较多的是市级统筹、省级统筹,但是全国统筹才刚刚起步。这是一个逐步平衡的过程,可能需较长的时间实现。在党的二十大报告和"十四五"规划中,多次提到要推动基本养老保险的全国统筹。现行的只是过渡性政策,在未来五年,务必加速推进第一支柱基本养老保险的全国统筹问题,缓解地区基金收支压力和减轻地方政府财政支付压力,从而增强基本养老保险制度的可持续性。另外,目前的城乡居民养老保险的保障程度不足,无论是绝对值还是相对值都较低,无法起到应有的养老保障作用。由于城乡居民养老保险的主要筹资渠道是政府补贴,未来可能需要通过转移支付加大资金投入,尤其是对于一些相对偏远的地区。这些地区本来人民生活水平就较低,财政负担也较大,一些个体无力缴纳养老保险保费,在老年收入降低后生活压力陡增。因此,应该通过提高城乡居民养老保险补贴,为特殊人群代缴养老保险等手段,让保险政策更具普惠性,有效提高城乡居民的养老保障。

其次,加强第二支柱顶层设计,发挥其支柱作用。

虽然我国一直在强调要建立多层次多支柱的养老保障体系,但第二支柱企业年金和职业年金的发展一直不太理想,尤其是企业年金。根据人力资源和社会保障部公布的数据,截至2021年年底,企业年金的参与人数仅为7 200万,很多中小型企业并未提供企业年金计划,无法为职工提供有效的养老保障。这主要有三方面的原因:一是企业负担较大,建立流程复杂。2019年《政府工作报告》指出,"下调城镇职工基本养老保险单位缴费比例,各地可降至

16%",但加上其他社会保险缴费后,企业的缴费压力仍然较大。另外,我国企业年金是建立在企业与职工自愿参加的基础上,并非强制参加。双重因素叠加导致企业建立企业年金的意愿较低。企业年金的建立和日常管理流程也比较复杂,涉及的管理成本较高,这也让很多中小企业对企业年金望而却步。二是企业年金对职工个人的综合吸引力不足。虽然企业年金目前整体的收益水平尚可,但作为一个长期投资产品,其投资权益类产品的比例不高。根据生命周期的理论,个人在青年期和中年期应该提升权益类的资产投资以换取更高的收益水平,在临近退休时再逐渐增加对固定收益类产品的投资,以提高保障。但是,目前企业年金在权益类产品上的投资比例较低,未来需要进一步推动市场化进程,丰富投资品种,提高收益水平。第三是企业年金模式过于固化,个人在企业年金的投资选择上没有主动权,参与感不足。这方面可以参考试点的个人养老金制度,同时打通第二支柱和第三支柱的壁垒,让两者可以自由转换。这样还能解决中小企业在建立企业年金制度时流程复杂的问题,一石二鸟。总体来说,第二支柱企业年金和职业年金的积累及长期投资收益,在健全和完善我国多层次养老保障体系建设中,起着至关重要的作用。未来要在顶层制度设计上进一步完善,发挥其补充养老的支柱作用。

最后,尽快完善第三支柱,提高制度吸引力。

第三支柱个人养老金制度自 2022 年启动以来,一直受到社会的多方关注。2022 年 11 月 25 日,个人养老金制度正式在 36 个先行城市(地区)启动实施。根据数据,截至 2022 年年底,个人养老金参加人数 1 954 万,缴费人数 613 万,总缴费金额 142 亿元。作为一个多月的试点效果,这些数字虽然和理想还有差距,但已经是相当不错的成绩。目前来看,个人养老金在制度设计上采用了国际上较为通用的个人账户制度,每个参与者都有一个自己专属的个人账户。个人通过此账户进行自主投资,自主制定投资策略并分配投资比例。同时,税收优惠政策可以提高个人养老金制度的吸引力,鼓励有需要的居民为养老进行提前储蓄。这不仅增加了个人退休后的收入现金流,还缓解了第一支柱和第二支柱的压力,完善了我国三支柱的养老保险体系。当然,个人养老金制度刚刚开始实施,还存在一些不足。在税收优惠方面,目前的政策是先用税前收入进行缴费,未来领取时按照3%的固定税率进行缴税。这虽然提供了较高的税收优惠,但单一的税率制度不利于激励养老保险的年金化领取,很难保障退休后的现金流,也无法应对潜在的长寿风险。因此,在税率制度上,个人养老金还有进一步调整的空间。另外,目前可供投资者选择的产品并不多,未来还需要丰富个人养老金产品的种类。面对不同风险偏好的消费者,提供储蓄、债券、权益类投资等多种投资选择。从收益率的角度看,保险公司按照监管要求,在做好投资风险管控的前提下,将专属商业养老保险的收益率保持相对较高的水平仍然可期。总体来看,作为第三支柱的个人养老金制度在2022年开了个好头,但还需要进一步完善,提高对居民的吸引力。

总体来看,目前我国养老保险体系的三个支柱都存在一些问题,但也有相应的解决方法。2022年我国人口已经出现了负增长,随着人口老龄化进程的加速,未来个人的养老压力必将进一步加大。因此,务必加速制度的顶层设计,解决三支柱现有的问题,完善养老保险制度,让居民未来有充足的养老收入,拥有体面的退休生活。

(作者系北京大学经济学院风险管理与保险学系副系主任)

健全医保支付方式，服务健康中国战略

秦雪征

随着人口老龄化进程的加快和人民群众医疗需求的增长，进一步提升医疗卫生服务能力、构建优质高效的医疗保障体制是实现健康中国战略目标的关键。2023年的《政府工作报告》强调要"深入推进和努力普及健康中国行动，深化医药卫生体制改革，把基本医疗卫生制度作为公共产品向全民提供，进一步缓解群众看病难、看病贵问题"。《政府工作报告》还指出，要"推动优质医疗资源扩容下沉和区域均衡布局""完善分级诊疗体系""持续提高基本医保和大病保险水平"。

在世界各国的医疗卫生体制改革实践中，控制医疗费用的快速上涨是发展中国家和发达国家均面临的巨大挑战。在诸多导致医疗费用增加的人口、社会和经济因素中，一个值得注意的政策原因是医疗保险的支付方式。根据经济学中关于医保道德风险的理论，不合理的医保支付方式可能造成医疗服务供给方的激励扭曲，从而造成医疗费用过快上涨。而合理的医疗保险支付方式改革则可以改善医疗服务供给方的激励，达到降低医疗费用的目的。例如，在2009年推行新一轮医疗卫生体制改革前，我国普遍实行的医保支付方式是按项目付费的后付制，医保基金根据实际产生的医疗服务向医疗机构支付医疗费用，这一政策容易导致医疗服务的过度供给，不利用控制医疗费用的快速上涨。

根据国家卫生健康委员会公布的数据，2000—2020年，我国的卫生总支出和政府卫生支出分别上涨了约15.7倍和30.9倍，人均医疗费用从361.8

元增长至 5 111.1 元,年均增长率远高于同时期的 GDP 增长率。医疗硬件设施数量持续增长,基层医疗机构发展仍相对落后。2021 年每千人口医疗机构床位 6.70 张,比 2015 年增长了 31.1%,但 2021 年基层机构的总床位数仅占 18.1%。综合来看,全国各地区医疗资源分布极不均衡,医疗资源投入产出比总体不高。改革医疗保险支付方式可以改善医疗服务供给方的激励,是实现优质医疗资源扩容和区域均衡布局的重要保障。2009 年新医改以来,我国的医保支付方式由传统按项目付费的后付制转向预付制,各地出现了不同形式的试点,如总额控制、按病种付费和按人头付费等。其中,实行范围最为广泛的预付制医保支付方式改革是"以收定支"的医保总额控制,即根据历史费用确定年度预算,以达到控制医疗费用上涨的目的。

为了测算这一预付制改革的政策效果,笔者与合作者基于四川省医疗机构年报和住院患者病案数据,考察了医保总额控制对供方行为的影响,并结合我国医疗服务体系,详细比较了实行医保总额控制后不同类型医疗机构的控费效果和激励扭曲。四川省 A 市于 2016 年 1 月 1 日起,正式在全市所有定点医疗机构施行基本医疗保险付费总额控制。此后,以各定点医疗机构服务提供情况和近三年实际医疗费用为基础,制定各定点医疗机构总额控制年度指标。按照"超支分担,结余留用"的原则,结合年度考核进行年终清算,各定点医疗机构的年度考核得分越高且超支比例越小,"超支分担"中医保基金承担的比例越高。在这种医保支付方式下,医疗机构会寻求现在和未来的收入之和最大,有不超过预算总额和用足预定总额两种动机。如果控费压力小则用足预定总额的动机更强,医疗费用出现增长;如果控费压力大则控费的动机更强,医疗费用有所降低。特别地,在我国等级化的医疗卫生体系下,基层卫生服务机构(乡镇卫生院和城市社区卫生服务机构)和不同级别医院在医疗技术人员、医疗仪器设施等软硬件条件方面均存在巨大差异。改革后不同类型医疗机构的控费压力不同,从而采用的应对策略存在异质性。

在研究设计中,我们将 2016 年起实行基本医疗保险医保总额控制的 A 市作为实验组,未实行医保总额控制的 D 市作为控制组,采用双重差分法和事件分析法，从医疗费用和医疗质量两个角度检验了不同类型医疗机构的变化。第一，基层卫生服务机构和一级及未定级医院用足预算额度激励更强，多个细分项费用上升。相反，二级医院和三级医院的控费激励更强。其中，二级医院控费效果良好，总费用显著降低了7.7%；三级医院采用了将手术治疗替换为费用更低的非手术治疗的控费措施。此外，我们未发现改革对非基本医保群体的外溢效应，非基本医保患者的总费用没有明显变化，城职保和新农合住院患者次均费用降低。第二，在服务量方面，一级及未定级医院患者总人次数降低，在竞争中处于相对弱势地位；医疗服务费用下降和效率更高的二级医院以及扩大规模后的基层卫生服务机构都吸引了更多患者。第三，将年度考核与医保总额控制相结合的政策设计可以有效促进三级医院提高医疗服务质量，院内死亡率和再入院率均呈现下降趋势；但基层卫生服务机构和一级及未定级医院的医疗服务质量有下降的风险，院内死亡率及再入院率出现增长。

基于以上研究结论，笔者认为在深化医疗支付方式改革的过程中，应贯彻实施多元复合式医保支付方式，具体包括如下政策建议：

首先，对不同类型的医疗服务实行不同的医保支付方式。目前"以收定支"制定年度预算指标的医保总额控制控费效果有限，可能带来新的激励扭曲。一方面，可以考虑完善和强化"结余留用"，进一步增强医疗机构的控费激励。另一方面，年度总额控制指标难以反映医疗机构服务患者的具体特征，可将医保总额控制与复合医保支付方式结合，对医疗机构的年度预算进行更精确的限制。比如对于住院医疗服务，可采用与总额控制结合的按病种付费或按病种分值付费，通过设定合理付费上线引导医疗机构减少不必要的医疗服务；对于特殊类型的慢性病和长期住院医疗服务可按床日付费，对不宜打包付费的复杂病例可按项目付费。

其次，充分考虑不同类型医疗机构之间的异质性。研究结果显示在实行医保支付方式改革后，不同级别医疗机构有不同的预算约束和市场议价能力，采取的应对策略也有所不同。可根据不同类型医疗机构的特点设计付费方式，并对医疗服务的具体情况及费用结构进行更细致的监管。例如，对于基层医疗服务，可探索按人头付费方式，激励基层医疗机构提高防病治病和健康管理能力，促进实现预防为主、治疗为辅。完善紧密型县域医共体支付方式，为医共体提供统一的经济激励，推动上级医院主动将轻症患者下转到基层医疗卫生机构，改善大医院虹吸效应。

最后，医保支付方式改革目标应从控制费用增长转向医疗费用和医疗服务质量双控制。A市的改革将年度考核与医保总额控制结合，有效规避了推诿重症患者等不良医疗行为，促进了三级医院医疗服务质量的提升。在未来的改革中，可将医疗机构的服务绩效纳入支付方式的考核框架，使得不同类型的医疗机构可以充分发挥其服务特点，促进基层首诊、双向转诊，使不同类型的病种能在适合的医疗机构得到合理医治，最终实现整体医疗费用的降低和医疗服务质量的提升。

（本文的主要观点来自笔者与袁洛琪、何庆红合作的论文《医保支付方式改革与医疗服务供给——来自四川省A市医保总额控制的证据》，发表于《保险研究》2022年第7期。）

（作者系北京大学经济学院副院长、教授、博士生导师、西方经济学专业主任、市场经济研究中心主任）

深化医药卫生体制改革，深入推进健康中国

袁 野

2023年《政府工作报告》提出"深入推进和努力普及健康中国行动，深化医药卫生体制改革，把基本医疗卫生制度作为公共产品向全民提供，进一步缓解群众看病难、看病贵问题"。可见医疗卫生问题始终是事关中国高质量发展的重要民生问题，医改永远在路上。

2009年《中共中央 国务院关于深化医药卫生体制改革的意见》出台后，新一轮医药卫生服务改革揭开序幕。回望改革13年，随着各项政策措施的切实推进，中国人民平均健康状况不断优化，合理用药水平不断提升，基本医疗保险覆盖率稳定在95%以上，个人自付卫生支出大幅下降，群众看病难、看病贵的问题得到了有效缓解。然而，当下中国医疗资源配置不合理、医疗服务利用效率低下等问题依然显著，医疗可得性还可进一步提高，群众看病成本仍有很大下降空间，因此医改的步伐不容懈怠。笔者将结合政策文件对于进一步的医改方向提出一些个人思考和建议。

第一，进一步缩小医疗资源分配差距，提高医疗服务利用效率。医疗资源配置不合理是我国医疗服务体系最为突出的问题。从区域角度出发，我国优质医疗资源往往集聚于经济高度发达的大城市和省会城市；从城乡二元结构来看，城市的医疗资源无论从质量层面还是数量层面都远高于农村；就医疗机构本身而言，大部分的医疗资源被三级医院垄断，仅有小部分分布于基层社区医疗机构。长期资源分配不均严重降低了医疗资源的利用效率，使得普通老百姓，特别是低收入群体，在患病时得不到及时有效的医治，进而病情加重，蒙

受较大的健康损失。

应对这样的问题,首先要充分发挥高水平医疗机构的引领辐射作用。在国家层面,加快布局国家医学中心和国家区域医疗中心建设,利用其先进的医疗技术水平弥补区域性医疗资源短板,同时加强对当地人才的培养,扩大医务工作人员的有效供给;在省级层面,建立省级区域医疗中心,提高省域医疗救治供给能力,并引导高水平医院将优质医疗资源向欠发达城市、偏远城市及县乡倾斜,使得患者能够尽量实现本地就医,降低因跨省份、跨县市就医带来的附加成本。

其次,加大力度培养全科医生和推进分级诊疗制度,提高基层医疗服务水平。医疗服务市场存在严重的信息不对称问题,患者对于自身病情的认知主要源于医生的诊断,在缺乏全科医生引导分流时,医院的等级和医生的职称作为医疗服务质量的信号,是患者制定就医决策的关键依据,由此导致患者竞相前往三级医院就医,加剧了医疗资源的错配。此时,扩大全科医生规模、实施有效分级诊疗,以及增强基层医疗服务水平是对症良药。当下应从以下几个方面入手:对于现有的全科医生组织定期培训,提升其专业水平,提高基层医疗卫生服务质量;积极落实三级转诊制度,实现全科医生与上级相关医疗机构的有效对接,提高转诊效率;加强社会普及宣传力度,使人们充分了解全科医生的职能,提高其社会认可度,激发其工作热情,推动其与患者之间的积极匹配;从本科教育开始加大对全科医生的培养投入,组建专业师资团队,完善学科培养体系,同时深化全科医生职业发展道路,提供有效职称和薪酬激励,进而不断扩大全科医生的有效供给,确保基层医疗卫生服务全覆盖。

最后,要提高基层医疗机构的医疗卫生服务水平。在实现高水平医疗机构向医疗资源薄弱地区辐射,以及有效实施分级诊疗的基础上,市县级医院是广大普通老百姓患者就医的主要渠道,因此其服务水平充分决定了患者的健康状况。应以地市级医院作为医疗卫生服务供给主力军,在各省开展紧密型城市医疗集团试点,实现布局网格化、管理规范化,对口支援各县级医院;支持医疗机构参与组建医疗联合体,深入推进建设紧密型县域医共体,在医共体内实行统筹管理,充分发挥各医院比较优势,实现资源互补,完善统一监测评价体系,提升医疗服务效率,尽力让本地就医成为患者的重要依靠。

第二,深化医疗、医药、医保联动改革,降低群众医疗卫生支出的负担。医疗卫生支出是影响患者就医的关键因素。其不仅直接受到药品价格和医疗服务价格的影响,也与医疗保障体系息息相关。合理降低百姓医疗支出水平是解决看病难、看病贵问题的一剂良方。

首先,应深入学习三明医改经验,积极推进国家层面常态化药品耗材集中带量采购工作,扩大采购覆盖范围,并指导各省份参与带量采购国家采购之外的用量大、成本高的药品耗材,提高药品和高值医用耗材的网采率,尽可能降低药品成本。同时,有价格管理权限的地区应建立医疗服务价格动态调整机制,定期开展医疗服务价格调整工作,有升有降合理调整医疗服务价格,既保证医务工作人员薪酬激励,又防止医疗服务价格虚高增大患者经济压力。

其次,应积极推行医保支付方式改革。传统按项目付费的医保支付方式操作简单,但容易滋生过度医疗,进而导致有限资源的浪费及患者就医成本的增加。相较而言,总量预付制方式能够有效激励医疗机构管控服务成本,提高医生诊治效率和水平,抑制非必要医疗服务的提供,但也可能诱使医疗机构为了节约成本而缩减必要医疗服务开支。为了建立更为健全、更符合人民利益的医疗保障体系,任何单一的模式都不是最有效的,当下应在全国积极推行以按病种付费为主的多元复合式医保支付方式,大力推进按疾病诊断相关分组(DRG)付费或按病种分值(DIP)付费改革,用有限的医保基金为百姓提供更高质量的医疗卫生服务。

最后,应大力发展多层次医疗保障体系。一要推动基本医保省级统筹,扩大医保结构性风险分散范围,提高医保风险调节能力。二要弱化户籍地管理,积极推动居民在常住地和就业地直接参保,完善跨省异地就医直接结算制度,减少异地就医与医疗报销的冲突。三要推进职工基本医疗保险普通门诊统筹管理,对不同级别的医疗机构实行差异化医保支付政策,提高基层医疗机构报销比例,在做好费用负担大的慢性病及特殊疾病的医疗保障工作的基础上,将多发病、常见病的普通门诊费用逐步纳入统筹基金支付范围。四要鼓励支持商业保险市场发展,使得居民在基本医疗保险的基础上能够选择更多优质的补充商业保险,使其健康得到更全面的保障。

第三,加强预防诊治协同发力,提高公共卫生服务能力。2016年,习近平总书记指出要"把以治病为中心转变为以人民健康为中心",这就要以预防为主、医防融合为方针。在保证医疗服务供给质量和水平的同时,坚持预防为主,能够有效降低患病率,减轻社会疾病负担,提高居民生活质量,同时降低个人、医疗机构及国家的医疗支出,缓解医疗资源紧张的局面,实现资源有效利用。

首先,要依托医疗机构和医务人员,加大力度开展健康中国行动和爱国卫生运动,提升社会健康意识,让百姓重视疾病预防的重要性,自发通过体育锻炼、健康饮食等渠道提升身体素质,降低疾病发生的可能性。

其次,制定量化考核机制以强化医护人员在诊疗时普及健康管理知识的意识。很多常见高发慢性病(如高血压、糖尿病、脂肪肝等)的致病因素高度重合,对于这些疾病的治疗和症状缓解,除了使用相应药物,很大程度上依赖于患者对自身健康行为的管理,如控制饮食、避免压力、戒烟戒酒等。而患者对于这些方面普遍缺乏专业知识,由此便充分依赖医生在诊疗过程中进行的科学的健康教育。这样才能帮助患者通过药物控制与健康行为管理来最大限度缓和病情和恢复正常生活水平。

最后,需要提高医疗系统整体的御险防变能力。无论是非典还是新冠疫情,都给我国的医疗系统,特别是基层医疗卫生服务能力带来了巨大的考验。这说明我们当下的医疗体系还缺乏充分应对重大传染病或不可预测的突发公共卫生事件的能力,应从以下几个方面进行改进:一要扩充建设医疗队伍,包括投身于医学研究最前沿的高端人才、承担主要诊疗任务的中坚医生团队,以及下沉到基层与群众紧密联系的公共卫生人员,从各个层面提升整个医疗系统的卫生服务水平。二要加强临床与公共卫生协同工作能力,推进临床和公共卫生工作人员的联合交叉培训,培养复合型人才,使医疗服务结合得更为紧密。三要充分发挥信息技术在医疗领域的应用,让不同系统之间的数据能够实现高效交换和共享,不同区域之间的医疗资源能够充分流动和整合,破除医疗卫生服务领域的"孤岛"困境。

(作者系北京大学经济学院经济学系助理教授)

推进药品和高值医用耗材集中带量采购，促进医药产业升级

石 菊

2023年的《政府工作报告》中提出，"推行药品和医用耗材集中带量采购，降低费用负担超过4000亿元"。药品在医疗体系中扮演着重要角色，其价格、质量和可及性与广大人民群众的健康息息相关。为降低药品价格、提高药品可及性，集中带量采购应运而生。2018年11月14日，中央全面深化改革委员会第五次会议审议通过《国家组织药品集中采购试点方案》，明确了国家组织、联盟采购、平台操作的总体思路。随后，国家组织在11个城市进行药品集中采购和使用试点，即"4+7"带量采购试点。2019年12月10日，国家医疗保障局印发《关于做好当前药品价格管理工作的意见》，明确"深化药品集中带量采购制度改革，坚持带量采购、量价挂钩、招采合一的方向，促使药品价格回归合理水平"。

我国目前已进行了七批药品集中采购和两批高值耗材集中采购，覆盖了高血压、糖尿病、冠心病、消化道疾病、恶性肿瘤、骨科创伤等领域的用药和耗材，累计降低费用负担、节约医保资金超过4000亿元。药品和耗材集中采购切实降低了药品和耗材价格，惠及广大人民。但是，集采过程中也存在一些难以忽视的问题，比如中标企业难以保证药品及时生产导致药品断供，中标仿制药疗效没有得到医生或患者的认可等。为了推动药品及高值耗材集中采购常态化开展，切实降低药品价格，需要通过卫健委、医保局等多部门联合，从多角度完善药品和耗材集中采购，推动我国医药卫生体制改革和医药产业转型升级。主要工作可以从以下四个方面开展：

第一,推动药品和高值耗材集中采购常态化开展,拓宽采购药品和高值耗材的种类,使集中采购能够惠及更多人民。当前药品和高值耗材集中采购主要集中于常见病和慢性病,如高血压、糖尿病、冠心病、消化道疾病等。而我国正面临着人口老龄化和人口疾病谱变化的问题,人民群众对于医疗服务和药品的需求日趋多样化、复杂化。在保证集中采购对于常见病、基础病覆盖的基础上,应结合疾病谱的现状和变化,结合医学统计的疾病发病率和发病人群数据,尽可能覆盖更多的药品种类,满足人民多样化的药品需求。

第二,保障中标药品和耗材的生产供应,提高中标企业的供应能力,完善备选机制,使带量采购真正落到实处。带量采购的目的之一即"量价挂钩",保证中标药品能以较低的价格和足够的量供应到医院等渠道。然而,在带量采购实际落地的过程中,出现了中标企业生产能力不足、药品断供的现象。一方面,建议有关部门在采购过程中,对投标企业自身的供应能力进行充分考虑,激励投标企业完善本企业的生产模式,提高管理水平和生产能力,保证中标药品的长期稳定供应。另一方面,中标企业断供也可能由原料药环节出现问题导致,建议有关部门规范原料药行业的生产与流通,维持原料药价格的相对稳定,保证原料药的供应,避免因原料药环节出现问题而导致的药品断供。当中标企业因不可抗力出现断供问题时,应完善备选机制,由备选企业接力进行中标药品的生产供应,保证药品不断供以便利百姓。

第三,拓宽集采药品销售渠道,鼓励零售药店和民营医院参与集采,全面降低零售药品价格。当前,集中采购主要由公立医院参与,政策上鼓励民营医院参与,药店几乎不参与集中采购。但人民群众获得药品的渠道不止公立医院,人民日常保健的药品需求往往由药店或民营医院满足。因此,建议有关部门在保证公立医院药品供应的基础上,大力鼓励民营医院和零售药店参与集采,全面降低零售药品的价格。

第四,完善仿制药一致性评价,鼓励药企进行自主创新,推动医药产业升级。当前,存在医生或患者不认可通过一致性评价的集采中标仿制药,而继续从其他渠道购买高价原研药的现象。这一现象弱化了集中采购降低药品价格,惠及百姓的目的。解决这一问题的根本办法,一方面是完善仿制药一致性评价流程,进一步严格一致性评价标准,使得中选仿制药的质量和疗效得到充分保障;另一方面,从长期来看,药品价格的下降和药品质量的提高有赖于我国医药行业的整体高质量发展。相关部门应大力协作,支持我国药品生产企业进行研发投入,鼓励创新,推动高质量本土药品的研发和生产,促进医药产业升级。

药品和耗材的生产和供应是医疗体系中重要的一环。解决人民群众看病难,看病贵问题的重要途径之一就是降低药品和耗材价格,提高高质量药品和耗材的可及性。目前,国家药品和高值耗材集中带量采购已覆盖了多种常见病和慢性病,节约了巨额医保资金,取得了阶段性的成就。未来,应继续推进药品和高值耗材集中带量采购常态化开展,完善集采机制,拓宽覆盖范围,保证中标药品和耗材的长期稳定供应。同时,鼓励创新,推动我国医药产业升级调整,从根本上解决与药品价格、质量和可及性相关的问题。

(作者系北京大学经济学院长聘副教授、博士生导师)